戦争と日本人

倉橋正直

日中戦争下の在留日本人の生活

共栄書房

戦争と日本人——日中戦争下の在留日本人の生活◆目次

1　関東軍が作成・販売させた「張作霖爆破事件」絵はがきセット

軍医・岩田錠一が残した貴重な資料

岩田錠一（いわた・じょういち　一八九六〜一九七六）は名古屋出身の軍医。軍医といっても、レントゲン技師で、階級は准尉・少尉程度。一九三八年七月から一九四一年一月まで、約二年半、出征する。レントゲンを扱う下級将校。戦地にいても、仕事がら自由に撮影し、自由に現像できた。南京と漢口で写した写真が少しあるが、大部分は江西省九江市の軍の病院内で撮影したものである。九江市は揚子江（長江）中流の南京と漢口のほぼ中間に位置していた重要な港町。別荘地で有名な廬山（ろざん）の登り口に位置する。

岩田錠一軍医が残した手紙類の束の中に、おもしろい史料があった。

関東軍は、一九二八年六月、張作霖を爆殺する。その現場を写した写真を絵はがきセットにしたものである。九枚の白黒の絵はがきが、封筒に入っていた。封は開いていた。九枚組みの絵はがきセットというのは通常、考えられないので、当初はおそらく一〇枚あったのではなかろうか。一枚はすでに使用したのであろう。

封筒の表に「昭和三年六月四日午前五時三十分　張作霖氏坐乗列車爆破現状

絵葉書　発売元　陸軍、海軍、関東庁、満鉄　御用　並ニ煙草製造販売　奉天浪速通り　第一公司
電話一四〇六番」と記されている。封筒の裏面は白紙である。

写真に番号はついていないので、撮影時期の順序は不明。写真はすべて横長。写真のキャプション（説明文）は九枚とも全部同じで、写真の下に、「昭和三年六月四日午前五時三十分張作霖氏座乗列車爆破現状」とあるだけである。絵はがきの写真の説明としては、まことに芸がないという印象を受ける。

この絵はがきに関連する資料をたまたま見つけた。本間和夫（山形放送報道部記者）「現場は証言する張作霖爆殺事件　セピア色の写真を追って」『別冊歴史読本　１９８８特別増刊』（新人物往来社、一九八八年一〇月、グラビアと四一～四五頁）である。

それによると、関東軍の神田泰之助中尉（爆殺事件に実行部隊の一人として参加していた）が撮影した写真を、山形県藤島町の元陸軍特務機関員のSさんが保管していたという。写真は六一枚あり、このうち、三〇枚は一番から三〇番まで番号がふられている。この写真は一九八六年、NNNドキュメントとして放映された（『セピア色の証言——張作霖爆殺事件・秘匿写真』）。このうち、二八枚が『別冊歴史読本　１９８８特別増刊』に収録されている。

岩田錠一が残した絵はがきの九枚のうち、二枚が『別冊歴史読本　１９８８特別増刊』所載の写真と同じであった。二枚の写真の番号および、写真に本間和夫がつけた説明を紹介する。


四番。

「爆破直後の写真。黒煙が舞い上がり、後ろの車輌に火が燃え移ろうとしている。まだ一人の人影もない。写真機のシャッターを押した者はいるのだが…」

一〇番。
「後続の車輌に火が移り、燃え上がっている。」

山形県で発見された張作霖爆殺事件の写真と、絵はがきの写真が二枚、同じのもであった。ここから、絵はがきのもとになった写真は、関東軍のスタッフが撮影したものであることが判明した。このような写真は、民間人では到底とれない。関東軍のスタッフが当日、証拠写真として残すために、相当多数の写真を撮影していたと推測される。その中から、一〇枚ほどを選び、絵はがきセットとして販売したのである。

絵はがき４番

絵はがき 10 番

販売元は奉天（現在の瀋陽）浪速通りの「第一公司」となっている。

第一公司は、「奉天浪速通り」にあった。「奉天浪速通り」は、満鉄附属地の中にあった場所。営業主は木下亮九郎。一八七一年生まれなので、一九二八年当時で、五七歳ぐら

い。煙草を製造・販売していた。資本金五千円で、日本人一人、中国人三九人の職工を雇っていたというから、会社の規模はかなり大きかった。木下亮九郎はもと陸軍大佐。在郷軍人奉天分会長であった。
発売期間や、岩田軍医が購買した年月は不明。発売期間は、爆破事件があった一九二八年六月から、一九三一年九月満州事変までの間と推測する。この絵はがきセットの販売には、関東軍がバックにいた。関東軍は張作霖の乗った列車を爆破、暗殺する。しかし、この時には、すぐに軍事行動は起こせなかった。それでも、関東軍としては内心、大成功と理解する。大手柄を立てたものと「早とちり」する。当然、賞賛されるものと思っていた。ところが、実際には賞賛されず、逆に非難される。これは予想外。おもしろくない。そこで、この絵はがきセットを作り、民間の会社・「第一公司」を通して、販売させたのであろう。
この絵はがきセットを見れば、張作霖の乗った列車を爆破、暗殺したのが関東軍であることは一目瞭然である。絵はがきセットの作成・販売は、いわば関東軍のデモンストレーションに当たった。

この絵はがきセットを、関東軍の権威が通用する満鉄附属地で販売しているところに時代を感じさせる。それも、関東軍の息のかかった在郷軍人会会長の会社から発行させている。「第一公司」は本来、煙草の製造販売を業務としていた。絵はがきの作成・販売は場ちがいである。絵はがきの作成・販売を通常の業務としている印刷・旅行関係の会社からではなく、在郷軍人会会長の経営する煙草製造販売の会社から発行させている。また、中国東北地方から離れ、日本内地で販売するほどの力を、この時期、関東軍もまだ持っていなかった。

満州事変後、関東軍の勢威はすさまじく上昇し、満州国のあらゆる面にわたって、関東軍が牛耳るようになる。しかし、この段階では、関東軍はそのような絶大な権力を掌握しておらず、その権威はまだ限定的な

ものであった。

この絵はがきセットが奉天で販売されたことは当然、中国側も知ることができた。この絵はがきセットの販売から、中国側（張学良地方政権）は、関東軍の精気がまだ勃々としておさまっていないこと、まだ何か企んでいるとニラむべきであった。こういった絵はがきセットの作成・販売という、一見、ささいなできごとに、実は大きなたくらみが隠されていると理解すべきであった。

岩田軍医は、この時期、奉天に出かけたことがあり、たまたま、この絵はがきセットを購買したのではないか。同じものが、どこかに残っているとよい。この絵はがきセットは珍しい。知られていない。このことから、この絵はがきセットは販売されたことはされたが、販売期間も短く、また、販売部数も僅少だったと推察される。

「決別感謝書」——離任する占領軍将校への感謝状

その手紙類の束の中に一通の封筒があった。封筒の表に

「謹呈　岩田大人殿　渡辺部隊苦力総班長　周文傑　鞠躬（きっきゅう）」

と記されている。名前の下に、「周文傑章」というハンコが押されている。封筒の裏面には何も書かれていない。封は開いていた。封筒の中に、「決別感謝書」と記された、一通の中国語の文書が入っていた。文書は表だけ記されていて、裏面は白紙である。

文章の日付は「中華民国三〇年一月二四日」である。一九四一年一月なので、岩田軍医が除隊のため、九江市を離れる日に近い。「渡辺部隊」は、岩田軍医が所属していた部隊の名前で、部隊長は渡辺順という名前であった。

筆者の周文傑なる人物は「苦力総班長」と自称している。中国人は自分から「苦力」（クーリー）とはいわない。したがって、これは日本軍がつけた名前である。「苦力総班」についてはわからない。おそらく日本軍が、九江市で下働きさせるために、中国人労働者を急遽、かき集めて結成した非公式の組織であろう。軍の正式な組織ではなく、九江市に駐屯する部隊が必要から勝手に作ったものと理解したい。

また、文末に七言の詩がついている。文章から判断して、「苦力総班長」たる「周文傑」は相当なインテリである。インテリでなければ、これだけの文章を書けない。

岩田軍医はレントゲン技師で、下級将校であった。彼が二年半の滞在を終え、除隊・帰国する。その知らせを聞いて、このような丁寧な礼状を贈っている。岩田軍医は在任中、配下の中国人「苦力総班」によっぽどやさしく当ったのであろうか。そうではあるまい。日本軍の下級将校として、彼らに対して標準的な対応をしたにすぎないと思われる。

この「決別感謝書」を読んで、私は中国人のふところの深さに感心してしまった。占領軍の下級将校が除隊で任地を離れる。ただ、それだけの事件に対して、これだけ丁重に、礼を尽くす。もらったほうは、もちろん悪い気持ちはしない。その「決別感謝書」を捨てないで、日本に大事に持ち帰る。それで、この「決別感謝書」が今日まで残っていたわけである。

漢民族は数千年の間、時に異民族の支配を受けてきた。異民族の支配を受けた時、どのように対処すべきか。長い歴史を経る中で、おのずと経験が蓄積される。軍事的には支配されている。軍事がだめなら、文化があるという感じを私は受ける。インテリの「苦力総班長」が、高い文化水準を示して、まもなく離任する占領軍の下級将校にこういった感謝状を贈る。中国の高い文化の力を、私はこの文書から感じた。

決別感謝書の日本語訳

お別れに当って感謝を申しあげる書。

岩田錠一先生、ご高覧願います。苦力をつとめている私たちが、かたじけなくも、先生のお気に入りとなってから、もう三年になろうとしています。厚遇されることの多さが、ますます増える一方です。朝早くから夜遅くまで、そのことを思うと、深く心に記して忘れようにも忘れられません。しっかり覚えて忘れません。

先生が光栄ある帰還をなさると、近ごろ聞きました。名残惜しくてなりません。謹んで短い文章を書き記し、いささか感謝の気持ちを表します。道中、安全に、予定通り日本内地のお宅に無事に着くことをお祈りいたします。もし見捨てられないならば、以前に教えていただいた教えを指針とし、それでもって、およばない所を正しく直したいと願っています。

先生はこれからまだ先が長い。万一、先生と一緒に仕事ができる場合には、これまでのご厚情に報いるつもりです。

奥様と男女のお子様たちのご幸福を祝い奉ります。

七言の詩一首をあわせて付け加えます。

皇軍は一日に千里を行くというすぐれた馬を走らせ、潯陽江（じんようこう　九江付近の河川）に入った。

潯陽江の両岸の人々は歓呼して、気がちがったように喜んだ。

〔決別感謝書〕

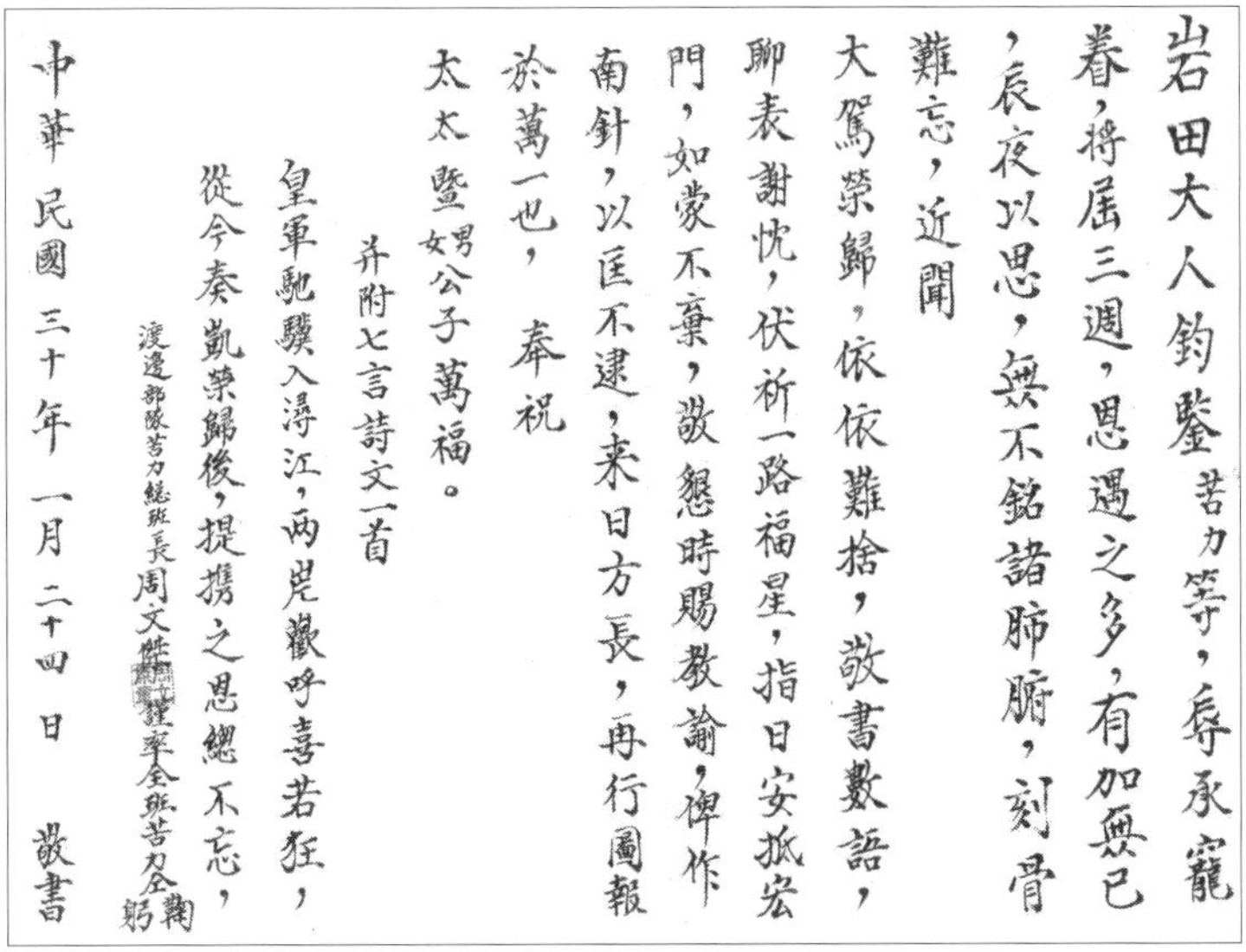
岩田大人鈞鑒 苦力等，辱承寵
眷，將居三週，恩遇之多，有加無已
，晨夜以思，無不銘諸肺腑，刻骨
難忘，近聞
大駕榮歸，依依難捨，敬書數語，
聊表謝忱，伏祈一路福星，指日安抵宏
門，如蒙不棄，敬懇時賜教諭，俾作
南針，以匡不逮，來日方長，再行圖報
於萬一也， 奉祝
太太鑒 男女公子萬福。
并附七言詩文一首
皇軍馳驟入潯江，兩岸歡呼喜若狂，
從今奏凱榮歸後，提携之恩總不忘，
渡邊部隊苦力總班長周文傑謹率全班苦力全鞠躬
中華民國三十年一月二十四日 敬書

今から先生は凱歌をあげて光栄ある帰還をなさる。そのあとも、

私たちを助けてくれた先生のご恩は、いつまでも忘れない。

渡辺部隊・苦力総班長・周文傑は、謹しんで全班の苦力を率いて、ともに頭を下げてお礼をいたします。

中華民国三〇年（一九四一年）一月二四日

謹んで記す

2　日中戦争とタタミ――在留日本人は日本式の生活にこだわる

はじめに

日中戦争の時、中国戦線に軍人・軍属以外の多くの在留日本人がやってきた。彼らは軍人・軍属ではなく、民間人であった。中国（満州国・関東州・台湾および香港を除く。以下、同じ）からの戦後引揚者は、軍人・軍属が一〇四万人、民間人が四九万人であった（朝鮮人・台湾人を含まない。厚生省援護局編『引揚げと援護三十年の歩み』、一九七七年、六九〇頁）。

なお、満州（中国東北地方）からの引揚者は、軍人・軍属が五万人、民間人が一二二万人。旧ソ連からの引揚者は、軍人・軍属が四七万人、民間人が三〇万人であった。満州に多くの民間人が出かけていたことは常識になっている。しかし、中国に四九万人もの民間人が出かけていたことはあまり知られていない。当時、朝鮮人・台湾人も日本人と扱われたので、彼らを加えれば、中国戦線に出かけた民間人は六〇万人以上にもなった。

最終的に六〇万人以上にふくれあがった在留日本人（朝鮮人・台湾人を含む）はみな都市部に居住した。在留日本人は民間人ではあるが、軍事占領者の一部であったから、防衛上、中国人と雑居できなかった。彼らは既存の中国の都市（華北が多い）の一角に集中して住んだ。こうして、中国の占領地の都市の多くに日本人町が形成された。

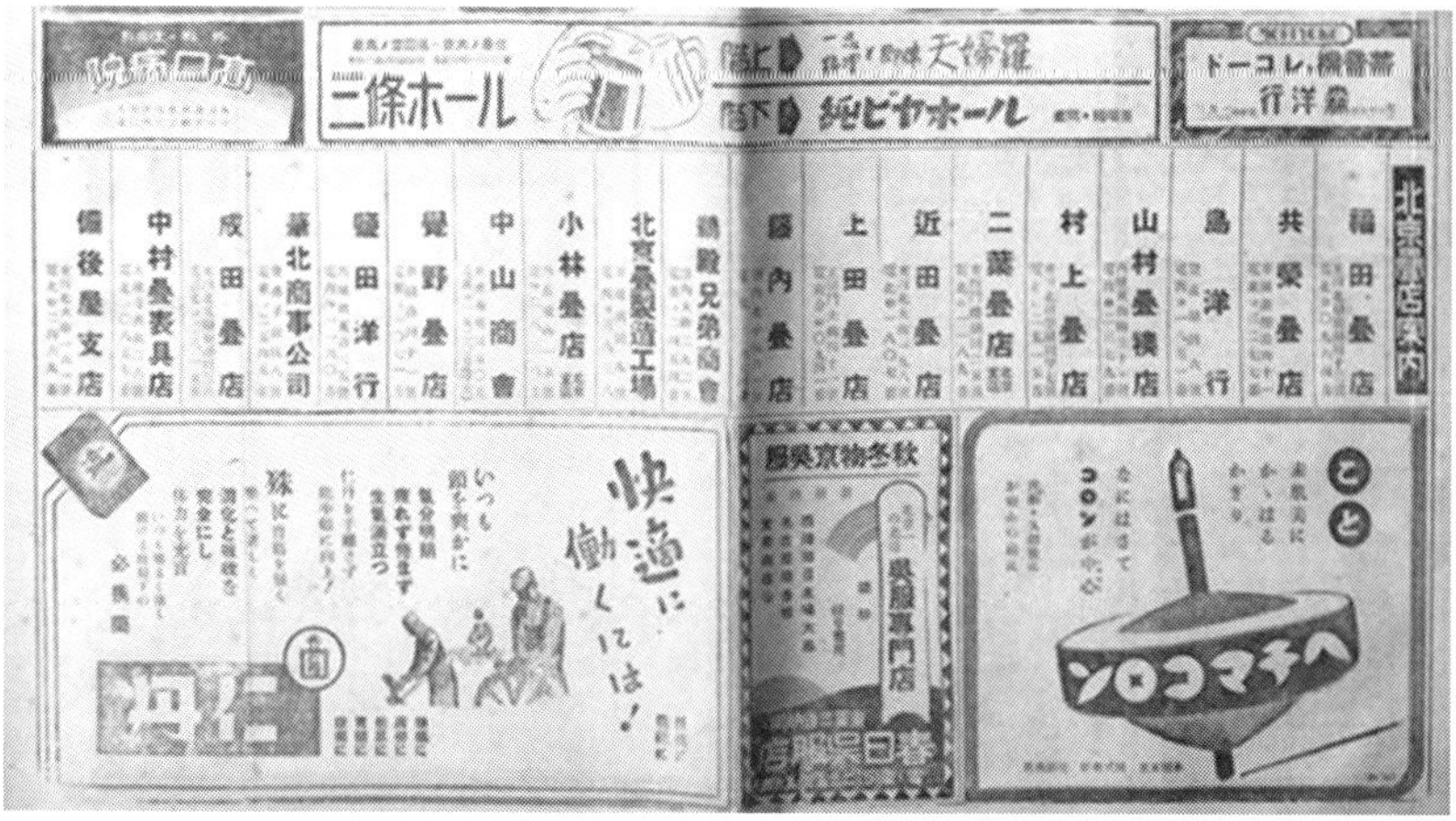

『東亜新報』1941 年 10 月 7 日夕刊　畳屋 19 軒の広告

東亜同文会編『第七回新支那年鑑』（一九四二年八月）は、一八七の日本人町をあげている。

日本人町の規模はさまざまであった。五〇〇人以下が六割、五〇〇人から三〇〇〇人が三割、三〇〇〇人以上が一割であった。三〇〇〇人以上もいた大規模な日本人町は一九あった。このうち、北京と上海が最大で、ともにほぼ一〇万人の在留日本人がいた。日本人町は、日本軍の軍事力に支えられているだけであって、本質的に危ういものであった。在留日本人はここで不安定な暮らしを続けた。

日本人は中国に移住してきても、自国の生活習慣を容易に変えようとせず、衣食住すべての面で日本式の生活をそのまま続けようとした。在留日本人はなぜ、日本式の生活にこだわったのであろうか。日本人町の住まいの方面では、畳の導入・使用が最も重要な位置を占めていた。

在留日本人は畳を敷いた生活にこだわる

日本人相手に商売をするだけならば、これは日本人として、それほど大したことではない。早い話が、内地と同様だと云えるのである。内地より、多少荒ッポイ新開地気分が含まれる程度で、食い物にせよ、衣服類にせよ、別に取りたてて苦心を要しない。（中略）住宅だとて日本風の建築を好むから、畳屋、経師屋、大工、左官に充分な仕事があるであろう。
高木陸郎編『北支経済案内』、今日の問題社、一九三九年三月。三三一頁

「住宅だとて日本風の建築を好むから」という一節が、微妙なところをよく表現している。日本人町にやってきた在留日本人が、日本式の家屋を新築することはほとんどなかった。なぜなら、彼らは軍事占領者の一部であったから、それまで中国人が使っていた家屋を接収するか（ことばはきれいだが、要するに分どりである）、ひどくやすい家賃を払って借りられたからである。わざわざ高い費用をかけて、家屋を新築する必要はなかった。だから、個人住宅はほとんど新築されなかった。日本人が中国で新築したものといえば、せいぜい小学校や神社などの公共の建物ぐらいに限られた。

中国人の家屋を自分のものにして住む場合、家屋はそのまま使った。それに一部、変更を加え、日本人が住みやすいように改造するだけであった。日本人は中国に移住してきても、自国の生活習慣を容易に変えようとしなかった。イス・テーブル・ベッドを使う中国人の生活様式になじめず、畳を敷いた日本式の生活に固執した。だから、家の改造は、まず畳を敷くことから始まった。それを「日本風の建築」と表現したのである。「大工、左官に充分な仕事があるであろう」と述べているが、「大工、左官」が家屋の新築に従事することは少なく、家の一部の改造・修理の仕事がほとんどであった。

当然のことであるが、中国の家屋は日本の畳を敷くことを前提にして作られてはいなかった。だから、畳を持っていっても、中国の家屋の間取りと合わなかった。高級な料理店の場合、日本情緒を強調するために、部屋いっぱいに畳を敷き詰める必要があった。そのため、畳の一部を切断し、きちんとその部屋全体を畳で

覆ったことであろう。畳を切りそろえて、部屋の間取りにきちんと合うようにするのは、畳屋の仕事であった。

青島で〝畳ヤーイ〟品不足で二割値上

各家庭の復興は先ず畳の取替えから、次々に帰還増加する邦人の注文殺到で畳屋さんは昼夜兼行の転手古舞で需要に応じている有様、邦人帰還後、今日まで新規注文と表替が青島市内だけで五万枚、山東鉄道沿線及び済南方面に送ったものが一万枚の多数に上っているが、まだまだ住宅の増加、紡績社宅の改築などによって需要は増加する一方で最近品薄と原料高により表替えも上敷も全部二割値上となった。

『大阪朝日中支版』、一九三八年五月一五日（『朝日新聞外地版』が近年、復刻された。ゆまに書房。一九三八年から一九四四年まで。そのうち、「北支版」と「中支版」を利用する。）

青島を占領した直後の状況である。「新規注文と表替が青島市内だけで五万枚、山東鉄道沿線及び済南方面に送ったものが一万枚」と、具体的な枚数まで表記されている。

「石家荘に邦人氾濫、街も日本色一色化、あっちでもこっちでも日本式家屋出現でこのところ畳屋大繁昌」

『大阪朝日北支版』、一九三八年六月三〇日、「大陸録音」欄

「大陸録音」は、各地域に分かれて記されているコラム欄である。各地域の思わぬ本音が出てくる。石家荘では、

「あっちでもこっちでも日本式家屋出現でこのところ畳屋大繁昌」と述べている。「日本式家屋」という表現がある。日本家屋を石家荘の町に新築しているのではない。既存の中国人の家屋を接収し、内部を日本式に改造する。その改造の第一歩が畳を敷くことであったから、「このところ畳屋大繁昌」という事態になった。

泥とほこりの町ではあるが、支那側の住民に結核患者は案外少いそうだ、しかし居留民には矢張結核が一番多い、同仁会診療班では居留民が畳の生活を持ち込んで支那式のベッド生活をやらないのが一つの原因になっていいわせぬかと見ている、郷に入っては郷に従え、畳やふとんへの執着も断ち切れるなら早く断ち切ることだ。(石家荘)

『大阪朝日北支版』、一九三八年一〇月三〇日、「大陸録音」欄

同仁会診療班は中国戦線に出かけて各種の医療に従事していた。彼らは在留日本人に結核患者が多い理由を、畳やふとんの使用に求めている。

京漢前線の迎春準備　五十円の門松、一枚七円の青畳　餅に豆腐に母国へ郷愁

「(中略)天津、北京を経て送られる青畳倉庫渡しは一枚七円也の相場で順徳にまで運ばれており……」

『大阪朝日北支版』、一九三八年一二月二八日、石家荘

石家荘での正月準備のようすである。正月にふさわしい青畳が、一枚七円の相場で、天津、北京を経て、順徳まで運ばれてくるという。

日本人町における畳屋の数

畳屋は家族とごく少数の職人を雇うだけの零細企業であった。独立して経営するのは元来、難しかった。だから、在留日本人が五〇〇人程度の小さな日本人町の場合、建築業者が、家屋の改造のついでに畳を扱ってしまい、畳屋の出番はなかった。在留日本人が三〇〇〇人もいるような大きな日本人町の場合、畳屋はやっと独立して経営できた。なぜなら建築会社は、面倒なので、畳のことは専門業者である畳屋にまかせたからである。

内地の都市の場合、畳屋の数はずっと少ない。家屋の新築や住民の移動などが少なかったから、畳屋の出番も少なかったのである。これに対し、中国戦線の日本人町では、在留日本人がどんどん増えていった。彼らは家屋を取得すると、必ず畳を敷いた。この時、畳屋を煩わせた。だから、日本人町では、内地の町に比べ、畳屋に対する需要はずっと高かった。このため、日本人町では畳屋の数が格段に多かったのである。

日本内地では、市ごとに『商工案内』が刊行される。業種ごとに区分された、会社・商店などのリストである。多くはその市の商工会議所が刊行している。ところが、まだ戦争を続けている最中の中国戦線に形成された日本人町でも、『商工案内』が刊行された。刊行年は一九四二年ごろが多い。軍事情勢が有利に展開していたし、また、日本人町を作ってすでに四、五年経過し、経済的にも多少、落ち着いたからかもしれない。

それにしても、彼らの楽天主義には驚かされる。その楽天主義は一体、どこから来たのであろうか。実際には日本人町の運命は、その先、数年しか残っていなかった。その意味からいっても、中国戦線にできた日本人町はまさに砂上の楼閣であった。にもかかわらず、日本人町は相当長期に存続できると、彼らはきっと夢想していたに違いない。極楽トンボの極みとしか、いいようがない。

次に中国戦線の日本人町が刊行した『商工案内』の類から、畳屋の状況を探ってゆく。

【北京】畳屋　一九軒。
【天津】畳屋　六軒。
【青島】畳屋　九軒。
【徐州】畳屋　二軒。
【開封】畳屋　六軒。
【河南省彰徳】畳屋　一軒。
【済南】畳屋　八軒。
【広東】畳屋　三軒。
広東日本商工会議所編『広東商工名鑑』、一九四二年九月

済南の場合、一九四〇年五月、一万八二四四名の日本人（朝鮮人・台湾人を含む）がいた。そこに、八軒の畳屋があった。一・八万人の人口の町に、畳屋が八軒あったことになる。内地の同規模の町と比較すれば、明らかに畳屋の数は多い。内地の町では、これほど多くの畳屋は生きてゆけない。内地の町の場合、それほど急激に人口は増えてゆかないから、畳屋に対する需要は小さかった。済南の在留日本人はどんどん増加している。以前、中国人が住んでいた家屋を入手し、日本人がそこに住むようになる。部屋に畳を敷く。こうして、畳屋に対する需要が増大する。この結果、相対的に多くの畳屋が生活できた。在留日本人の増加に従い、畳屋の数も増えていった。河南省彰徳に小さな日本人町があった。こういった小さな都市の日本人町に

も、時に畳屋が存在した。

畳の調達方法

次は、日本人町で使用される畳がどのように調達されたかである。日本内地から輸入されるものもあれば、また、現地で製造されるものもあった。

懐しい青畳も　大陸開発をめざして北支に繰出す銃後北支開発部隊は住みなれた内地の青畳の感じが忘れられぬものの如く、このほど来、北支その他より下関市に対し問合せ中であったが、三十一日、畳三万枚製造輸出に関する纏った照会があったので、朗報に接した下関市産業課では、かねての計画に本づく畳製造の共同作業場を長府前田に急設することになり、準備を進める手はずを決めた。

『大阪朝日中支版』、一九三九年二月三日

三万枚もの畳の注文を受けた山口県下関市は、「畳製造の共同作業場を長府前田に急設」して対応するという。これは輸入の場合である。

「○○畳製作工場が最近設備された。この夏は青畳に青簾という日本情緒が多くなること請合い。（石家荘）」

『大阪朝日中支版』、一九三九年二月二八日、「大陸録音」

石家荘では、畳製作工場をつくり、現地で畳を製作した。

お正月前　北京の歳末　上

〝忙しくて忙しくて〟と北京にある五軒の支那人経営の日本畳屋さんが正月を前に大馬力をかけている。職人は腹掛の代りに長い支那服、所作は漫々的だが、支那の藁と同じ香りを持っているし、多少質は悪くても「新しい畳で正月を迎えたい」という気持はどこまでも何時までも日本人から抜けない。

この日本人気質は商売はいやが上に繁昌、「どうしても正月までに」の料理屋の大量注文で畳の値段は六円から七円、更に八円、とうとう十円とセリ上った。

それでも注文は次からつぎに殺到する。商売上手の職人さんが「謝々」と頭を下げて注文を全部受けているのを、ハタで聞いていると、〝果して正月に間に合うのかしら〟と、人ごとながら、少々心配になるほどだ。写真は畳製造にいそがしい支那人＝越智特派員撮影

『大阪朝日北支版』、一九三九年一二月二六日

中国人は日本人の仕事を身近に見て、その技術を自分のものとしてしまう。彼らはそういった才能に富んでいた。仕事熱心で、しかも価格が割安だったから、日本人が経営する手工業のいくつかは、同業の中国人によって駆逐されてしまう。畳の製造の仕事も本来、日本人の仕事である。しかし、中国人はいつしか、この技術を習得してしまう。こうして、北京には、中国人が経営する日本畳屋が五軒もあった。しかも、彼らは大層、繁昌していたという。

日本の敗北後、畳は消滅

日本の降伏で、中国における日本人と中国人の立場は逆転する。在留日本人は敗戦国の国民として、もとの日本人町から追放され、身一つで日本に送還された。彼らに代わって、中国人が戻ってくる。もとの家に復帰した彼らは、日本人が持ち込んだ畳を部屋から放り出し、イス・テーブル・ベッドを用いた生活様式にもどる。畳は、中国人の住まいの中で早晩、消えてゆく運命であった。イス・テーブル・ベッドを用いた生活と、畳は適合しないのであるから、やむをえないことであった。

中国人は日中戦争以前から畳のことは知っていた。すなわち、台湾・関東州・満州国および各地に存在した租界に来た日本人は必ず畳を愛用した。だから、これらの地域にいた中国人は早くから畳を知っていた。したがって、日本の畳のことを表す中国語も、早くから存在したかもしれない。しかし、それは地域的なものであるし、また、その用語を使う中国人の数も少なかった。だから、一般化しなかった。辞書に掲載されるほどの頻度で使われなかったということである。

現在、畳で辞書を引くと、「榻榻米」（ｔａｔａｍｉ）という語が出てくる。「たたみ」という日本語の音訳である。日中戦争の時、畳は量的に最も多く、中国に持ち込まれた。そのことによって、中国人に強い印象を与える。畳はいわば日本軍の軍事占領の一つの象徴と認識される。その結果、「榻榻米」という語が広く中国人の間に知られ、今日では辞書に掲載されるまでになってしまったのではなかろうか。そのように考えると、「たたみ」という日本語を中国語に音訳した「榻榻米」という語は、日中戦争の置き土産の一つと見なせよう。

日本人町は相当長く存続できると勝手に推測

軍部が中国の軍事力をあなどっている以上、中国戦線にやってきた民間人もまた、その影響を受けざるを得なかった。彼らはもともと軍事情勢にうとかった。また、軍部が情報を厳重に秘匿し、人々にまともな情報を提供しなかった。そういった状況では、在留日本人が中国の軍事力をあなどるのは当然であった。その結果、彼らは、戦争がまだ続いているのに、中国に定住、あるいは相当長期に居住できると思い込む。こうした思いあがりがあって、彼らは占領地にあっても、日本式の生活様式を強引に持ち込んだのである。

これに対し、太平洋戦争の時、東南アジアおよび太平洋の島嶼にも、民間人は多く出かけている。しかし、東南アジアからの引揚者は八・五万人であったから、中国戦線と比較するとずっと少ない。

東南アジアおよび太平洋の島嶼に出かけた在留日本人は、中国戦線のように占領地に日本式の生活様式を持ち込んではいない。むしろ、この方面では控えめに振舞う。気候風土も異なるが、それが主要な条件ではない。軍事情勢の違いが一番の原因であった。太平洋戦争の場合、まず戦争の期間が短い。また、日本軍の優勢は最初の一年間だけで、あとは劣勢が続いた。戦線も固定せず、日本側の占領地域は少しずつ後退していった。

こういった不安定な占領地では、出かけていった在留日本人も、そこに安定して長く居住できるとは思わなかった。だから、日本式の生活様式を全面的に持ち込むことに躊躇した。このように、中国戦線と、太平洋戦争時の東南アジア・太平洋諸島では軍事情勢が明らかに違っていた。在留日本人が日本式の生活様式を持ち込むかいなかは、こういった軍事情勢の違いから来ていた。

また、中国戦線の場合、これまでの歴史的な経緯が働いた。日本は、台湾・関東州・朝鮮および満州国と、中国の一部および周辺地域をすでに植民地あるいはそれに準じる形態で支配していた。これらの地域に出かけていった日本人は、日本内地と同じような生活様式を持ち込み、内地とほぼ同じように暮らしていた。また、中国には以前から租界があった。租界は小さな植民地であったから、そこに出かけた日本人もまた、内地と同じような暮らしをしていた。

こういった歴史的な経緯もたしかに影響した。優勢な軍事情勢とあいまって、中国戦線にやってきた在留日本人は、はっきりした根拠はないが、それでも日本人町は相当長く存続できるものと勝手に推測した。相当長く存続するものならば、前述の植民地や租界の場合と同様に、日本式の生活様式を持ち込み、日本内地とほぼ同じような暮らし方をしてもかまわないだろうと認識したのである。これが、中国戦線にやってきた日本人が日本式の生活様式を日本人町に強引に持ち込んできた理由である。

3　兵隊は運動会が大好き――日中戦争期、日本人町における軍民合同の運動会

軍民合同の運動会

日中戦争で、日本軍は中国の領土を広範囲に占領する。およそ一〇〇万の日本軍がずっと戦地に駐屯して、占領支配に当った。これと同時に、多くの日本人民間人も占領地にやってきた。彼らは中国の既存の都市の一角に集中して居住した。こういった日本人町が華北を中心にして、約二〇〇もあった。

『大阪朝日新聞』の『北支版』と『中支版』を見てゆくと、日本人町で、兵隊が民間人と一緒になって運動会を催している。兵隊だけで運動会をしている事例はない。駐屯地内で開催された陣中運動会であっても、そこには従軍看護婦・「白衣の勇士」と表現される傷病兵・司令部付きのタイピスト嬢などが参加している。日本人町で開催される運動会は、文字通り「軍民合同」の運動会になった。日本人小学校の児童、国防婦人会員の女性、一般の在留日本人などが、こぞって参加した。だから、運動会は、兵隊だけでなく、日本人町の住民にとっても、心が浮き立つ最大規模のイベントであり、かつ娯楽の場でもあった。

永田部隊運動会　天真爛漫の爆笑!

黄塵止んで絶好の興亜日和の二十五日、永田（直）部隊では〝大陸の建設は体力から〟と、将兵全

岩田軍医撮影の写真

員の大運動会を催した。まず午前九時、永田部隊長以下全員が同部隊の広場に整列して宮城遥拝後、競技の幕は切られて、日ごろは固苦しい将校と兵士の間も、この日は一様に童心に還り、四百メートルリレー、パン食競争、ラケット競争や同部隊独特のタイヤ転がし、武装競走などに天真爛漫の爆笑を沸かせた。（中略）

再び開始となれば、この日の呼び物の総員で源平に分れた綱引、同部隊本部附のタイピスト嬢らが襷、鉢巻も甲斐甲斐しく必死の応援で、勇士達は益々元気旺盛、戦線で鍛えた体力に物をいわせて大奮闘。

優勝した勇士達へは部隊長から各賞品が授与されて、正午全部番組を終了した。午後は天津三業組合の紅裙部隊……美しい姐さん達を総動員して舞踊、長唄、義太夫などの慰問演奏で大いに喜ばせ、次で在津小学児童達の独唱、童話劇、舞踊、ピアノ独奏など可憐な唱歌に、勇士達は故郷を偲んで感激し、大喝采の裡に同四時、明朗な一日を終った。

『大阪朝日北支版』、一九四〇年五月四日

まず天津に駐屯していた永田部隊の運動会である。将兵以外には、「同部隊本部附のタイピスト嬢」が参加していただけのようである。「日ごろは固苦しい将校と兵士の間も、この日は一様に童心に還り、」とある。運動会では、将校と兵士の別をあまり気にせず、一緒になって騒げたといっているが、ちょっと信じられない話である。しかし、多少はそういった状況になったのかもしれない。

運動会が終わってから、屋内に会場を移し、演芸会になる。「天津三業組合の紅裙部隊・美しい姐さん達」と「在津小学児童達」の歌や踊りを楽しんだ。したがって、運動会そのものには、民間人は参加していない。見物だけである。運動会が終了したあと、演芸会の会場で民間人と交流している。

臨汾あげて楽しい一日！　日本小学校第一回運動会

（中略）臨汾も、今は居留邦人千八百、日本人小学校の生徒も約九十名となって、去る十五日、〇〇部隊の広場で第一回の日本人小学校の秋季大運動会が催された。

絶好の秋晴に恵まれ、現地新秩序の次の担当者、邦人小学生を中心に兵隊さんも居留民も、それに支那の学生達まで参加して、日華親善のなごやかな運動会が展開され、来賓席の〇〇部隊長や梁道尹まで競技に引っぱり出され、盛会であった。なかでも邦人小学生女子の「兵隊さんよ　有難う」の遊戯や白衣勇士の提灯競走、小学生に兵隊さんと国防婦人を組合せた親子競争など、最も喝采を博し、臨汾挙げて楽しい一日を過した。

『大阪朝日北支版』、一九四〇年一〇月三一日

臨汾《りんふん》は山西省南部の都市である。鉄道が通っていたので、この地域を占領している日本軍にとって枢要な所であった。臨汾にできた日本人小学校の第一回運動会のようすである。小学校の生徒は約九〇名であったから、学校の規模はまだ小さい。しかし、小学校の運動会は、臨汾に在住する一八〇〇人の日本人にとって、町をあげての一大イベントとなった。運動会の会場は、駐屯する「〇〇部隊の広場」、すなわち兵営の一角を借用している。だから、駐屯軍も参加した。臨汾の町にいる中国人学生や行政官（梁道尹）まで参加した。

「最も喝采を博し」た出し物の一つに、「邦人小学生女子の「兵隊さんよ　有難う」の遊戯」があった。「兵隊さんよ　有難う」という文句が新聞にしばしば出てくるので、あるいは当時、児童が歌うように作られた戦時童謡の一つだったかもしれない。幼い少女たちが、「兵隊さんよ　有難う」という歌に合わせて、無邪気に遊戯をする。いたいけな少女たちのしぐさをまぢかに見た兵隊たちは、日本に残してきたわが子のことを思い出し、思わず涙を流したことであろう。

「小学生に兵隊さんと国防婦人を組合せた親子競争」もあった。国防婦人、すなわち国防婦人会員である。日本人町に在留する女性は、誰でも国防婦人会に加入できた。日本人町には通常、老齢の女性はやってこない。小学生の母親といえば、まだ若かった。また、日本人町に多く来ていた、兵隊相手に稼ぐ売春婦も国防婦人会員になった。

「親子競走」で、おそらく兵隊は、小学生の児童を背負い、若い日本人女性と手を組んで懸命に走ったことであろう。軍隊では民間人と容易に接触できなかった。ところが、「軍民合同」の運動会では、おおっぴらに幼い児童や若い女性とつきあうことができた。兵隊たちが運動会を無上の楽しみにしていたわけである。

記事には四枚の写真がついている。写真のキャプションだけ紹介する。

①運動会全景　②親子競争　③白衣勇士の競技　④兵隊さんの綱引

沸返る蒙都　小川部隊創設記念日

張家口小川部隊では一日、創設一周年記念日を迎えて喜びに沸いた。この日、午前十時、小川部隊長以下、隊員、収容中の白衣の勇士に在張各部隊長、各機関など軍官民の代表者および国防婦人会員数十名も参列して、厳かな式典を挙行。（中略）正午より国防婦人会員の接待により、白衣の勇士達を囲んで、和やかに野外料理に舌鼓を打ち、午後一時より、漸く春立ち初めて陽光燦燦たる営庭に、運動会を開催。運命競走、瓶釣り競争など各種の競技に、病癒え傷も快癒した白衣の勇士達が、昔日の元気をとり戻して快走すれば、来賓も看護婦さんも婦人達も勇敢に飛び出して、勇士慰安の競走を展開して爆笑、哄笑が渦巻いた。

『大阪朝日中支版』、一九三九年四月八日

日本は現在の内モンゴルのあたりを占領し、そこに蒙疆《もうきょう》政権というカイライ政権を作る。張家口はその首都であった。見出しの「蒙都」とは、そのような意味である。ここに駐留する小川部隊が、創設一周年記念日を祝って運動会を開く。参加者は、部隊の将兵、白衣の勇士（傷病兵）、来賓、看護婦、「国防婦人会員数十名」などであった。白衣の勇士たちが、看護婦や国防婦人会員たちと、運動会を楽しんでいる。

紫金山下に歓声　南京の海軍記念日

聖戦下に意義深い海軍記念日を迎えた南京海軍陸戦隊・中川部隊では、この日早朝、記念式を行ったのち、盛大な記念運動会を開催。

全隊員をはじめ、日本人小学校児童、在留一般邦人、海軍病院の白衣の天使も参加。戦いを忘れぬ陸戦隊員の勇壮な野仕合や看護兵の担架競走、模擬のクリーク渡渉、可愛い児童のマスゲーム、愉快な自転車遅走競技など、終日、軍民一団となって、その歓声は紫金山下に渦巻いた。

『大阪朝日中支版』、一九三九年五月三一日

南京に駐留していた海軍陸戦隊が、海軍記念日に運動会を開く。陸戦隊員のほかに、「日本人小学校児童、在留一般邦人、海軍病院の白衣の天使」も参加した。「白衣の天使」とは従軍看護婦のことである。「終日、軍民一団となって」運動会を楽しんだというのである。記事に写真が一枚ついている。そのキャプションは「白衣の天使も邦人も出場、いとも賑やかに」である。運動会のようすを伝える、よい写真である。

〝電髪ヒッコメ〟　白衣勇士と看護婦　九江部隊の運動会

秋晴れの五日、野戦予備病院折井部隊の白衣勇士慰問秋季運動大会が甘堂湖畔の同部隊運動場で賑やかに開かれた。

もと支那軍の練兵場であったといわれるこの広場には、日の丸の旗が高々とひるがえり、秋空の下、白衣勇士と看護婦さんも、それに特別参加の九江日本小学校児童らも一しょになって、競技のたびごとにドーッとばかり、腹の底から朗かな笑いを閙げるのだった。

白衣勇士と看護婦さん合同の〝電髪叩き〟競技はこの大会の白眉で、絵に書かれた電髪嬢めざして、盲の選手が〝電髪ヒッコメ〟とばかり、叩きに出かける光景は、時局色を含んで、まことに珍競技、傷の痛みも忘れた白衣勇士らはすっかり童心にかえって、秋の一日をまったく愉快に楽しんだ。

『大阪朝日北支版』、一九四〇年一一月二一日

九江は江西省北部に位置し、長江（揚子江）中流の重要な港湾都市である。そこにある野戦予備病院の折井部隊で運動会が開かれる。白衣の勇士（病院に収容されている傷病兵）、看護婦、九江日本人小学校の児童らが参加した。

〝電髪叩き〟競技があった。電髪、すなわちパーマ禁止という、当時の世相を取り入れたゲームである。白衣の勇士と看護婦が組んで、「〝電髪ヒッコメ〟とばかり、叩きに出かけ」た。こんなゲームに打ち興じることで、白衣の勇士たちは、傷の痛みも忘れ、すっかり童心にかえったというわけである。

石家荘入城記念運動会

これまで『大阪朝日新聞』の『北支版』と『中支版』に掲載された運動会に関する史料を紹介してきた。新聞記事ということで、いずれも簡単な記述に限られ、運動会のようすを詳しく知ることはできなかった。雑誌に、運動会を取り上げている文章をたまたま見つけたので、次にそれを紹介する。長いので、いくつかに分けて掲載する。

石家荘入城記念運動会

十一日は朝から薄曇りの運動会日和であった。高野山前の広場には、早くも幔幕が張られ、トラックもフィールドもすっかり準備が出来上がった。傷病兵席の稍々斜後方に救護所、救護所から約三十米突離れた西側に、四本柱の香も新しく、立派な土俵が設けられた。

私は診療班員の救護所勤務を午前と午後に二分し、非番のものには随意休養又は見物するやうに申渡した。

石家荘は河北省の重要な都市である。ここから、山西省に向う正太線が伸びていた。

著者の新垣恒政は軍医ではない。同仁会から派遣された民間の医者であって、石家荘で診療に当った。彼は軍人ではないので、石家荘で行われた運動会のようすを比較的詳しく伝えてくれる。運動会は一九三八年一〇月一一日に開催された。

「高野山前の広場」とある。駐屯地の近くにある小山を、日本側が「高野山」と呼んだのであろう。会場は、運動会を催すトラック・フィールドと、相撲をとる土俵の二つがあった。著者は医者なので、救護所に待機して運動会の様子を眺めた。

さて石家荘開闢以来の日華合同大運動会の事とて、市内は勿論、市外からも会場目ざして押し寄せた群衆の夥しさ、開会前すでに三万と算せられたが、時の移るに連れて続々と殖え、竟に五万を突破したとの事であった。

日華合同大運動会という名目で開催されたので、兵隊や在留日本人だけでなく、石家荘および周辺に在住する中国人も多く見物に来る。見物に押し寄せた中国人の数を、著者は、「開会前すでに三万」、その後、「竟（つい）に五万人を突破した」と報告している。

集まってきた中国人見物客の多さに驚く。三万人とか五万人という人数に圧倒されてしまう。まず、運動会が挙行された「高野山前の広場」が相当広くなければならない。五万人もの大観衆が集まれるほどの広さがあったということであろう。

また、中国人の物見高さも相当なものである。当時の中国人は娯楽に飢えていたので、たとえ敵国の兵隊が催す運動会であっても、それがおもしろそうなものだと知って、あえて見物に押し寄せてきたのであろう。

運動会は特務機関長〇〇少佐の挨拶で開始されたが、この美しい親善風景を、ほんの一目でもよい、蒋介石に見せてやりたい心地がした。

運動会は特務機関によって用意された。「蒋介石に見せてやりたい心地がした」と著者は記しているように、日中戦争の中国側のトップ・リーダーは蒋介石であった。

運動会場では、元気一杯の兵隊、お河童の姑娘、さては無邪気な小学生等々が、皆溌剌と飛んだり、跳ねたり、走ったりした。

運動会には、兵隊のほかに、中国人の女学生や、日本人小学校の児童が参加しており、ともに「溌剌と飛んだり、跳ねたり、走ったりした」。

処で当日の呼物は､何と云っても各部隊の対抗リレーであった。やがて選手がスタートにつくと、あっちの部隊でも、こっちの部隊でも、応援の拍手が嵐のやうに起り、息づまる程の興奮が場内を制圧した。特に目立つ応援団長二人、見事な仮装に「日の丸」の扇子、身のこなしも鮮やかに、大勢の兵隊さん達をリードしている光景は、丸で神宮外苑の野球場そっくりであった。従ってこの一角丈けを見ていると、自分が石家荘に居る事さえも忘却するかに思われた。かうして石家荘、東京間の距離を心理的に縮めて仕舞ふ程、アット・ホームな運動会であった。

スタートは切られた。「部隊の名誉にかけて」と疾走する各選手の顔、顔、顔。バトンを受けてゴールへゴールへと突進する選手、それを見送ってほっとする選手、「頑張れ頑張れ」と声の限りに応援する戦友、其処には、凡そ戦場とは縁遠いユーモア丈けがあった。

運動会では各部隊の対抗リレーが最も人気のある競技であった。応援合戦で、会場は最高に盛り上がった。応援団長が派手なしぐさで、多くの兵隊をリードして、応援した。

占拠後一年にして、かくも明朗な絵巻物を見ようとは誰も思わなかったであろう程、余りにも平和であり、余りにも嬉しい現実であった。

慶祝気分は漸次高調に達し、小学生の旗体操、各部隊の野仕合、民間有志の百足競争と進む頃には、運動場の周囲を取り巻く全観衆の上を、夕日があかあかと流れていた。

かくてプログラムが愈々終りに近づいて来た時、日本人側の仮装行列、支那人側の高脚踊が群衆の歓呼を浴びて現われ、日華両国の老若男女を笑殺し乍ら、場内を一周した。（後略）

新垣恒政（元石家荘診療班長）「北支宣撫行（廿二）」、『日本医事新報』、八七九号、一九三九年七月一五日

石家荘が占領されてから、すでに一年経過していた。「小学生の旗体操、各部隊の野仕合、民間有志の百足競争」など、さまざまな競技が行われた。終了間際には、「日本人側の仮装行列、支那人側の高脚踊」まで登場した。運動会に雲集してきた数万人の中国人も、きっと楽しんだことであろう。

史料では、このあと、兵隊たちが相撲をとっている「角力場」のようすが述べられているが、それは割愛する。

石家荘の運動会のことは、新聞にも報道されていた。

石家荘の大盛会　日華連合親善運動会

石家荘における日華連合親善大運動会は皇軍入城一周年を記念し、去る十一日同市高野山前広場において、盛大に挙行され、日華市民一同の渾然たる和気藹々裡に午後四時、大成功裡に終了したが、当日の競技の呼物たる軍民合同マラソン競走は満場の熱狂裡に終了したが、（後略）

『大阪朝日北支版』、一九三八年一〇月一五日

新聞のほうは簡単な紹介である。雑誌の文には軍民合同マラソン競走のことは出てこない。マラソン競技

まで行われたというのであるから、運動会の規模は大きかったのであろう。

岩田軍医が撮影した写真

運動会の写真は、新聞に数多く掲載されている。しかし、新聞掲載の写真はみな小さく、また不鮮明である。そこで、岩田錠一軍医が撮影した写真を紹介する。彼はレントゲン技師であったので、撮った写真を自分で現像できた。彼は一九三八年七月から一九四一年一月まで、約二年半、中国に出征した。主に江西省九江市の病院に勤務したので、残された写真の大半は九江市で撮影したものである。

「当日ノ運動会　軍民合同」という説明がある。その前のページに「慰安会」という説明があるので、当日とは慰安会の行われた日のことであろう。運動会の行われた期日はわからない。岩田軍医が中国に滞在して

岩田軍医撮影の写真

いた二年半の間であるとしかいえない。六枚写真があるが、同じものが二枚あるので、合計五枚になる。

八人ほどの小学生が日の丸の旗を持って遊戯している。真ん中に立っている若い女性は小学校の教員であろう。また、別の写真では、丸い輪が両端についたものを、大人と子どもが運んでいる。なにかゲームをしているのであろう。同じものが二枚ある写真では、二列になって走る番を待っている。子ども、兵隊、それに五、六名の白い割烹着を着た女性がいる。みな楽しそうに、競技に打ち興じている。

高い所から見下ろして撮影した写真がある。運動会の全景がわかる。周囲が荒涼としているので、おそらく兵営の中にある広場であろう。多くの兵隊がいる。ほかに白衣を着た傷病兵、看護婦、子どももいる。中国人の見物客はいない。

見物したり、参加しているものの大半は兵隊である。兵営の中で行われていることもあって、運動会といっても、にぎやかさに欠ける。むしろ、さびしい印象さえ受ける。このような運動会であっても、参加する兵隊たちにとっては、この上ない楽しみとなった。

従軍記者を除けば、占領地で行われた運動会のようすを撮影することは難しかった。その意味で、この写真は貴重である。このように、占領地で運動会は行われたのである。

運動会の余波。中国側へ波及

居留民婦人と中国女児、仲良く　臨汾城外で運動会

日支親善の薫りも高く、山西省晋南各県の学童選抜大運動会が、二十五日、臨汾城外尭帝廟広場で、盛大に行われた。出場選手は臨汾、霊石、霍、趙城、洪同、襄陵、曲沃各県の選抜児童や青訓生ら合計五百余名で、会場は日の丸と五色旗で賑やかに飾られ、午前十時の開始前から、各県民が多数、応

援かたがた見物に押しかけ大盛況、競技の進行や審判、記録係にはわが勇士達が参加、一方、賞品としてタオル、洗面器、キャラメル、鉛筆、紙などが駐屯皇軍から寄贈され、可愛い選手達を喜ばしていたが、この日、目立った競技種目は、わが居留民の婦人達と支那女児の手をつなぎ合った日華母子競走、兵隊さんにおぶさった男児の競走や、臨汾城内小学校の男児六十名のラヂオ体操や、同女児三十名の見事な団体体操などで、いづれも新生支那第二国民の溌剌たる息吹が窺われた。

『大阪朝日中支版』、一九三九年六月二日

山西省南部のいくつかの県から、児童や青年訓練生五〇〇余名を臨汾城外の会場に招き、運動会を開く。「競技の進行や審判、記録係にはわが勇士達が参加」とあるから、日本軍の兵隊が運動会の運営を担当した。「賞品としてタオル、洗面器、キャラメル、鉛筆、紙などが」参加した中国人児童らにわたされた。現在から見れば、これらの賞品はいずれも取るに足りない粗品になるが、しかし、当時の中国人児童にとっては貴重品であった。彼らはおおいに喜んで、それらの賞品を宝物のように受け取ったことであろう。

この運動会はいわば日本軍の宣撫工作の一環であった。児童や青年を集めて運動会を催すことで、占領軍に対し好感を持ってもらおうとしたのである。

次は、中国軍の対応である。

窮余の一策　運動会で民衆を釣る　山西軍の珍案　強制募兵

（中略）最近、山西軍は窮余の一策として、運動会を開催。これは日本軍が占領地区で支那民衆を中心として運動会などを開いて、好成績をあげているので、敵もこれを真似て、先月下旬、第六十一軍の根拠地、山西省西南大寧南方四キロの村で、人民兵士慰安ならびに戦捷祝賀運動会と銘打って開催した。
出席者には全部賞品を出すと触れ廻っているので、近郷各村から老若男女一万余が繰出し、第六十一軍長・陳長捷は閻錫山代理として演壇に立ち「わが軍のために、いまや日本軍は山西各所に潰走している。諸子はこの運動会で大いに英気を養って貰いたい」と勝手な駄法螺を吹き、民衆を喜ばして、終日、盛況を極めたが、いよいよ終るや、観衆の中から十二、三歳以上、四十歳くらいまでの男子を片っ端から引抜き、兵隊にしてしまった。（後略）
『大阪朝日中支版』、一九三九年七月二〇日

次は、捕虜になった中国兵に運動会をさせたという話である。

捕虜更生道場でなさけの運動会　【徐州特信】
春は皇軍の手でひたすら更生の道を進むかっての抗日支那兵〇〇の捕虜更生道場〝特別工人訓練所〟にもめぐり来て、新政府の誕生を寿ぐ喜びが頒たれ陽春和む十日、皇軍情けの大運動会が訓練所の運動場で開催された。
何がさて鉄砲の射ち方も知らぬのを強制徴兵され、戦線では皇軍に追いまくられ、さんざん苦労のあげくに捕はれた連中とて、運動会なんて生れて初めて、従って珍無類の競技が続出、後に走ったり、前に進んでは後の者を手招いたり、応援の皇軍勇士も抱腹絶倒、賞品を手にして嬉々としてよろこび合う入賞者の姿もほほえましく。

かくて午前十時から午後五時まで、爆笑また爆笑の一日を過したが、閉会後、所長の発声で万歳三唱、捕虜達は日華両国国旗を振り振り、〝愛国行進曲〟を高唱、宿舎に引きあげた。

『大阪朝日北支版』、一九四〇年四月一八日

【徐州特信】とあるので、徐州の近くにあった捕虜収容所で開催された運動会のようすである。日本軍の兵隊は運動会が大好きであった。大いに気に入っていた。自分たちが運動会に参加して楽しいならば、捕虜収容所に収容されている中国兵も同じであろうと考えた。そこで、収容所で運動会が開催された。捕虜たちには運動会の経験がなく、大いにとまどったことであろう。

捕虜たちに運動会をやらせる史料を、もう一つ紹介する。

一粒の種も大切に　東亜新建設の理想　北支労工教習所の努力

【保定にて矢島特派員発】（中略）本年四月、労工教習所という名前で○○に開設された俘虜訓練所は、現在までの収容累積千二百人、そのうち千人余はすでに出所して、適材適所に北支の各方面に活躍している。（中略）この労工教習所は北支の俘虜収容所の中でも、一番整備しており、最近はその好成績を聞き伝へて、視察者が踵を接して来訪している。
○○労工教習所を今日までにした専任教官・石原重信少尉（兵庫県龍野町出身）は語る。入所するのは第八路軍、地方雑軍、土匪などで、正規軍は比較的少い。だから何よりもまず、彼らに鉄砲の味を忘れさすことに苦心する。月一、二回、運動会などをやるのはこのためだ。しかし先輩がいるので、すぐ教習所生活に慣れる。彼らが兵隊になった動機は単純だから、こちらが親切にすれば、殆んど全

部転向する。永く入所していた者が出所するときは、お互いに淋しい気持がする。これが人情だらうが、彼らの大半は労工移民に出たあとからも、手紙を寄越して、「一生懸命働いて、もう金が幾ら溜った」と報告してくる。（後略）

『大阪朝日中支版』、一九三九年一〇月八日

河北省保定付近に設けられた北支労工教習所のようすを伝えてくれる。ここでは中国兵の捕虜を収容し、短期間、訓練して出所させていた。この教習所の責任者は、収容者に「鉄砲の味を忘れさ」せるために、「月一、二回、運動会などをやる」と述べていて、興味深い。運動会で爽快な汗をかくことで、果たして捕虜たちは戦場のことを忘れられたのであろうか。捕虜になった中国兵を収容した捕虜収容所に関する史料は少ない。この記事から、捕虜収容所のようすの一端がわかり、貴重である。

国防婦人会の運動会

これまで運動会と中国側の関係に関する史料を紹介してきた。次は、日本人町に多くやってきた日本人女性と運動会のことである。

傷の痛みも忘れて打興ず　安慶で勇士慰安運動会

郷土出身の白衣の勇士慰安のため、増井部隊の肝煎りで、十八日、岡本部隊広場で盛大な運動会が催された。出場者はいづれも在安慶国防婦人会のきれいどこばかり百名――襷にエプロン姿もりりしく、提灯競走や二人三脚、座頭レースなどと、つぎつぎ繰展げ、担架患者の後送レースなどには、白

衣の天使に劣らぬ大和撫子の気性を発揮して、手際よくやってのけ、本職の岡本部隊看護兵さんたちも、〝ちゃっかりしとる〟と賞賛していた。
お髭生やした傷病兵も、パン食い競走の滑稽さには、傷の痛みも忘れはてて、爆笑哄笑がひとときつづいた。
『大阪朝日中支版』、一九三九年六月二八日

安慶は安徽省に属し、長江（揚子江）に面した大きな都市である。ここで、白衣の勇士、すなわち傷病兵を慰問するために運動会が開かれた。出場者が「国防婦人会のきれいどこばかり百名」というのが変わっている。国防婦人会には、日本人女性ならば、誰でも加入できた。売春婦でも別にかまわなかった。実際、中国戦線の日本人町では、国防婦人会員の多くは売春婦であった。

「きれいどこ」という表現から、彼女たちの多くが兵隊を相手とする売春婦であったと推察される。そういった女性たちをわざと駆りだして、運動会に出場させる。その目的は、彼女たちの気分転換や健康増進のためでは決してなかった。ずばりいって、彼女たちの「おひろめ」であった。

運動会は客寄せのための興行として開催された。兵隊や在留日本人たちに彼女たちを売り込んだのである。運動会で元気に走り回る彼女たちを、お客である安慶周辺に駐屯する兵隊や在留日本人たちに見せる。運動会を通じて、どのような女性が来ているか、白昼、堂々と紹介したのである。したがって、この運動会の主役は年若い女性たちであった。

一〇〇名の売春婦が打ちそろって、運動会を行うことは難しかった。しかし、彼女たちは他方で国防婦人会員でもあった。国防婦人会員として、傷病兵を慰問するために運動会を開くといわれれば、彼女たちの企

画に反対することは難しかった。

「襷（たすき）にエプロン姿もりりしく」とある。国防婦人会員の服装はほぼ決まっていた。和服を着る。その上に白いエプロンをはおる。エプロンというが、現在の感覚では割烹着である。さらに、国防婦人会と記した「たすき」をつけた。和服・割烹着・タスキが国防婦人会員の服装の、いわば三点セットであって、国防婦人会の会合には、どこへでもこのような服装で出かけた。彼女たちは和服・割烹着姿で運動会にも参加した。この服装では、走ったりするのに不便だったはずである。

次は天津の場合である。

五月の薫風を受けて、天津の女給さん連、一日運動会を挙行

こう跳ねたり、おどったりするのは結構だ。が夢、「あなたのあたしより」なんて甘い手紙で、「営業停止十日間」を釣らぬこと（天津）

〔大陸録音〕欄、『大阪朝日中支版』、一九三九年五月一九日

〔大陸録音〕は、『大阪朝日北支版』と『同中支版』のコラム欄である。だから、短い文章で、各地域のニュースを伝えてくれる。ここでは、天津の「女給さん連」が運動会を行ったと報じている。当時、女給は、芸妓、酌婦とともに、売春婦の一つのタイプであった。この運動会の目的も、前掲の史料と同様に、女給という売春婦の売込みであった。この場合も、「女給さん連」の運動会として行ったのではなく、国防婦人会の運動会として行ったはずである。後者の名目でなければ、許可されなかったからである。

次は、売春婦がみんな国防婦人会員でもあったことから、国防婦人会の会合ごとに、売春婦が市中に「氾濫」するという状況を指摘している。

国防婦人会の会合ごとに、市中に商売女が氾濫。個々女性の真実は有難いが、〝日本の女〟がみな商売人である様なのは、華人の手前、どうかな。こんなになる前に統制するて、なかったのかと、残念に思う。（北京）

〔大陸録音〕欄、『大阪朝日中支版』、一九三九年七月二九日

占領地で運動会がやれた特殊な事情

占領地で、占領軍の兵隊が運動会を開くなどということは、通常ではありえないことである。ところが、これまで紹介してきたように、日中戦争時、中国戦線で通常、ありえないことが多く行われた。どうして、それが可能になったのかを考えてみたい。

前述したように、中国戦線に日本人（朝鮮人・台湾人を含む）民間人が多くやってきた。彼らは日本人町を作って暮らした。運動会はこのような日本人町で開かれた。――兵隊だけで運動会を開いても、つまらない。ひげを生やした男たちだけで、徒競走や棒倒し、綱引きなどのゲームをやっても、おもしろみに欠ける。仲間はいつも見なれた顔であるし、日ごろの教練と変わらないような雰囲気になってしまい、兵隊たちにとって、およそ気晴らしや娯楽にはならない。

兵隊以外の別の人たちが一緒にゲームに参加したり、見物してくれることが望まれた。軍隊内部では、看護婦・傷病兵などが参加してくれれば、うれしい。また、日本人町に在留している日本人小学校の小学生、

国防婦人会の若い女性、一般の在留日本人が参加してくれれば、兵隊たちの演じる運動会は俄然、盛り上がる。さらに、周辺の中国人まで、大挙して見物に来てくれれば、運動会は熱気に包まれる。

このように、兵隊以外の人たちの参加や見物を考慮すれば、運動会の開催できる場所は、おのずから在留日本人が集中して住んでいる日本人町に限られた。したがって、兵隊が参加する運動会は日本人町で開かれた。要するに、中国戦線に日本人町が存在したからこそ、兵隊は運動会を開けたのである。

それを別のことばで表現すれば、「軍民合同」の運動会であった。「軍」＝兵隊だけではなく、「民」＝在留日本人や場合によっては周辺に住む中国人まで、一緒になって行う運動会であった。

日本人町に暮らす在留日本人にとっても、兵隊と一緒に行う運動会は大きな楽しみとなった。占領地にある日本人町では当然、娯楽は少なかった。だから、彼らは運動会を日本人町全体のイベントと見なし、こぞって参加した。

次は時期である。『大阪朝日北支版』と『同中支版』によれば、運動会の記事は一九三八年一〇月に初めて現れる。三九年と四〇年には、運動会の記事が多く出てくる。しかし、一九四一年になると、急に減る。わずか三件しか出てこない。一一月の記事が最後である。太平洋戦争が始まってからは、運動会の記事は全くなくなる。運動会は中国戦線の戦局が優勢の時に限って行われたことになる。

大規模な運動会の場合、周辺に居住する中国人まで見物に押しかけた。多くの中国人が集まってくることは、「治安」を乱す恐れがあった。しかし、中国側のゲリラ部隊が運動会の会場を襲撃してきたという類の記事は一件もない。ゲリラの攻撃が予想されるような場所と時期には、運動会を開かなかったということであろう。

また、運動会は屋外で行われる。だから、冬季や炎天下では行われない。気候のよい春と秋にだけ行われた。

戦局との関係をもう一度、考える。――戦争が始まったばかりの時期には運動会は開かれていない。兵隊たちは進軍につぐ進軍で追い回されていた。駐屯地でゆっくり休息するような余裕はなかった。だから、開戦後、一年数ヶ月という期間には、運動会をやれるような条件はなかった。

一九三八年末になって、ようやく戦局が落ち着いてくる。日本軍は持続的な占領体制に入る。こういう状況になったことで、治安状況のよい所では運動会が行われる。三九年と四〇年、日本軍の優勢が続く。中国軍の降服はもう間近という楽観的な見方が広がる。日中戦争はもう勝ったも同然だという思いに、日本側はとらわれてゆく。こういった有利な戦局の中で、運動会が多く行われた。

しかし、実際の戦争は、日本側の楽観論のようには進まなかった。中国側は長期持久戦の戦略をとる。後退戦を戦いながら、日本軍を内陸、奥深くまで誘い込む。日本軍は、表面的な優勢にもかかわらず、戦争の終結を展望できない状況に追い込まれてゆく。

こういった状況になると、もう運動会を開いて楽しむという余裕はなくなる。こうして、一九四一年に入ると運動会の件数は激減する。さらに太平洋戦争が始まると、もう運動会を開くような状況ではなくなる。

このように日中戦争の推移を見てゆくと、運動会が開けたのは戦争の特定の時期に限られていたことがわかる。結局、戦局が有利に展開していた時期に限って、運動会は行なわれたのであった。占領地で、兵隊が運動会を開いて楽しむなどは、しょせん、一時のアダ花にすぎず、カゲロウ（蜉蝣）のように、はかないものであった。

4　女性の服装――着物の氾濫

日本人町における「着物の氾濫」

日中戦争時、中国戦線に多くの日本人（民間人）が移住した。敗戦後、中国戦線から引き揚げてきた民間人は四九万人であった。女性は約四割として、二〇万人であった。彼らは既存の中国の都市の一角に集中して居住し、日本人町を形成した。

男性は洋服を着用したので、服装では中国人と変わらなかった。子どもや生徒は洋服型の制服を着た。また、少数の職業婦人も洋服型の作業服を着た。しかし、それ以外の女性は普段着としてキモノを着用した。

キモノは日本人の民族衣装なので、中国では目立った。キモノ姿の女性は、いわば日本軍の軍事支配の象徴であった。キモノ姿の女性が多くいれば、そこが日本人町であった。当時、日本内地でも女性の普段着はキモノであったから、内地の服装がそのまま軍事占領地にも持ち込まれたのである。最も多い時で二〇万人もの日本人女性が、キモノを着て中国の軍事占領地に居住したことになる。日本の新聞はそれを「着物の氾濫」と呼んでいる。

暖くなるにしたがって、街のあちらこちら花やかな日本着物の氾濫で、故国日本の香り紛々たるものあり。これも躍進日本の一つの現われか。〔大陸録音〕

『大阪朝日中支版』、一九三八年四月九日（〈大陸録音〉はコラム欄である。）

街は朗らかな兵隊さんの爆笑と美しいキモノの氾濫。流石に躍進済南の〝美しき出発〟を反映して、各映画館、百貨店、飲食店も超満員。質実のうちにもおさえきれぬ大陸第一線景気が満ち溢れている。

『大阪朝日北支版』、一九四〇年一月七日

作家の大田洋子は、中国戦線からの帰国談で、「ホテルや食堂に働く日本婦人」は、どういうわけか、「洋服を着る事は禁じられているのだそうです」と述べている。彼女たちがキモノの着用を強制されていたというのは、にわかに信じられない。一般的にいえば、当時、キモノが普段着だったから、中国に移住してきても、同じようにキモノを着たということであろう。

中支より帰りて（中略）大田洋子さんの土産話

（中略）それにしても、現地で働く日本婦人が不自由な日本服でいるのには全く同情を禁じ得ませんでした。ホテルや食堂に働く日本婦人が、どういうわけか、揃って和服を着ているので、尋ねてみると、洋服を着る事は禁じられているのだそうです。しかたなく、彼女達はペラペラした絹物を着ていましたが、働きが荒いので、直ぐに裾は切れる、全くやれ切れないと嘆いていました。

『東京朝日新聞』、一九四〇年六月二九日

日本人町には売春婦が多くいた。彼女たちは、遊客を迎えるために美しく装う。きれいなキモノを着、日

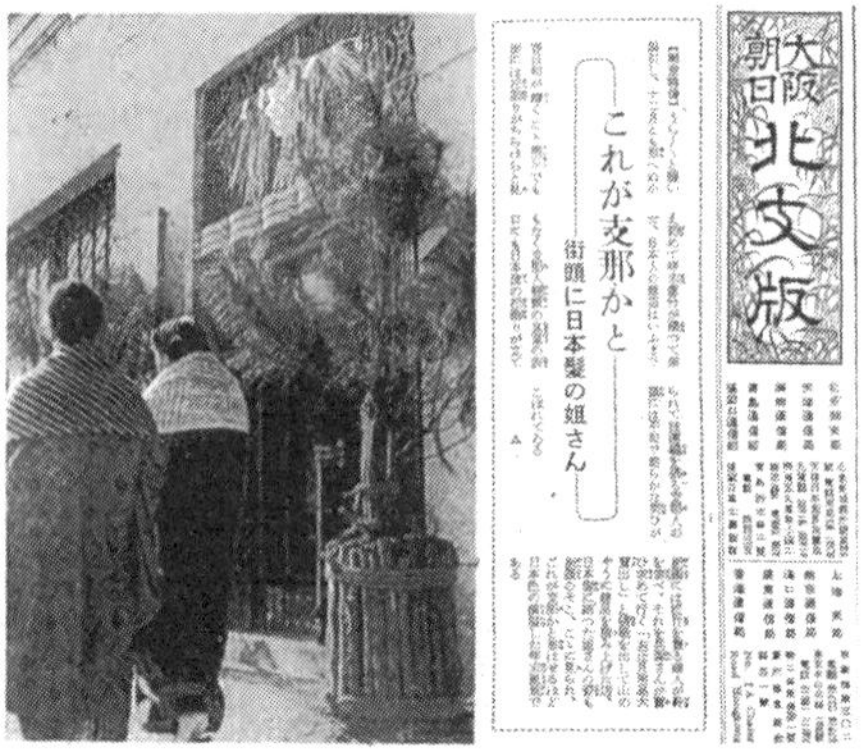
大阪朝日
北支版
これが支那かと
街頭に日本髪の姐さん

大阪朝日新聞北支版　1939 年 12 月 27 日

本髪を結う。日本髪は自分一人では結えない。髪結い（結髪業者）に結ってもらう。

次は南京のようすである。「日本髪に結った姐さん」は売春婦である。

「お正月用品大売出し」と張紙を出して、山のように商品を積み上げた店、日本髪に結った姐さんの姿も街頭のそこ、ここに見られ、これが支那かと思わせるほど、日本色の横溢した年末風景である。

『大阪朝日北支版』、一九三九年一二月二七日

売春婦が多かったから、彼女たちの需要に合せて、髪結いが日本人町に多くいた。

天津の邦人驚異的激増

（中略）天津日本総領事館警察署の一二月三一日現在の統計を見ると、届出邦人総人口が（中略）三万五千八百名という数字になっており、（中略）花柳界は繁昌のバロメーターで、結髪業が三六軒など。とにかく、まだまだ、これからいくら延びるか分らない邦人発展のうれしい進出譜ではある。

『大阪朝日中支版』一九三九年一月一四日

岩田錠一軍医が撮影した「九江美妓患者慰問　14.10」

ちなみに、同記事によれば、この時、天津の飲食業と売春関係の店は次のような状況であった。――飲食店二四四軒、料理店一五軒、カフェ五四軒、喫茶店一四軒、芸者置屋一三軒、旅館五六軒、下宿屋四一軒、貸間業七七軒。天津の売春関係の店舗がこれだけの勢いであったから、結髪業が三六軒も存在しえたのである。

紹介する写真は、岩田錠一軍医が九江（江西省）の軍の病院で撮影したもので、「九江美妓患者慰問　一四・一〇」という説明がある。女性たちは「美妓」とあるから芸妓である。一九三九年（昭和一四年）一〇月に慰問にきた時の撮影である。二五名ほどの女性はほとんどキモノ姿である。一人の女性は日本髪のカツラをつけている。お座敷に呼ばれる際、彼女たちはみなカツラをつけて、盛装した。髪結いが多く必要なことが理解されよう。

中国側の低い評価

「着物の氾濫」という事態をつきつけられて、中国人はキモノをしげしげと見る。キモノは、日本人がその気候・風土や文化・習慣に合わせて、長い時間をかけて、はぐくんできた独自の民族衣装であった。だから、日本人がその民族衣装としてキモノを着ることは別にかまわなかった。日本人女性とキモノの取り合わせは、きっと似合っていると認識されたことであろう。

しかし、キモノを衣類一般として、あるいはまた、自分たち中国人が着るべき衣類として評価しようとす

れば、おのずから別であった。中国人は低く評価した。中国側は遠慮がちにキモノを批判する。たとえば、

山東省長・馬良氏、日本人招待席上の座談で、「日本婦人のキモノは大いに改良の余地があると思う。だが、この際、いっそ欧米風の服装もさらりと棄てて、日支人共通の衣服が出来ンものか」と力説した。一寸、皆さんの御参考までに。（済南）〔大陸録音〕

『大阪朝日北支版』、一九三八年一二月一日

また、日本と中国の女性たちの「親善」座談会では、中国人側から、キモノの帯の不備と、素足が露出していることが指摘されている。

日華女性の親善座談会

（中略）中国側　衣類ですが、日本の着物はなかなかよいと思います。しかし、あの帯は一寸無駄のように感じますね。日本側　一種の飾りです。中国側　日本婦人が素足で歩いていますが、どうして靴下などをはかぬのです。日本側　暑い時、家に居る場合は、素足です。しかし、日本には素足の美ということがあります。

『大阪朝日北支版』、一九四二年二月一八日

中国人はキモノを身近に見て、キモノの機能性の不備や中国人との意識の違いを指摘する。とくに素足の露出は到底、認めがたいものであった。中国人女性にとって、キモノはそれほど魅力的な衣服ではなかった。

キモノにあこがれ、キモノをぜひ着てみたいという女性はいなかった。前に紹介した、作家・大田洋子もまた、キモノは中国人女性に受け入れられなかったと認めている。キモノは、中国人はじめ諸外国の女性に着てもらう国際的な衣服としては、明らかに落第であった。

そしてまた、支那に来た日本婦人達が直ぐに支那服を作るに引かえて、日本に来た外国人はなかなか日本服を作ろうとしないし、欧州かぶれのした支那婦人も、服装は支那服を着ている事実は、はっきり日本服の性格を表わしていると思います。

『東京朝日新聞』、一九四〇年六月二九日

ズボンは筒状の布で足首まで覆っていた。風が足まわりに入ってこないので、暖かかった。寒冷地に暮らす場合や、冬季の寒さがきびしい時期には、ズボン状の衣服はたしかに適していた。比べて、キモノは、寒さ対策よりも、むしろ夏の蒸し暑さをどのように快適に過ごすかのほうを重視していた。日本の夏は蒸し暑く、過ごしにくかった。ズボンのように直接、筒状の布で足を覆うと、下半身は蒸れて、不快であった。その状態を避けるために、外部から見えないように、身体全体にゆったりと布を巻きつけ、帯でとめるだけとした。風が入ってくるので、足まわりは涼しく過ごしやすかった。蒸し暑い夏は、とりわけ素足が好まれた。靴下や足袋を履かず、素足に下駄や草履を履いた。キモノには、蒸し暑い夏の季節を乗り切る種々の工夫がこらされていた。

しかし、ズボンのような形式にしなかったことで、弱点もあった。キモノは本質的に激しい運動には不向きであった。激しい運動をすれば、容易に裾が開き、素足が露出してしまった。足もとだけでなく、太ももまで露出することもあった。また、キモノは馬に乗るには不向きであった。馬に乗るには、やはりズボンのほうが適していた。

要するにキモノは、ズボン式でないことから、①素足が容易に露出した。②防寒機能が不備であった。とくに足元が冷えた。③激しい動作に不向きであった。激しい運動をすると、太ももまで露出してしまった。これ以外に、④帯を何回も結ぶのが無駄のようだと批判された。

素足の露出

これらの問題点のうち、「①素足が容易に露出した」は、実は日本人同士では全く問題にならなかった。日本内地では「素足の露出」はごく当たり前のこととして受け止められていた。しかし、中国人からすれば、素足の露出は到底、認めがたいものであった。こうした状況の中で、キモノを着た日本人女性の「素足の露出」が大きな問題になっていった。日本人には思いがけないことであったが、日本と中国の文化・習慣の違いから来ることであるから、しかたがなかった。

次の史料は、中国人が「素足の露出」を、いかに嫌うかを説明している。

支那人は最下級の苦力輩に至る迄、四季を通じて必ず白足袋を穿ち、顔面以外は、身体の如何なる部分をも風気に晒すことを極度に忌み嫌うのである。随って、西洋婦人が胸の上部や両腕を露出して歩行し、日本婦人が、下脚部や、素足を見せて外出するのを、支那婦人は一種の戦慄を覚えると言う。支那では婦人の踵を異性に見せる事は、非常な冒険事とされて居る。
満鉄東亜経済調査局編『満州読本』、一九二七年、七三頁

中国人が「素足の露出」を嫌うことは、以前からよくわかっていたので、日本側（憲兵隊・領事館警察・居留民団・新聞社など）は、日本人町の住民である在留日本人に対して、キモノを着用する場合、素足を露出しないようにくりかえし警告した。

しかし、在留日本人には軍事占領者の一部という、おごりがあるので、こういった警告は往々にして無視された。実際、日本内地でずっと慣れ親しんできた生活習慣を、中国にやってきて急にあらためることは、容易ではなかった。

罰則まで設けて禁止するほどの重要事とは思われなかったので、在留日本人女性は自分たちの生活習慣、すなわち素足の露出をずっとやめなかった。そのことは、まちがいなく周囲に住む中国人を不快にさせた。次に示すように、新聞には在留日本人が警告を無視して、素足を露出する例が数多く紹介されている。

聖戦一年。大和撫子の大陸進出もまためざましい。炎天の下、厚化粧に素足で、黄包子（人力車）のうえで、ふんぞりかえる彼女らの勇姿（?）は、ちょっと考えさせられる。（南京）〔大陸録音〕
『大阪朝日中支版』、一九三八年八月二五日

支那街へ、支那街へと、日本人は物凄い進出振り。だが、女が裾をはしょり、前をだらしなく、はだけて、うろつくのは、大和民族の発展とはいいかねる。（天津）〔大陸録音〕
『大阪朝日北支版』、一九三八年一〇月一一日

中国の夏も猛烈な暑さであった。そのこともあって、日本人女性は往々にして素足をさらし、下駄履きで、キモノ本来の涼しさを満喫した。そこで、日本側の取締り当局も、夏の暑い時期に限り、素足の露出は大目に見た。

時局柄であり、暑苦しくもあり、芸妓、酌婦、仲居の服装は、束《たば》ね髪に、浴衣、素足でも構わぬと、寛大なお達しが出ました。（青島）〔大陸録音〕

『大阪朝日中支版』、一九三九年七月二六日

次は済南の場合である。八項目にわたり、取締要綱が記されている。逆にいえば、このような事態が頻繁に現れたということである。なお、アッパッパは、「女性が夏に着る家庭用のワンピース。通気性をよくするように、ゆったりと作る」（『大辞泉』）である。

蒸し暑い夏に最適の衣類であるが、これも素足が露出する。中国人から見れば、無作法な衣服の典型であった。だから、家庭で着るのはかまわないが、それを来て外出するなと指導している。一方、「浴衣着の日本婦人の素足は大目にみることになり」とあるので、夏場に限り、当局も「素足の露出」に対する取締りをゆるめていたことがわかる。

大陸・猛夏の話題　偲べ前線、正せよ身形　熱都済南邦人風紀取締　官民協力で新運動

（中略）銭湯帰りの洗い髪に伊達巻姿の接客婦人らの横行など、余りにも暑さに紊れた済南の夏の街頭風景に、（中略）なお、取締要綱は次のごとくである。

一、泥酔徘徊　二、浴衣がけ細帯類で外出　三、婦人のアッパッパのまま、または洋装に下駄ばき　四、男子　洋服に下駄ばき、および腕捲り、肌ぬぎで市中を歩く　五、婦人の洗髪のまま伊達巻き　六、洋車上の不体裁な恰好で、服装、風紀を紊す　七、婦人の服装で、色彩形態の極端にわたり、好奇心を唆る如きもの　八、その他一等国民として体面、品位を傷けるが如き服装・行為など

なお、本年からは領警当局の親心で、浴衣着の日本婦人の素足は大目にみることになり、無理に足袋をはいて、暑い思いをしないでもよいこととなった。これは日本婦人多年の風習と最近の物価高による足袋の値上りなども考慮に入れた、当局の粋なはからいである。

『大阪朝日中支版』、一九四一年六月一四日

モンペの着用へ

戦争の拡大と激化により、キモノが激しい運動に不向きだという問題がはっきりしてくる。

男性が兵隊にとられ、町からいなくなったので、代わりに女性が軍需工場で働いた。また、予想される空襲への対応も、多く女性の担当とされた。女性は、次第に戦時下のきびしい状況下で、男性並みの働き手として期待されてゆく。

女性は、今まで経験したことのないような激しい動作が求められてゆく。その場合、従来のキモノでは明らかに対応できなかった。キモノ姿で激しい動作をすれば、容易に裾が開いて、太ももまでさらしてしまった。こうして、キモノの弱点を補うために、モンペの着用が奨励されるようになる。この動きは直ちに中国戦線の日本人町にも波及した。

中国戦線で真っ先にモンペを受け入れたのは、寒冷地に居住する日本人町であった。山西省北部に位置す

る晋北地区朔県では

大陸第一線にモンペ制服の国婦会生る

蒙疆晋北地区朔県（北部同蒲線）国防婦人会は文字通り最前線の国婦会として会員一三〇余名（中略）同分会では、このほど本年度臨時総会を開いた際、婦人服新体制に呼応して、断乎、モンペを制服として採用、如何なる場合といえども、モンペ姿の甲斐甲斐しさで、活動することを決議したが、恐らく蒙疆では勿論、大陸最初のモンペ国婦会であろうといわれている。

『大阪朝日北支版』、一九四〇年一二月六日

日本内地と同様に、中国の日本人町でも看護婦、タイピスト、事務員、電話交換手、小学校教員などの女性たちは、以前から洋服型の制服を着用していた。戦争が激化する中で、他の職域でも、キモノに変えて、活動的な洋服型の制服が広がっていった。次に紹介するように、華北交通の済南鉄路局では新たに女子従業員のために洋服型の制服を作った。

働く女性の服装　済鉄局

華北交通済南鉄路局では、新女子服装を制定。局二五〇の女子従業員が着用する。この女子服は男子労働戦士の職場服装型を改良し、袖なしの胴着にバンド附。すぐズボンになり、ズボンの裾は紐で括り、防寒を兼ね、事ある秋はモンペの代用ともなって、軽快敏速に活動出来るよう、工夫された仕事着で、色は黒。地は丈夫な木綿。頭には同じ黒地の三角帽を被り、紅緑で華北交通のマークを刺繍している。

『大阪朝日北支版』、一九四三年二月二四日

モンペが奨励されたが、モンペは元来、田んぼや畑で働く作業着であったから、なんとなくやぼったく感じられ女性たちはモンペをなかなか着用しようとしなかった。とりわけ、夏季、蒸し暑い時期には、足元が涼しいキモノが好まれた。

従来になかったような緊急事態の到来が予想されれば、デザインはやぼったくても、活動に便利なモンペを着用したであろう。しかし、今までとほとんど変わらないような日常が続いている所では切迫感に乏しく、モンペは敬遠されがちであった。次は一九四一年三月の天津の状況である。この時期、まだモンペ着用に積極的ではなかった。

天津巷談　天津モンペ運動

（中略）西宮島街附近で、烈風砂塵、吹きまくるなかに挙行された、皇軍精鋭部隊を中心とする郷軍、学生軍参加の立体攻防演習は実戦以上の壮絶なものとなり、万余の観衆の手に汗を握らせたが、はるばる日本租界から演習を見学に来た在津国防婦人会のご連中は、頭からすっかり砂塵をかぶり、随分と苦難の参観を行った。

……ところが、この国防婦人たちの服装を見ると、一人としてモンペをはいている婦人がいないので、風当りのひどい演習場附近での行動も不十分となり、意義ある記念日行事に、悪くいえば、醜態をさらした結果となった。これは、国婦幹部も手落であったと後悔している模様だが、日本国内はもちろん満州各地では、早くから国婦の会合には総てモンペを着用していることだし、外地でしかも多数の

外国人と雑居している天津のことであるから、一日も早く〝モンペ運動〟を起し、国婦の会合などは総てモンペで活動しやすいやうにするべきだとの声が高い。

『大阪朝日中支版』、一九四一年三月一八日

大阪では、モンペの代わりに、おしゃれに男子のズボンが着用されたという。原理的には男子のズボンでも、キモノの弱点を十分に補っていた。しかし、この時代、統一が好まれたので、モンペの代用としての男子ズボンの着用は禁じられた。


また、このごろ一つの流行型ともなり、大阪でも一部に見うけられる婦人の男子ズボン着用の是非論も、この日、検討されるが、男子ズボンは活動的であり、間に合せ運動に即するといふ女性側の弁は、翼賛会支部で調査した結果、大部分は身にぴったりするようにと、わざわざ生地を購入のうえ、苦心して新調するものが多いことが判明。しかも、長ズボンにハイヒールで闊歩する姿は、米英臭の濃厚なものとして、同支部では排撃の方針であり、大阪府女子青年団では二〇万の団員に、ちかく檄を飛ばしてズボン着用を絶滅する。

『大阪朝日北支版』、一九四三年三月一七日

中国戦線の日本人町に居住する日本人女性も次第にモンペを着用してゆく。モンペに合わせ、簡便な靴（ズック靴など）も履く。こうして、中国人をそれまで悩ませていた「素足の露出」現象は解消された。それでは、モンペを履き、靴を履いた、日本人女性の新しいキモノ姿に接して、中国人は従来の低い評価を変

えたであろうか。

素足が露出しなくなっても、中国人のキモノに対する評価は取り立てて変化しなかった。彼らにとって、キモノを着る日本人女性は軍事的支配者の一部であったから、彼女たち自身や彼女たちの着る民族衣装に対しても好感を持てなかったからであろう。

また、新しく着用し始めたモンペは、中国人の目から見ても、好ましい衣服とは思われなかった。もともとモンペは作業着であったから、やぼったく、衣服として洗練されていなかった。だから、新たにモンペを着用しても、中国人のキモノに対する評価は低いままにとどまった。

5 在留日本人のゾンザイな振る舞い

戦勝におごる在留日本人

日中戦争時、中国戦線（満州国・関東州・台湾および香港を除く）に多くの日本人（民間人）が移住した。彼らは、既存の中国の都市の一角に集中して居住した。日本人町には日本人が圧倒的に多かったので、日本語だけで生活できた。中国語を知らなくても、生活は別に困らなかった。日本人町では女性が四割を占めていた。日本人の多くは結婚しており、子どもも連れてきた。

日本人町には中国人も住んでいた。たとえば、中国人の中には、家事を手伝う「お手伝い」として、日本人家庭に雇われるものもいた。彼女たちは、中国語に由来する「アマ」（阿媽）と呼ばれた。また、日本人商店の店員として、多くの中国人男女が雇われていた。中国人は軍事占領下の住民として、なるべく目立たないように、控えめに暮らしていた。

日本人町の治安は、日本軍と領事館警察が担った。領事館警察は、中国にある租界（そかい）などに以前から設置されていたもので、在留日本人を取り締まった。この領事館警察（しばしば領警と略称された）が、日中戦争期、中国戦線に形成された日本人町にも設置され、在留日本人を取り締まった。

中国戦線にやってきた日本人は、以前、内地で従事していた仕事・職業を、中国でもそのまま続けた。この結果、日本人町の状況は内地の町によく似たものになり、日本人は、あたかも内地に住んでいるかのような気持ちになった。中国という「外国」で暮らしているという現実を忘れがちであった。その上、「戦勝国」の国民であるという「おごり」の意識が加わり、往々にして周囲の中国人を見くだした振る舞いをした。

本稿では日本人町に暮らす在留日本人が、戦争中どのように振る舞ったのかを見てゆく。

泥酔

はじめは泥酔である。日本人は大量に飲酒した結果、往々にしてまちなかで泥酔状態になり、醜態をさらした。それに対して、中国人は決してひと前では泥酔しなかった。たとえ、大量に飲酒しても、ひと前では決して乱れなかった。泥酔状態を人目にさらすことは、甚だ無礼なことであると認識されていたからである。日本人は、内地にあっても、しばしば泥酔し、まちなかで醜態をさらした。当然、人々のひんしゅくを買ったが、しかし、日本では伝統的に酒の上の失敗・醜態は大目に見られ、許容された。

この習慣や意識が、中国戦線の日本人町にそのまま持ち込まれる。在留日本人の中には、内地に居た時と同じように、大酒を飲み、泥酔し、まちなかで醜態をさらすものが多かった。日本人同士では、これは問題にならなかった。しかし、周辺に居る中国人は違った。彼らは、ひと前で泥酔し、醜態をさらす日本人を見て、びっくりする。面と向かっては言わないが、心の中で、そういった日本人を軽蔑した。要するに、礼儀をわきまえたまともな人間ではないと、泥酔者を嫌悪した。

そういった中国人の気持ちがわかるので、憲兵隊や領事館警察は、在留日本人に対して、泥酔するなとしきりに戒めた。しかし、彼らの警告にもかかわらず、在留日本人の習慣はなおらなかった。在留日本人は、中国人の目がふれるところで、しばしば大酒を飲み、泥酔し、醜態をさらし続けた。

青島では、一日平均二人の泥酔暴行者が領事館警察に留置された。

国民精神総動員で、大いに緊張せねばならぬ時期であるのに、最近、領警へ留置さるる泥酔暴行者が一日平均二人宛とは、ユル褌《ふん》も甚だしく、そとさまへ対して、甚だ相済まぬ次第。酒に呑まれぬ呑み方をしたら、どんなものです。（青島）〔大陸録音〕

『大阪朝日北支版』、一九三八年一二月二一日

北京で、天長節、すなわち天皇誕生の祝日の夜、百人以上の日本人が「泥酔、乱暴その他で」拘留された。

さる四月二十九日の天長節の夜、泥酔、乱暴その他で、憲兵隊、領警に拘留された邦人不届者が、なんと百人以上。大陸発展の根拠地北京に、五日、日本人の自粛自戒が今さらのように唱えられている。（北京）〔大陸録音〕

『大阪朝日中支版』、一九三九年五月四日

天津でも、「酔払いの乱暴者たち」が「めっきり多くなった」。

最近、酒を飲んでは乱暴を働く日本人がめっきり多くなったが、こんな輩はよろしく酔払っているうちに、白河へ投げ込んでしまう方がよかろうではないかという声が高いです。酔払いの乱暴者たちよ。ご注意、肝要デスぞ。（天津）〔大陸録音〕

『大阪朝日中支版』、一九三九年一一月四日

本来、泥酔や乱暴狼藉を取り締まるべき領事館警察の巡査が、泥酔のあげく事件を起こした。巡査は天津で深夜、通行中の日本人と中国人に乱暴の限りをつくす。さらに彼は酔った勢いで、カフェの寄宿舎に押入り、女給はじめ三、四名に重軽傷を負わせた。

通行の日支市民や女給寄宿舎を襲う　泥酔の領警巡査大暴れ

（中略）天津日本総領事館警察署管内の一巡査が、二十四日未明、泥酔の揚句、日本租界とフランス租界の境界線附近で、通行中の日支人に乱暴の限りをつくし、さらに蓬莱街新興カフェ寄宿舎に押入り、女給はじめ三、四名に重軽傷を負わせた事件があり、時局をわきまえぬ警察官の乱暴沙汰に、居留民の多くは憤慨している。

『大阪朝日中支版』、一九三九年一一月四日

車夫を殴る

当時、都会では人力車が最もよく利用される簡便な交通機関であった。在留日本人も人力車をよく利用した。人力車をひくのは中国人であった。ほとんどの日本人は中国語が話せなかったから、車賃の多寡で、中国人の車夫といさかいを起こしがちであった。車夫ともめ始めると、日本人は問答無用とばかり、車夫をなぐりつけた。

軍事占領下にある悲しさで、中国人車夫は抵抗もできず、すごすごと引き下がるしかなかった。「無理が通れば、道理が引っ込む」の例え通りのひどい状況がまかり通った。次の史料が伝えるように、若い日本人

娘まで、中国人車夫の「親爺を怒鳴りつけ」ていた。

日本娘が洋車の親爺を怒鳴りつけたり、八百屋の小僧に駄々をこねたりしている図は、あまり見よいものではない。日本の女性は淑やかで優しく、しかもきりっとしているのが、昔から定則ではないかね。支那娘に負けますぜ。（北京）〔大陸録音〕

『大阪朝日北支版』、一九三八年六月二八日

「車夫と車賃の争い」は、街頭で頻繁に見られる光景であった。戦勝におごった在留日本人は、中国人車夫をむやみやたらになぐっていた。

三つ十銭の柿が高いといって、支那人の柿売りを殴り、治療費金五円也を弁償させられた男がいる。車夫と車賃の争い、また然り。戦勝におごる勿れ。新生中国の民を愛せよ。（青島）〔大陸録音〕

『大阪朝日北支版』、一九三八年一一月二日

次の史料は、中国人車夫などをむやみになぐる日本人を、「何とも情ない不良邦人どもである」と評している。

電報配達夫や洋車挽を、日本人が殴る事件がちょくちょくある。何とも情ない不良邦人どもである。（北京）〔大陸録音〕

『大阪朝日中支版』、一九三九年二月二六日

とにかく日本人は中国人車夫をよくなぐった。北京で憲兵隊が取り扱った、車夫をなぐった日本人は、一九三九年四月末の一週間で数十名に達したという。こういった状況を憲兵隊は憂慮する。

「いろいろと取調べたところ、いづれも大した問題ではなく、是非なぐらなければならぬといふほどのことはなく」というのが憲兵隊の調査結果であった。憲兵隊の調査結果は、たぶん妥当であろう。「さらに一層厳重な態度で、邦人不道徳者を取り締る方針をたて、断乎たる処置をとるといっている」とあるように、憲兵隊は車夫を殴りつける日本人を取り締まった。しかし、日本人がささいな理由で中国人車夫を殴りつける風潮は、その後もあとを絶たなかった

殴らなくても　洋車夫でも痛いぜ　【北京特信】

酔っ払った邦人が街角で洋車夫をなぐっている。「支那人といふものは、なぐらなくては、いうことをきかないものだ」といふ間違った観念をまだすてられないのか、それとも酔ったまぎれに、戦勝国民の誇りを間違った方法で、発揮しようとするのか。日支親善の叫びも、巨費をかけた親善運動も、この不注意な拳固の一つ一つでこわされてゆく。

憲兵隊では領事館警察と協力して、これら不徳漢を取締るべく、かねてから邦人の注意を促していたが、まだその跡を絶たず、さる四月二十四日から同三十日までの間に、憲兵隊で取扱った非行者は数十名に達して、係官を憂鬱にしている。

いろいろと取調べたところ、いづれも大した問題でなく、是非なぐらねばならぬというほどのことはなく、ほんのちょっとした動機で、相手が支那人であるといふことだけで、手をあげた程度で、少

し慎めば、そんな見苦しいことをしなくても済む問題であり、これらの行為が重なってゆけば、結局、かれらは邦人を憎むとともに、なぐられなければ、いうことをきかぬといふ習慣をつけてしまうおそれもあり、憲兵隊ではこの際、さらに一層厳重な態度で、邦人不道徳者を取締る方針をたて、断乎たる処置をとるといっている。

『大阪朝日中支版』、一九三九年五月一四日

服装・身だしなみの乱れ

「戦勝国」の国民であるという在留日本人の「おごり」は、服装や身だしなみの乱れとして現れた。旅館のドテラを着込んで、天津神社に参拝した者がいたという。内地でも、こういった行為は非難される。「戦勝国」の国民だから、多少の無作法も許されると思ったからであろう。

国民精神総動員実践事項を体して、天津神社にお参りするのは、もとより結構だが、旅館のドテラを着込んで参拝するのは、おやめ下さい。(天津)〔大陸録音〕

『大阪朝日北支版』、一九三八年一〇月二〇日

在留日本人の中には、「寝巻のまま、白昼、大道をカッポするようなひと」がきっと、いたのであろう。

年も新しい。サア、心を引締て、軍の努力に並行し、長期建設の一助ともならん心掛けが必要。寝巻のまま、白昼、大道をカッポするようなひとは、済南にはいないでしょうな。(済南)〔大陸録音〕

『大阪朝日中支版』、一九三九年一月一五日

可能ならば、夏の夕方、「サラリッとした浴衣がけの素足に下駄をひっかけて」、北京の王府井の盛り場に出かけたいものだといっている。

北京の夏もいよいよ一二〇度。夕方ともなれば、サラリッとした浴衣がけの素足に下駄をひっかけて、「王ブラ」でもして見たいが、この純日本的姿で外出は罷りならぬ。檻の熊みたやうに猫の額の庭先をブラブラして辛抱するさ。（北京）〔大陸録音〕

『大阪朝日中支版』、一九三九年七月二一日

真夏になると、在留日本人の「だらしない浴衣姿が横行」した。

盛夏になると、まず服装からゆるむ。一部在支邦人のだらしない浴衣姿が横行する。——これでは興亜のリーダーとして新中国大衆の尊敬を受けられんよ。——と河野特務機関長、痛憤す。同感！（済南）〔大陸録音〕

『大阪朝日中支版』、一九三九年七月二六日

領事館警察による風紀取締週間

日本人のゾンザイな振る舞いを見かねて、領事館警察が取締りに乗り出す。済南の夏はひどく暑かった。

あまりの暑さのために、服装などに乱れが生じがちであった。一九四〇年六月、済南の領事館警察は風紀取締週間を設け、日本人のゾンザイな振る舞いを取り締った。取締要綱は九項目に及び、細かなことまで注意している。第四から第七までは明らかに女性向けの警告である。第八、第九も女性が対象である可能性が高い。

暑くても、身だしなみ　御婦人よ、肌をみせるな　済南の風紀取締週間

（中略）領警当局が風紀取締週間を実施して、左の要綱で居留民、特に婦人の服装について厳重な取締りを行い、自戒自粛を要望している。

一、のりのおちた皺くちゃの浴衣がけで外出しないこと　二、からげ帯、または尻端折《しりつぱしより》をして外出しないこと　三、外出の際、腕捲り肌脱ぎをしないこと　四、婦人は特に肌を露出せざること　五、洗髪のままで外出しないこと　六、細帯または伊達巻のままで外出しないこと　七、アッパッパのままで外出しないこと　八、外出の際は可成《なるべく》、足袋をはくこと　九、その他、不仕鱈《ふしだら》な服装や、風紀を紊《みだ》すやうな行為をなさざること。

『大阪朝日北支版』、一九四〇年六月一一日

次は、同じ済南であるが、一年後の一九四一年六月の状況である。

その御苦労も知らぬげに、浴衣の袖をまくりあげ、細帯一本で尻をからげた心なき旅行者の散歩姿、或はワイシャツにネクタイもはずして半ズボンに下駄ばきという見苦しい風体の邦人、銭湯帰りの洗い髪に伊達巻姿の接客婦人らの横行など、余りにも暑さに紊れた済南の夏の街頭風景に「汚すな体面、

乱すな風紀」、「偲べ前線、正せよ身形」と呼びかけて、済南総領事館では風紀取締週間を、九日から電撃的に開始。

清水署長自ら街頭に出動して、全市十二ケ所で一斉に街頭取締を行っているが、今回は特に日本青年団員も毎日二十名ずつ街頭突撃隊として協力。不心得者を散々に槍玉にあげた。（中略）

雨中に自ら繁華街に出馬、風紀取締陣頭指揮をした清水領警署長は語る。（中略）

済南の邦人の緊張が徹底している証左で、取締当局としてはなるべく違反者のないことを望んでいる。徒らにやかましいことをいうのではなく、邦人の体面を汚さぬことを望む当局の意をくんで、居留民諸君も自戒自粛して大陸日本人の矜持をきずつけないように御協力願いたい。

『大阪朝日中支版』、一九四一年六月一四日

領事館警察の取締りのようすが写真入りで報道されている。新聞写真で鮮明さに欠けるが、参考までに写真とその説明文を紹介しておく。

「㊤ 清水署長以下、署員総動員で街頭風紀取締陣 ㊥ この帯、この足に街頭監視隊の説諭 ㊦ 寝巻姿のこの足に厳しい訓戒」

上下とも白い制服を着た警察官が街頭で取り締まっている。腕章をつけた別の制服姿のものは、日本青年団員の街頭突撃隊であろうが、それがどのような組織だったのか、わからない。警官が不心得者を説諭している写真が二枚ある。一枚は半ズボンの男である。足の露出がよくないようである。もう一枚はネマキ姿の男性である。ネマキ姿で街に出てくれれば、説諭されるのは当然である。

済南における風紀取締週間は、一九四〇年、四一年と続けて実施された。四一年では領事館警察の署長ま

で街頭に出てきて、陣頭指揮している。警察による風紀取締週間の設置にもかかわらず、日本人の服装や身だしなみの乱れが容易におさまらなかったことを示している。

風紀取締週間は一九四二年以降も続いたことであろう。風紀取締週間は決して済南だけで実施されたのではなく、他の日本人町においても、風紀取締週間が設けられ、在留日本人の服装や身だしなみの乱れが、警察から厳しく取り締まられたことであろう。

大陸・猛夏の話題

偲べ前線、正せよ身形

熱都済南邦人風紀取締

官民協力で新運動

『大阪朝日北支版』 1941年6月14日

在留日本人もしょせん「東洋鬼」の仲間

在留日本人の歓迎されざる行為は、泥酔、車夫に対する殴打、身だしなみの乱れにとどまらなかった。彼らは、軍事占領者の一部として、もっとあくどい行為を平気で行った。次に示す史料がその状況をあからさまに伝えている。筆者は、「お茶の水の東京高等歯科ドイツ語校教授から応召した文人中尉」の「久保漆部隊の枝広中尉」であった。

慢の魅力と中国人　大陸文化建設の敵は誰か?　在留日本人の心構へ

(中略）僕の朋友中国人Wは幾たびか、僕にこんなことをいっている。「北支に来ている一部の日本人は中国人を騙して金儲けをしようとしている。また悪い商売をしている。白面（ヘロインのこと）の売買はご法度だ。中国人が禁止されているものを、日本人だからといって、売っていいという法はない。また中国人から物を買う場合、半ば強制的に値を決め、あるいはあとで金を払わないようなことすら、ないではない。中国人は没法子（メイファーズ。しかたがないという意味）で、だまっているが、こんな場合、中国人が心の中で国民党時代の方がよかったと思わぬとも限るまい。」（中略）

汪精衛氏の政治的頭脳の一人である周仏海氏は、日本人が中国人を軽蔑している限り、中国人が日本人を憎悪することも止まぬだろうといっている。これらのよくない日本人と、何らの根拠なくして一般的に中国人を軽蔑しているところの日本人は、大陸文化建設の敵だ。（中略）

日本人の面汚しになるから、浴衣に下駄を突っかけて、北京の街を歩いちゃいけない。温袍《どてら》で洋車（人力車のこと）を乗り廻すべからず。……もちろん、よくないのはよくないとしても、それは二の次の問題だ。要は大陸在留の日本人の心構への如何で、一人一人が大陸文化建設の一頁を埋めること

が必要である。（中略）
　そして、日本が先ず範を垂れなければならない。大陸在住の欧米人は中国語がうまい。それに反し、大陸に永くいる者でも、日本人はてんで初めから中国語を覚えようとしない。一切を日本語で押し通そうというのも、余り心臓が強過ぎやしないか。中国人に日本語を教えることも必要だが、第一、数億の中国人に日本語を覚えさせるよりも、何十万かの在支日本人が中国語を覚える方が早道であることは、自ら明かであろう。
　『大阪朝日北支版』、一九四〇年三月八日

　枝広中尉は、友人の中国人の話だということにして、在留日本人の悪い行為を紹介する。在留日本人の多くは、領事裁判権を悪用し、以前からモルヒネ・ヘロインを密売していた。戦争になってからも、その悪習（「白面の売買」）は続いているという。また、商売に当たり、日本人商人は往々にして支払いをごまかすと述べている。これも、ありそうな話である。日本はかねてから大陸文化建設を唱えているが、中国人をだまして金儲けをしている在留日本人こそ、大陸文化建設の敵だときびしく告発している。

　ドイツ語の教授だった経歴から、枝広中尉は、在留日本人が中国語を学ぼうとしないことを嘆いている。中国語を学ばないで、どうして中国人と親しくなれようかという。枝広中尉の批判は正しい。

　要するに在留日本人は、中国人に対して戦勝国の国民という思い上がった意識で臨み、ゾンザイな振る舞いを繰り返した。それは、日本の治安当局、すなわち、憲兵隊や領事館警察でさえ心配するほど、徹底したものであった。

　軍事占領下の中国人は、日本兵を「東洋鬼」と恐れおののいた。たしかに彼らからすれば、日本兵は「悪逆非道の限りを尽くす、東方からやってきた人でなし」であった。

日本人町を作り、中国に多くやってきた民間人の日本人もまた、中国人の目から見れば、決して善良な外国人ではなかった。彼らの悪い行為を中国人は身近に見た。その結果、民間人の日本人もまた、「東洋鬼」の一族であることを思い知らされる。おそろしい「東洋鬼」の仲間であると認めた以上、中国人は民間人の日本人に対しても決して心を許さず、心を閉ざし、用心深くつきあった。

6　鮮魚の輸送

日本人は魚料理が大好き

日本人町にいた民間人は、おもに軍隊にぶら下がって、生計を立てた。軍部は、彼らに日本軍の兵隊のいわば「福利厚生」を担当させた。戦争は長く続いた。戦場に長期間、「張りつけにされ続けた」兵隊たちは、心身ともに疲弊する。そこで、彼らを最寄りの日本人町に順番に派遣して、気分転換させた。

兵隊は宿泊を許されなかったので、日帰りで、あわただしい休日であった。それでも、兵隊たちは喜んで日本人町へ出かけた。日本人町の兵隊たちは、「おいしい料理を食べ、酒を飲んで騒ぎ、そして、売春をした」。日本人町の日本人商人が兵隊たちに提供した「福利厚生」の中心は、飲食と売春であった。兵隊たちが求めたごちそうは、中国料理ではなく、日本料理であった。日本料理の中でも肉料理はあまり人気がなかった。というのは、当時、日本人には肉を食べる習慣があまりなかったからである。兵隊たちの求めたごちそうも魚料理であった。中国戦線の日本人町では、生きのよい鮮魚が求められた。塩蔵したり、干物にした魚は歓迎されなかった。

兵隊たちの求めるごちそうは、天婦羅と日本酒と刺身であった。

おでん屋の話ではないが、何んと云っても当るのは、食い物商売である。やれ戦争だ、やれ支那兵だと云うときには、梅干と握飯で飢えを凌ぐ兵隊さんでも、後方に居るときは、矢張り人間である。天婦羅も喰いたいし、日本酒を刺身か何かで一杯やりたくなる。これが人情であるから、料理屋だとか、飲食店だとか、或いは宿屋、余まり勧められないが、若い女を十数人置いてやる水商売等々は、当たればボロい商売である。

高木陸郎編『北支経済案内』、一九三九年三月、今日の問題社、三三二頁

釜山北京直通列車の運行

てんぷら、すし、刺身は、いずれも海産の鮮魚が材料になる。とすれば、中国戦線で戦う日本軍の将兵のために海産の鮮魚を提供せねばならなかった。まとまった量の海産の鮮魚は日本内地にしかなかった。やむなく日本内地に鮮魚を求めることになった。戦争中にもかかわらず、この困難な事業が実現される。それが釜山北京直通列車の運行であった。中国戦線にいる日本軍の将兵と在留日本人に供給するために、一九三八年一〇月一日から、釜山発、北京行きの直通列車をしたてて、瀬戸内海の鮮魚を中国に輸送した。

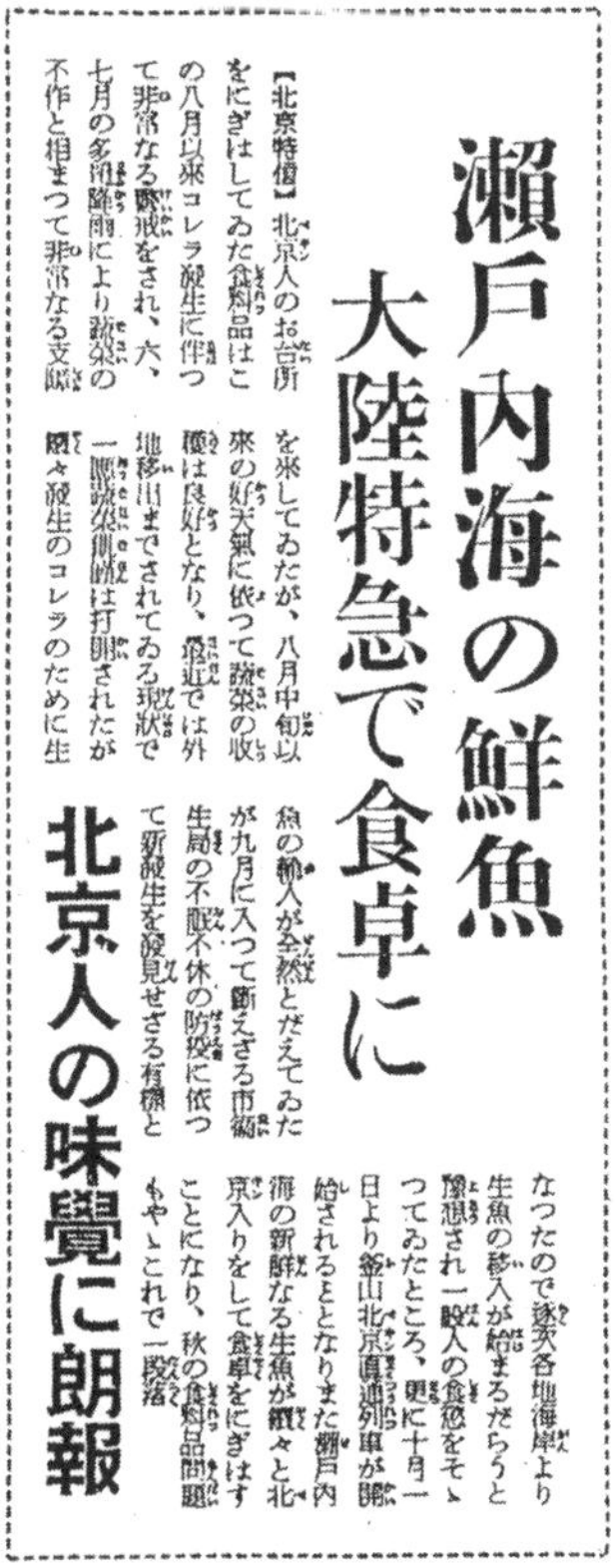
瀬戸内海の鮮魚
大陸特急で食卓に
北京人の味覺に朗報

【北京特電】北京人のお台所をにぎはしてゐた食料品はこの八月以来コレラ発生に伴つて非常なる警戒をされ、六、七月の多雨降雨により蔬菜の不作と相まつて非常なる支障を来してゐたが、八月中旬以来の好天氣に依つて蔬菜の収穫は良好となり、最近では外地移出までされてゐる現状で一應蔬菜側は打開されたが續々発生のコレラのために生魚の輸入が全然とだえてゐたが九月に入つて断えざる市衛生局の不眠不休の防疫に依つて新発生を発見せざる有様となつたので遂次各地海岸より生魚の移入が始まるだらうと豫想され一般人の食慾をそゝつてゐたところ、更に十月一日より釜山北京直通列車が開始されることとなりまた瀬戸内海の新鮮なる生魚が續々と北京入りをして食卓をにぎはすことになり、秋の食料品問題もやゝこれで一段落

『大阪朝日北支版』　1938年9月18日

瀬戸内海の鮮魚　大陸特急で食卓に　北京人の味覚に朗報

（中略）続々、発生のコレラ

のために、生魚の輸入が全然とだえていたが、九月に入って、断えざる市衛生局の不眠不休の防疫に依って、新発生を発見せざる有様となったので、逐次、各地海岸より生魚の移入が始まるだろうと予想され、一般人の食慾をそそっていたところ、更に十月一日より釜山北京直通列車が開始されることとなり、また、瀬戸内海の新鮮なる生魚が続々と北京入りをして、食卓をにぎわすことになり、秋の食料品問題も、ややこれで一段落。

『大阪朝日北支版』、一九三八年九月一八日

生きの良い鮮魚が、釜山から僅か二昼夜で、天津に来るようになった。ものすべての往来は、すべからくこの魚の如く、溌剌新鮮であることだ。（天津）〔大陸録音〕

『大阪朝日北支版』、一九三八年一一月一二日

釜山から天津まで、「僅か二昼夜」で来るようになったとしている。素人の眼からすると、下関港から直接、船便で天津港まで鮮魚を輸送したほうが能率的なように思われる。鉄道便に比べ、船便のほうが、はるかに大量の鮮魚を運べる。しかし、港湾施設が不備だった場合、港での積み下ろし作業に時間がかかった。あえて鉄道便を利用したのは、天津港の港湾施設の未整備という事情があったのかもしれない。

華北交通会社（略称は北交）は、日中戦争の時、日本が華北地方に作った鉄道会社である。満州国・関東州にあった満鉄が、日本軍の占領地域の拡大に合せ、華北地方に進出してきたものである。だから、実質的には満鉄の華北地方版であった。

新鮮な魚菜運ぶ　新造冷蔵車　多数到着　奥地ゆきも大丈夫！　【北京特信】

夏季を控えて華北交通へ新造冷蔵車が多数到着。この夏は冷凍魚や鮮魚、野菜、生果の新鮮なところをどんどん運んでくれるという、台所を預かる主婦にとって嬉しいニュース――（中略）これで、北支の冷蔵車は一躍、昨年の約二倍の数量に充実したことになり、（中略）試験の結果によれば、三十四度（摂氏）の温度で、氷三噸で百時間保つというから、北支内はどこまで送っても、大丈夫という優秀車である。

『大阪朝日中支版』、一九四一年五月二九日

次も冷蔵車の性能に関するものである。冷蔵車の需要はどんどん増えて、一九四二年六月には、「最新式冷蔵車が四十輛」にもなっていた。

奥地へ新鮮な魚菜を　冷蔵車が目覚ましい活躍　【北京特信】

（中略）華北交通には現在、最新式冷蔵車が四十輛あり、別に同社保有の冷蔵車、通風車があり、生物輸送陣は著るしい充実を見せている。すなわち暑気の来襲とともに、各線にわたり、活躍を開始したが、中でも（中略）鮮魚輸送などに目覚ましい活躍振りをみせているが、新造冷蔵車は氷四トンを乗せて、青島を出れば、太原、包頭まで一気に悠々走れる優秀車で、夏でも包頭、太原で「おさしみ」に舌鼓を打てるというわけであるが、

『大阪朝日北支版』、一九四二年六月一一日

青島を基点にして、遠く離れた山西省の太原や包頭まで鮮魚を運ぶことができ、おかげで太原や包頭でも、サシミがおいしく食べられるという。ちょっと眉ツバの話のように思われるが、案外、事実だったのかもしれない。ただ性能だけからすれば、このようにいえると受け取っておくべきであろう。実際には太原や包頭に通ずる鉄道は頻繁に中国側の妨害工作にさらされていた。だから、時刻表通りには鉄道を運行できなかった。鉄道が攻撃を受け、運行が遅滞すれば、優秀な冷蔵車も役に立たなかった。

鉄道便を使って、新鮮な魚介類を北京に運び込むのは、瀬戸内海でとれたものだけにとどまらなかった。渤海湾でとれたエビも輸送している。華北交通会社が運営する京山線北塘発、北京行きの列車に冷蔵車をつけ、エビを北京まで運んだ。一日に二〇トンから三〇トンのエビを発送した。大量のエビを北京に運び込んだ結果、北京のエビの価格が下落したという。

廉《やす》く美味しく　食膳に鮮魚を　北交で輸送方法研究

日を逐うて累増する北支の在留邦人の御膳に、安価で新鮮な食料品を供えさせようと、華北交通会社では、これから日常必需品の輸送に万全の策を講じ、先月末、京山線北塘発北京行の海老に冷蔵車の使用を開始したが、その成績、頗るよく、荷動きは日に日に増加、一日二十瓩から三十瓩の発送を見て、北京の市価も諸物価の昂騰とは逆に、一瓩三銭内外の安価で売買され、食卓には新鮮な海老が豊富に供給されている現状にある。

『大阪朝日中支版』、一九三九年一一月四日

北京の日本人町は、鮮魚類の一大消費地であった。

一日一万円のお魚　北京在留邦人のお腹に入る　北京十万邦人の台所をひきうける

中央卸売市場会社は、資本金五十万円、社長は横川元民団助役で、市場は東城の船板胡同にひらかれている。（中略）市場は今のところ鮮魚類だけしか取扱っていないが、おそくも本年の夏までには、新たに市場の新築移転を行い、生果、蔬菜類その他にも手をのばすことになっている。鮮魚の取扱量は現在一日平均五トン半、金額にして一万円程度だが、今後、市場の拡張にともない、逐次、激増の途をたどるものと見られている。

『大阪朝日北支版』、一九四二年二月二八日

まとめてみると、釜山北京直通列車の運行は一九三八年一〇月一日から始められた。この時点で、戦争が始まってから、すでに一年三ヶ月たっていた。日中戦争が長期戦になることが予想された時期であった。長期戦を見据え、鮮魚の安定した入手をもくろんだものであった。戦争中なので、遠洋漁業は行われていない。瀬戸内海や玄界灘などの近海でとれた魚介類が下関港に集められた。下関港に集められた魚は関釜連絡線で、釜山に送られる。釜山で、それらの魚は釜山北京直通列車に積み込まれる。

魚は鮮度が命である。釜山北京直通列車には魚を運ぶために、特別に何輌かの冷蔵車がつけられ、大量の氷が積み込まれ、氷で魚を冷やした。

釜山で鮮魚を冷蔵車に積み込み、一路、北京を目指す。しかし、北京は相当遠く、鉄道では北京まで二昼夜かかった。その間、列車は何回も路線を変えた。はじめは朝鮮鉄道を北上する。安東（現在の丹東）から、「満州国」に入る。満鉄線の安奉線に変わる。奉天（現在の瀋陽）から、同じ満鉄線の奉山線で山海関までゆく。

山海関で万里の長城を越え、中国戦線に入る。京山線に変わる。天津を経て、最終目的の北京にやっと到着する。

当時の低劣な冷蔵技術では、二昼夜の運転は限界に近かったのではなかろうか。また、北京からさらに西方や南方に向かう路線は、中国側のゲリラからしばしば攻撃を受けた。その結果、必ずしも安定した補給路となっていなかった。だから、北京までは迅速に運び込めた瀬戸内海産の鮮魚を、さらに西方や南方に鉄道輸送してゆくことは困難であった。釜山北京直通列車の恩恵を受けたのは、天津と北京にほぼ限られた。

では、釜山北京直通列車は、一回でどのぐらいの量の鮮魚を運んだのであろうか。冷蔵用の氷は途中で補給したのか。列車はどの程度の頻度で送られたのか。すなわち、毎日、送り出したのか。それとも、数日おきの出発だったのか。――わからないことだらけであるが、とにかく、瀬戸内海でとれた鮮魚が、鉄道便で北京に届けられた。おかげで、北京にいた日本人の軍人と民間人は、鮮度が保たれた海産の鮮魚を食べることができた。

船便などでも運び込んだ

済南は山東省の省都で、重要な軍事拠点でもあった。ここへの輸送には天津からの鉄道便（津浦線）を使っていない。天津から済南に通じる津浦線はしばしば攻撃を受け、運行が安定していなかったからである。船便で二昼夜かかって、日本内地から鰤（ブリ）やマグロを青島港に運び込み、それから、山東鉄道（膠済線）を利用して済南まで運んだ。

記事は、長い距離を運んできた鰤やマグロをありがたがってはいけない。済南付近でとれる淡水魚を食べろといっている。しかし、日本人は、現地でとれる淡水魚には目もくれず、たとえ古くなっていても、また値段が割り高であっても、内地からわざわざ運んできた鰤やマグロのほうをありがたがって賞味した。なお、「黒魚」とは雷魚のことである。

鯉、鮒、エビ、黒魚、スッポン等等、済南には済南の名物がある。船で二昼夜、汽車で百里の遠道をコトコト運んで来た鰤やマグロを、なんで食膳に上すんだろうと、旅行者は皆、料理屋や旅館の不食通を不審がります。（済南）〔大陸録音〕

『大阪朝日中支版』、一九三九年二月二三日

済南日本商工会議所発行『済南事情』（一九三九年六月）によれば、済南の日本人町には三軒の鮮魚商があった（「商業　四、中外各種主要商店　九、日本主要商工人名録」、二三六頁）。青島港から送られてきた海産の魚介類や、済南付近で取った淡水魚を在留日本人相手に売っていたのであろう。

近海の魚が豊富に取れる青島でさえ、「日本から古くて高い魚を取り寄せ」ていた。

チヌ、エビ、ヒラメ、縞鯛、コハダ、イカ等々、青島近海で獲れる新らしい魚を、このごろ、寿司、飲食店で使っている。傾向、大いによろし。日本から古くて高い魚を取り寄せ、間違った自慢をする旧式料理店は右に倣え。（青島）〔大陸録音〕

『大阪朝日中支版』、一九三九年六月二九日

揚子江（長江）流域の大都市、たとえば上海へは、船便で直接、鮮魚を運びこんだ。清津《せいしん》は、朝鮮の日本

海側で最も北に位置する港町である。このあたりで獲れたイワシが、はじめて三菱商事の手で、下関経由で上海へ輸出された。この例のように、上海へは日本内地から船便で、大量の海産物が送られた。

清津から上海へ　塩鰛（いわし）を初輸出　水産物進出の魁け

（中略）今度は特産塩鰮がはじめて同地に向けて出荷され、関係方面をアッといわせている。（中略）このほど便船で塩鰮千函（価格七千五百余円）が三菱商事の手で、下関経由、上海へ輸出されたのである。

『大阪朝日中支版』、一九三九年一一月五日

南京在留日本人は「わざわざ内地産の高価な古い魚を食ってい」た。内地産の鮮魚は、鉄道便ではなく、上海から揚子江（長江）の河川交通を利用して運ばれた。南京はやや内陸部に位置したから、送られてきた内地産の魚介類は、たしかに古くて、また高価だったことであろう。

中支の魚

現地にある邦人は、現地産の魚類を副食物とすることを嫌う向が多い。これは調理の方法も不可解だし、中毒症を起こす憂があるため避けているので、そのため、わざわざ内地産の高価な古い魚を食っていることになる。

軍では研究の結果、兵食上、重要視しているが、一般邦人も、高くて古い内地産魚類を常食するよりも、安くて無限にある現地産の魚類を、副食物として調理の研究を行うことが、物価高に悩まされている今日、相当重要なことと考えられる。

南京日本商工会議所発行『南京』、一九四一年九月、上海、六八二頁

釜山北京直通列車の運休

釜山北京直通列車が敗戦の時まで、ずっと運行されていたとは考えられない。同直通列車の運行は、戦局に左右された。戦局が不利になるに従い、鉄道輸送に余裕がなくなってゆく。鉄道輸送は、兵員・武器弾薬、および糧食といった、戦争遂行の基幹となるものに集中せざるを得なくなる。それ以外の人員や物資の輸送は、いわば不急不要と見なされ、次第に排除されてゆく。

鮮魚を釜山から、はるばる北京まで運んでゆく釜山北京直通列車の運行も排除されていった。戦争中にもかかわらず、日本内地産の鮮魚を、中国にいる日本人に食べてもらおうという企画は、不利な戦局に適合しなかった。単純にいえば、日本内地産の鮮魚は「ぜいたく品」と見なされてゆく。

釜山北京直通列車がいつ運休になったかは、わからない。朝鮮の釜山から北京までの鉄道は、戦争末期になっても、比較的きちんと運行されていた。問題は下関と釜山を結ぶ関釜連絡船であった。アメリカ軍の空襲と潜水艦の攻撃によって、関釜連絡船も次第に安全を保てなくなる。

一九四四年に入ると、同直通列車の運行はもう難しくなったであろう。したがって、釜山北京直通列車が運行されたのは、一九三八年一〇月から、一九四四年初めぐらいの時期に限られた。通算すると、五年間ぐらいの時期、運行されたのではなかろうか。主に上海向けの船便による輸送も、ほぼ同じ時期に中止されてゆく。アメリカ軍の潜水艦の活発な活動によって、船舶航行の危険が増大してくる。鮮魚を日本内地から、船便で中国戦線に運ぶ余裕はますます少なくなる。こうして、一九四四年に入ると、鉄道便および船便の双方で、日本からの鮮魚の輸送はほぼ止まる。彼らの食卓から、鮮魚を使った料理が消え、再び、味気ない食

生活に戻ってしまったのは、やむをえないことであった。

兵隊へのサービス

それでは、誰が、何のために、釜山北京直通列車を運行したのであろうか。

「アメリカ兵は塹壕でアイスクリームを食べられる」と象徴的にいわれるように、アメリカ軍には、前線で戦う兵隊の兵站を重視するという伝統があった。これがアメリカ軍の安定した強さの基礎となった。一方、日本軍は伝統的に兵站を大事にしなかった。前線で戦う兵隊は粗略に扱われた。もし、日中戦争の規模が小さく、また、短期間で終息していたならば、軍部はこの「あしき」伝統に基づき、いつものように兵隊の兵站を粗略に扱ったことであろう。

ところが、現実には日中戦争は、日本の歴史始まって以来の大戦争になってゆく。未曾有の大戦争を戦い続けてゆこうとすれば、一〇〇万人の兵隊の不満を、そのまま放置してはおけなかった。条件が許せば、兵隊たちの要望の一部は受け入れ、大掛かりで、面倒な事業を行ったのである。それゆえ、送られてきた鮮魚が一部の将校だけに独占的に供せられたのでは意味がなかった。あくまで、一般の兵隊たちにまで広くゆきわたる必要があった。したがって、釜山北京直通列車による鮮魚の輸送は、軍部による兵隊たちに対するサービスであった。

兵隊たちにサービスするために、軍部は、わざわざ瀬戸内海の魚を釜山に送り、釜山北京直通列車をしたてて、北京・天津に送りとどけたのであった。元来、兵站を軽視した軍部も、例外的にこのような大掛かりな事業を行ったのである。

7　淡水魚をナマで食べる

中国近海で日本漁船が操業

日中戦争は日本にとって未曾有の大戦争であった。中国戦線(満州国・関東州・台湾および香港を除く)には、多くの日本人の軍人・民間人がいた。中国の内陸部まで、日本側は海産の鮮魚を輸送できなかった。このため、内陸部にいた日本人は、海産の鮮魚を日常的に食べられなかった。それでは、彼らはどのように対応したのであろうか。

中国戦線にいる日本人に、なるべく多くの海産の鮮魚を供給したい。そのための手段の一つが、中国近海に日本の漁船にきてもらい、操業させることであった。次の史料によれば、「海州、連雲両都市の居留民」が発議し、「広島県庁斡旋による瀬戸内海漁業組合員五十余名」が近く連雲港にやってくるという。

海州は江蘇省北部の町で、隴海線《ろうかいせん》の東端である。隴海線は海州から西に伸び、徐州、鄭州をへて、西安まで至っていた。海州は華北平原を東西に横断する重要な隴海線の起点であった。連雲港はその海州の港である。連雲港あたりの海域に瀬戸内海から、日本の漁船団がやってきて操業する。とれた鮮魚を、隴海線で徐州方面まで運ぼうという計画である。この計画は広島県庁も一枚かんでいるので、実行された可能性が高い。

優秀な日本技術で　黄海の漁場討伐　海州、連雲港に朗報!

【徐州特信】　北支でも有名な黄海の漁場を持ちながら、昔からの幼稚な漁業技術のため、十分の成績をあげ得ぬ連雲港一帯の海の宝庫開発のため、海州、連雲両都市の居留民の間に、内地から漁師派遣が要望されていたが、いよいよ実現の見通しつき、近く広島県庁斡旋による瀬戸内海漁業組合員五十余名が来連することになり、同港では諸般の準備を急いでいる。

『大阪朝日中支版』、一九四一年三月一四日

練り製品の輸出

カマボコ類、すなわち、魚肉を用いた「練り製品」は加熱してある。だから、ナマの鮮魚よりも日持ちがよく、賞味できる期間が長かった。カマボコ類を中国戦線の日本人に売りこめないかという思惑で、山口県の水産物業者が実地に調査する。「練り製品」は本物の鮮魚ではない。いわば鮮魚の代用品である。それを中国戦線に送るのは、おいしい魚に飢えていた日本人にとっては一種の「ごまかし」であったが、それでも歓迎されたことであろう。

北浦水産物の北支進出を企図して、去る五日から青島――天津――北京――済南――開封各地を視察中であった大津郡仙崎・蒲鉾組合長・南野四郎、令矛正造、八道満の三氏は、二十四日夜、帰仙。左の現地土産話をもたらした。

北支向け水産物は一週間以内に先方へ届かねば、市場価値が減じて算盤に合わない。今度は総ゆる角度から、調査研究して、北京、天津なら五日、開封なら一週間で輸送する確信を得ました。開封では、

島根県の高津川の鮎の塩焼を食いましたが、味はあまり落ちていないのに驚きました。
『大阪朝日北支版』、一九四〇年八月一日

南昌で牛のすき焼きの店を経営する

他方、鮮魚をあきらめ、肉に替える場合もあった。紹介する史料は、江西省の省都の南昌の場合である。

南昌は大陸奥深くに位置しているので、海産の鮮魚は入手できない。そこで、除隊したばかりの兵隊あがりの経営者が、鮮魚ではなく、牛のすき焼きの店を開いている。何人かの中国人男女を店員として雇い、大きく店を経営している。

これはよい方法であった。牛肉ならば、南昌でもまだ容易に入手できた。日本風のすき焼きにして、兵隊たちに供給する。腹をすかせた兵隊たちは、大喜びですき焼きをおいしい、おいしいとむさぼり食ったことであろう。

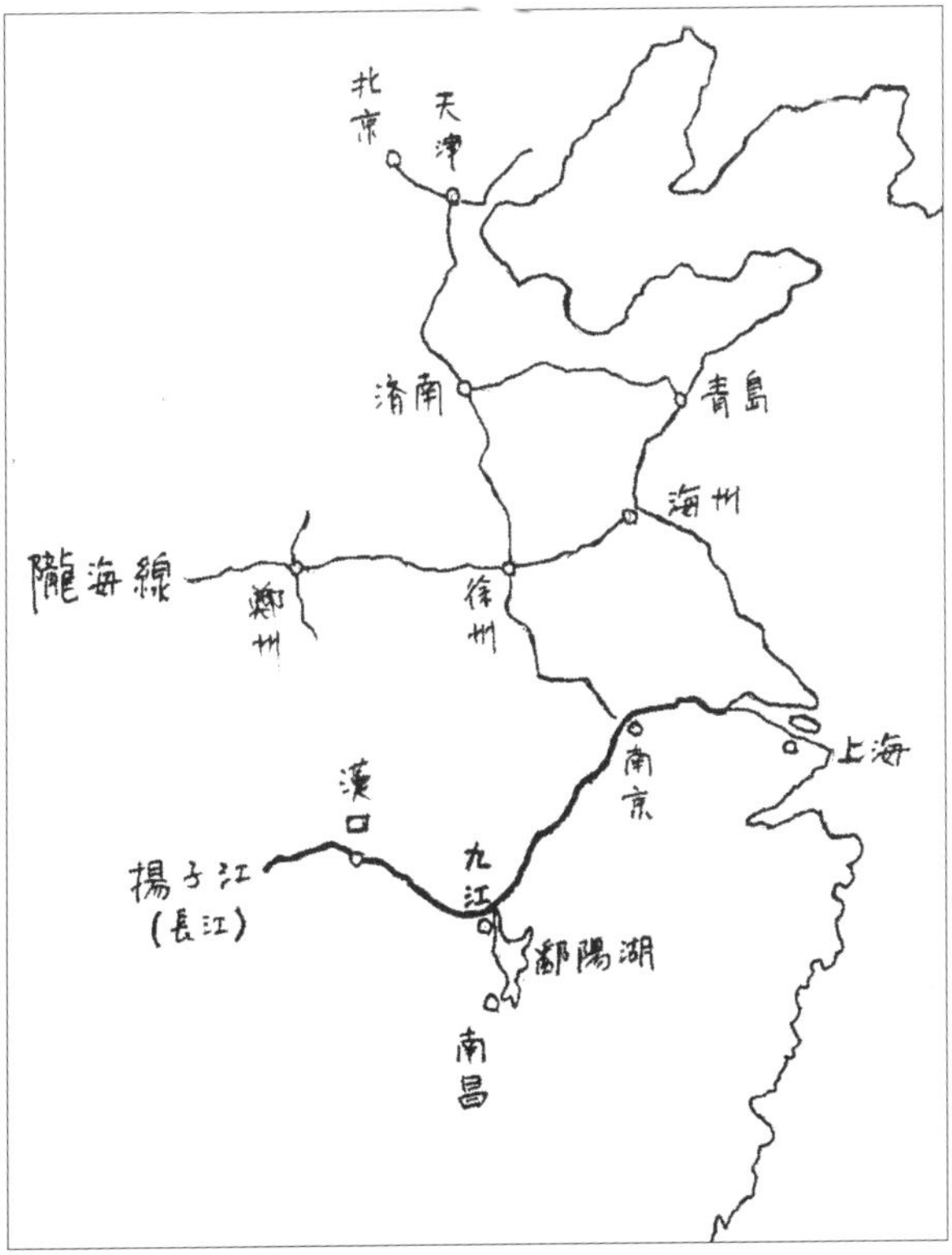

地図

オッサンの愛称で慕はれる〝阪急食堂〟の前田さん

中支の前衛・南昌に、このごろどっとばかりにみなぎって来たのは、懐しい大阪の臭い、大阪の姿である。ちょっと街を散歩しても、眼につくものは〝関西料理○○亭〟、〝浪速軒〟、〝新天地〟、〝南海食堂〟等々……といった軒並の看板。そして、大阪情緒よろしく兵隊さんたちの旺盛な食慾を煽っている。（中略）その中にたった一人だけ南昌陥落間もないころから、食堂を経営し、大いに大阪人の気を吐いている名物男がいる。兵隊さんたちの間にもっとも人気のある、たった一軒の牛肉すき焼屋——その名も〝阪急食堂〟の主人公、前田貞吉さんがそれだ。（中略）いまでは大阪ッ子の女中さん四名のほかに、姑娘三名、苦力五名を使って、兵隊さんへのサーヴィスをただ一念に手広く営業をつづけている。

『大阪朝日新聞』、一九四〇年一月二一日

淡水魚に関心を向ける

牛のすき焼きは、もちろんおいしく、腹を減らせた兵隊たちから大歓迎を受けた。しかし、できることならばマグロのサシミを食いたい。南昌のような内陸部では、それが無理なのはわかるが、それでも、可能ならばぜひ魚料理を食いたいものだと、魚にこだわる者もいた。

海産の鮮魚にこだわっても、実際のところ、内陸の都市では海産の鮮魚は入手できない。残されたのは淡水魚ということになる。兵隊たちは、時間の空いた時に駐屯地付近の川や沼で釣りをした。仲間たちといっしょにする釣りは一種の遊び、気晴らしであった。中国の河川・湖沼には、日本内地では見られないような大きな魚がいた。兵隊たちは時にそういった類の魚を釣りあげた。彼らは大喜びで釣りあげた淡水魚を調理して食べた。

淡水魚の調査

兵隊たちの気晴らしの釣りによる入手ではなく、淡水魚を本格的に入手しようとする。そのためには、まず淡水魚の棲息調査をする必要があった。どのような淡水魚が、どれぐらいの量、どこに棲息しているか。それらの淡水魚を捕獲する漁法、および調理の方法、さらにその料理が日本人の口に合うか否かなどの調査である。

中国との長期戦の到来を予想していれば、兵食を充実させるために、こういった調査はずっと以前に行っておくべきであった。しかし、実際には行われてこなかった。そこで、急遽、調査を始めたのである。

しかし、広大な農村部の多くは中国の武装ゲリラの影響下にあり、自由な調査ができるはずがなかった。だから、調査といっても、日本軍の占領下、治安状況が比較的よい都市近郊におのずから限られた。次に紹介する史料の場合でも、調査地域は、「済南附近の河川、湖沼を始め、黄河、微山湖など」とあって、比較的狭い範囲に限定されている。

華北交通会社では、北支に於る湖沼、河川の淡水魚類の調査を計画。このため前関東州水産試験場長・現満鉄調査部の別府良夫、西尾新六両氏が來済。済南鉄路局が中心となり、済南附近の河川、湖沼をはじめ、黄河、微山湖などの調査を行い、魚族の現況、取引状況、増産計画を研究することとなった。この結果に本づき、北支における淡水魚の科学的増殖を具体化し、新鮮魚に飢えた第一線の興亜戦士の胃袋を満喫させるというので、その成果を期待されている。

『大阪朝日中支版』、一九三九年八月一五日

鯉やフナを日本側は自由に捕獲できなかった

中国の川や沼には、鯉やフナといった、ポピュラーな淡水魚がいっぱいいた。すでに十分な量の鯉やフナがいたから、さらに日本から、それらの卵や稚魚を輸入して増殖をはかる必要はなかった。問題は中国に棲息している鯉やフナなどの量ではなく、それらの鯉やフナなどを日本側が支障なく捕獲できるか否かであった。

鯉やフナなどの淡水魚が棲息する河川・湖沼は、華北平原に一面に広がっていた。しかし、その地域の多くは中国の武装ゲリラの影響下にあった。だから、日本側は鯉やフナなどの淡水魚を自由に捕獲できなかった。

前掲の史料で、調査結果にもとづき、増殖させた現地産の淡水魚を大量に捕獲することによって、「新鮮魚に飢えた第一線の興亜戦士の胃袋を満喫させる」という壮大な夢を語っていた。しかし、その夢を実現させることは困難であった。

日本内地からニジマスなどの移殖をはかる

ニジマスやワカサギは、淡水魚といっても、にごった水にすむ鯉やフナと異なり、水の澄んだ、きれいな渓流や湖水に棲息する。同じ淡水魚であるが、鯉やフナとは違い、やや上品な感じを受け、食用魚として人気があった。そのこともあって、日本側はニジマスやワカサギの移殖をはかる。鯉やフナは、すでに十分の量が棲息していたので、移殖に取り組んでいない。

ニジマスなどの移殖に関して、一九四〇年と一九四二年の二つの史料がある。ニジマスなどの卵の送り先は同じで、山東省済南である。しかし、発送元は違っている。一九四〇年の場合は滋賀県醒ヶ井《さめがい》養鱒場と長野県田沢養鱒場からであるが、一九四二年では、東京府御嶽《みたけ》にあった府立奥多摩養鱒場からであった。二回とも、専門の技術者がニジマスなどの卵を済南まで運んでゆき、現地でしばらく養育に当った。

送り先は、山東省済南の近郊にある池であった。済南は有名な泰山のふもとにある。泰山の伏流水が済南の近郊にわきだし、いくつかの池をかたち作っていた。池の水は、透明に澄み、冷たかった。ニジマスやワカサギは、きれいな清流で、水温もやや低いところに棲息する。済南は珍しくニジマスなどの養殖に適していた。

まず、一九四〇年五月に、日本の農林省水産局の斡旋で、滋賀県醒ヶ井養鱒場ならびに長野県田沢養鱒場から、ベニマスの種卵を各五万粒ずつ購入し、済南に送った。古川技術官が済南に出かけて行き、養育に当った。移殖後、一ヵ年を経過した一九四一年三月にいたって、この移殖事業が順調に進んでいることが明らかになった。

虹鱒並に公魚移殖成績

（中略）以上の虹鱒、公魚（ワカサギ）の輸送、移殖成績の如く好適なる条件下に驚異的な成功を見、すでに一部は……。

『大阪朝日中支版』、一九四一年三月二〇日

一九四二年には、東京府立奥多摩養鱒場から、ベニマスの卵、二〇万粒を、山東省済南に送っている。

虹鱒　大陸へ渡る

【東京特信】　虹鱒も大東亜共栄圏の食糧増産に可憐な協力振り（中略）今月末頃、吉川技師が附添って、玄界灘の荒浪越えて、済南まで送り届け、孵化と飼育を指導することになっている。

『大阪朝日北支版』、一九四二年三月八日

移殖されたニジマスなどは、すぐに食べられるものではない。食用に供するほどに大きく育つには相当の年月を要する。その時まで、日本軍の軍事占領が続くと考えたのであろうか。まことに気の長い話である。戦争中に、日本によって放流されたニジマスなどは、その後、済南近郊の池で棲息できたのであろうか。水質などの自然環境が合わず、絶滅したかもしれない。生き残った場合は、立派に成長したニジマスなどが、食用魚として中国人の食膳をにぎわせていることであろう。

淡水魚を敬遠しがち

済南は、華北平原に位置するので、海産の鮮魚の入手は困難である。遠方の青島港からはるばる運んできたブリやマグロをいたずらに珍重するな。地元の済南付近で取れる淡水魚を積極的に食えと、記事はいっている。

済南付近でとれる淡水魚として、「鯉、鮒、エビ、黒魚、スッポン等等」をあげている。「黒魚」は雷魚のことである。鯉、フナ、川エビ、スッポンを食べることには、それほど抵抗はない。スッポンはむしろ高級食材として珍重される。雷魚は、通常、気味悪がって、日本人は食べない。しかし、中国人には雷魚を食べる習慣があった。

鯉、鮒、エビ、黒魚、スッポン等等、済南には済南の名物がある。船で二昼夜、汽車で百里の遠道をコトコト運んで来た鰤やマグロを、なんで食膳に上すんだらうと、旅行者は皆、料理屋や旅館の不食通を不審がります。（済南）〔大陸録音〕

『大阪朝日中支版』、一九三九年二月二二日

やや内陸部に入っている南京でも海産の鮮魚の入手は困難であった。やむなく南京にいた日本人は淡水魚を食べざるを得なかった。しかし、彼らの多くは、「現地産の魚類」すなわち、淡水魚を副食物として食べることを嫌ったという。淡水魚になじみがなく、どのように調理すればおいしく食べられるのか、わからなかった。また、淡水魚を不用意に食べて、中毒症を起こしてはならなかった。南京付近の淡水魚は安全なものばかりではなかった。だから、彼らの多くが淡水魚を敬遠したのも無理はなかった。

あえて淡水魚をナマで食べる

たしかに淡水魚はあまり好まれなかったが、しかし、いつまでも敬遠しているわけにはゆかなかったから、中国戦線の内陸部にいる兵隊と民間人は不承不承、淡水魚を食べ始める。淡水魚の調理方法には、煮る、焼く（あぶる）、油で炒める・揚げる、および鯉のアライのようにナマで食べるなどがあった。

現地の中国人は、煮魚にしたり、油で揚げたりして、各種の淡水魚を食べていた。日本人のように、直火で魚を焼く（あぶる）という調理法は少なかった。また、彼らには、鯉のアライのように、ナマの淡水魚を

そのまま（熱を加えずに）食べるという食習慣もなかった。

日本人も、当座は中国人がとっている、煮る、油で炒める、揚げるなどの調理方法で、これらの淡水魚を食用にした。しかし、多くの場合、こういった調理方法で調理した淡水魚は、日本人の口に合わなかった。食べられることは食べられるが、しかし、決しておいしいものではなかった。

その結果、日本人は、鯉のアライのように淡水魚をナマで食べる食べ方を選択するようになる。アライとは「新鮮なコイ・コチ・スズキなどを薄く刺身に作り、冷水で洗って身を縮ませた料理」（『大辞泉』）である。サシミの一種であるが、冷水で冷やすことで、身を固く縮ませる調理方法である。海産の鮮魚の入手が困難という状況で、地元でとれる淡水魚をサシミやアライにして食べようという試みであった。

大阪ずし

次の史料は江西省北部の九江の場合である。九江は揚子江（長江）上流の重要な港町であった。

> **大陸へ大阪の進軍　九江**
> **板場の腕の冴えで　揚子江の鯉も上方料理に　ここも大阪商品の山**
>
> （中略）一方、食堂街に踏入ると、大阪ずしがあり、浪華ずし、大阪屋など浪華商都の代名詞が氾濫し、さすがは食通の大阪人をこなした板場さんが、食ったら瘤《こぶ》ができるとか、中毒するとかいって、怖れられていた揚子江の鯉も、鄱陽湖《はようこ》の鮒も、何のそのだ。大阪板場の腕の冴えにまかせて、おおっぴらに食卓にのぼり、粋な島田や銀杏返しの姐さん達のサーヴィスで、押すな押すなの繁昌振りで、千日前や道頓堀あたりの食堂街に飛びこんだような情緒だ。

『大阪朝日新聞』、一九四〇年一月一九日

史料には具体的な調理方法は記されていない。私は「食通の大阪人をこなした板場さん」が、地元でとれる鯉やフナなどをアライなどにして、ナマで食べさせたのであろうと推察する。

「食ったら瘤ができるとか、中毒するとかいって、怖れられていた」とある。魚は通常、料理の際に加熱すれば、「食ったら瘤ができる」というような症状は出ない。「瘤ができる」という記述から、私はジストマを思い起こす。川魚には、もともと各種のジストマが寄生している。加熱すれば、ほとんど死滅する。しかし、ナマで食べれば、それらのジストマは往々にして人間の体内に入り、時には瘤状のしこりを作る。

淡水魚を食べて中毒するとある。中毒は、その淡水魚が本来持っている毒物に当ったわけである。加熱した場合よりも、ナマで食べた場合のほうが、中毒になる可能性はずっと高そうである。

史料に「大阪ずしがあり、浪華ずし」とあった。紹介する写真にも、大阪ずしの看板が大きく写っている。すしダネになる海産の鮮魚は乏しい。窮余の策として、揚子江や鄱陽湖（はようこ。九江の南方にある大きな湖。江西省の省都の南昌は、鄱陽湖の南端近くに位置する）でとれた鯉やフナなどの淡水魚を、すしダネに用いざるを得なかったのではなかろうか。鯉やフナだけでなく、気味悪い顔をした雷魚や、それに類した名も知れない魚に、料理人は果敢に挑戦する。こうして、鯉やフナのアライと並んで、雷魚やその他、名も知らぬ現地の魚のナマが、すしダネとなって、客の前に並んだのではなかろうか。

客もまた、長年、前線に派遣されたまま、除隊、帰国のままならない古参の兵隊たちであった。彼らは、食膳に出される鯉、フナ、雷魚やその他、名も知らぬ現地の魚のサシミを、マグロやブリのサシミなんだと思い込むことで、ひげ面をほころばせながら、賞味し、日本内地の生活をしのんだのである。

「九江名代　大阪寿し」と大きく書かれた看板が、店の入り口に掲げられている。

この中国で行われていた、淡水魚をナマで食べる食習慣は、戦後の日本に持ち込まれたであろうか。それはなかった。彼らは特別の時期（日中戦争時）、特別の場所（中国の内陸部）にいて、海産の鮮魚の入手が難しかったから、やむなく、淡水魚をナマで食べた。日本に帰国すれば、マグロやブリのおいしいサシミが食べられた。当然、こちらのほうがはるかにおいしかった。だから、淡水魚をナマで食べる食習慣は、戦後の日本に持ち込まれなかったのである。

8　朝鮮米

日本人は日本米にこだわる

中国戦線（満州国、関東州、台湾および香港を除く）にやってきた日本人は、軍人、民間人を問わず、これまで口になじんでいる日本米にこだわった。日本人は「食」に対して保守的であって、軍事占領地域で生産される農作物（小麦など）を主食として食べなかった。彼らは占領地域においても、日本米を食べ続けようとした。

戦争の長期化と拡大は、日本米をめぐる状況を変える。働き盛りの男性が多く兵隊に召集された結果、農村部の労働人口は減少した。他方、米の需要は増大する。生産された米は、日本内地にいる人たちだけでなく、満州国や中国戦線などで戦っている軍隊にも供給せねばならなかったからである。

このため、次第に米が不足してくる。やむなく、米を生産している植民地である朝鮮や台湾から、米を移入して、不足を補った。米の不足は日本内地だけではなかった。戦地にいる兵隊や民間人に送る米も不足した。その不足を朝鮮米で補った。日本は、日本内地でとれる米と同じ品種を朝鮮で栽培させた。だから、朝鮮米は日本米と同じものと見なしえた。

こうして、戦争の時代、朝鮮米が多く戦地に送られた。戦地に進駐・移住していた軍人・民間人は送られてきた朝鮮米を、日本米と同じような感覚で賞味した。要するに、戦争の時代、朝鮮米が戦地における日本の軍人・民間人の主食になった。

朝鮮米輸出禁止令による白米飢饉の発生

朝鮮米が主食として中国戦線の日本の軍人・民間人に供給された。しかし、いつも順調に朝鮮米を供給できるとは限らなかった。時に朝鮮米の供給はとどこおった。一九三八年度、朝鮮南部は大旱魃に見舞われた。このため、日本内地に移出された朝鮮米は、一九三八年度の九二七万石から、一九三九年度は四二三万石に半減している（帝国農会発行『昭和十八年版　農業年鑑』、一九四三年九月、三二一頁。なお、一石は約一八〇リットル）。

日本内地に移出する朝鮮米が半減しただけではなかった。当然、中国戦線などの戦地に送る朝鮮米も深刻な影響を受けた。これまでの量を送れなくなる。こういった事態に対処するために、一九三九年二月一七日、朝鮮総督府は「朝鮮米満支輸出禁止令」を出す。「満支」、すなわち、満州国・関東州と中国戦線への朝鮮米の輸出を禁止するというものである。

天津一箇年回想録　奥村特派員発

（中略）同二月十七日　朝鮮米満支輸出禁止令で、北支邦人、米飢饉に直面して、その成行《なりゆき》、重大視さる。

『大阪朝日北支版』、一九三九年一二月二二日

戦争中であるから、軍隊への米の供給は、何をおいても優先された。だから、軍隊への朝鮮米の輸出は、この措置に含まれてはいない。民間人あての供給だけが禁止される。

民間人がこうむった被害は大きかった。彼らはいわゆる白米飢饉に見舞われる。朝鮮米に代わるものは入手できなかった。朝鮮米の供給が完全に断たれれば、中国戦線にいる日本人（民間人）は食用米が欠乏してしまい、立ち往生してしまう。そこで、朝鮮米の供給の禁止を徐々に緩和してゆく。従来よりも少ないが、朝鮮米は少しずつ送られてくる。次の記事は、輸出禁止が解け、徐々に朝鮮米が送られてくる状況を伝えている。

米の不足緩和　鮮米、北支方面へ輸出

北支方面の米穀不足は依然、深刻を極めつつあり。北京、天津、張家口方面では、鮮米輸出制限が相当打撃を与えつつあるので、総督府北支派遣員たる室田事務官は、二十三日、来城。農林当局と二十四、二十六両日にわたって、この輸出制限緩和につき折衝中であったが、四月中、三万石、五月にも三万石、乃至、四万石の輸出を行うことに決定した模様である。（京城）

『大阪朝日中支版』、一九三九年四月二八日

朝鮮米の供給の不安定が続き、白米飢饉は深刻になる。事態を打開するために、済南日本総領事館は、白米の販売を制限する措置に出る。具体的には、日本人には一斗以上を一度に販売するなと、米を扱う卸商と小売商に命じている。

白米飢饉対策　日本人に限り一斗以上販売厳禁　済南当局の非常手段

【済南特電】済南、青島地方における白米飢饉は、数日来、いよいよ深刻化し、済南日本総領事館で

白米飢饉對策
日本人に限り一斗以上販賣嚴禁
濟南當局の非常手段

『大阪朝日中支版』　1939 年 8 月 27 日

は、ついに非常手段として、二十四日より邦人側白米輸入卸商、小売商組合に対し、白米販売は日本人に限り、一回一斗以上の販売を厳禁。この食料危機を切抜けることとなった。

今回の白米飢饉の原因は、津浦線の洪水による不通と、朝鮮方面よりの輸送制限および不円滑によるもので、輸送力の回復で、幾分、緩和を期待されたが、（中略）なお、かかる状態が当分、継続するにおいては在支邦人の生活の根底をゆるがす重大問題なので、これが根本対策を樹立する必要に迫られ、中央、内地、朝鮮に白米輸入制限につき、善処方を要望する外ないと見られている。

『大阪朝日中支版』、一九三九年八月二七日

お米が足りずに朝鮮米から台湾米へ三段跳の格さがり。民の竈《かまど》は「まずい、まずい」の声ぞする。

《青島録音》欄、『大阪朝日北支版』、一九三九年一一月一六日

新聞のコラム欄は今回の白米飢饉をややふざけて扱っている。朝鮮米が入ってこない。その代わりに台湾米を食べたが、台湾米の食味は、朝鮮米から「三段跳の格さがり」にまずいと表現している。台湾米は、よっぽど日本人の口に合わなかったのであろう。

同じ米といっても、インディカ米とジャポニカ米の二種がある。ジャポニカ米は日本・朝鮮で栽培されている米である。短粒種で、炊くと粘り気がある。インディカ米はインド、東南アジア、中国などで栽培される。長粒種で、炊いても粘り気がなく、パサパサであった。パサパサで箸ではつまめないので、ご飯を口に運ぶのに匙が必要になる。日本人はその独特の風味になじめなかった。台湾米や上海米（華中で生産された米を、日本側は上海米と総称していた）はインディカ米であった。だから、日本人の口に合わなかったのである。
朝鮮米の代わりに、台湾米や上海米を食べた。その結果、「胃腸患者が急増したとやら」と、バチあたりなことを言っている。

鮮米不足で、まずい台湾米や上海米を食わされたため、胃腸患者が急増したとやら。今までが飽衣暖食（ママ。「暖衣飽食」が正しい。）に馴れ過ぎていましたネ。訓練覚悟が足りなかったのです。（青島）
《大陸録音》欄、『大阪朝日北支版』、一九三九年一一月二八日

各種の節米の取り組み

白米飢饉に対応するために、いくつかの対策が採られた。
（1）白米をやめ、七分搗き米にかえる。まず、日本内地でこの措置は行われた。内地にならって中国戦線でも同様な措置が取られた。七分搗き米にすれば、玄米を精白する過程で、すり減る分量が減るので、食べる量は増えた。しかし、外見は白米、すなわち、「白い」米ではなく、やや黒ずんだ。食味も、白米に比べれば、やや劣った。
（2）華北地方の占領地で、水稲栽培を試験的に試みた。華北地方では伝統的に小麦を栽培しており、水稲

栽培はごく限られた所でしか行われていなかった。次の史料は山東省の兗州《えんしゅう》地方で行われた水稲栽培のようすである。ごく特殊な例であった。

故郷偲ぶ田植姿　山東省に日華協力の水田【兗州】

なつかしや大陸に水田、故国日本の農村を偲ばせる田植姿――

ここは山東省滋陽県、兗州、（中略）昨年、開田された〇〇町歩の水田に、いま、二度目の田植が日華人協力の下に行われているのだ。明水米（章邱県明水）済南、瀝城米などで、華北における唯一の米産地として、古来、名ある山東省が、大東亜戦争の兵站基地、華北の最大の要請たる食糧増産に応えて（中略）それぞれ日本種子、日本技術をもって、かなりの成績をおさめたのであったが、本年はなお、新に〇〇町歩を開田。既存の一千五百町歩に加え、本年度〇万石の収穫をあげようという。

『大阪朝日中国版』、一九四三年七月八日

（3）河南省新郷県の居留民会の会員は、米の節約のために、補助的な食事として、みな昼食はウドンにした。現地で取れる小麦を利用する。小麦からうどん粉を作り、ウドンを食べた。

故国の七分搗き節米運動は、自分たちは兎も角も、第一線にあるものには不自由をさせるなとの温かい親心が潜んでいる。（中略）しかし、故国のこの愛国的な節米運動を対岸の火災視してはいけないと、河南省新郷県居留民会長・中村愛四郎氏（埼玉県熊谷市）は、第一線の我々も節米運動の一翼を担げ、戦線で容易に手に入るメリケン粉でウドンを調達、率先、自分の工場全従業員とともに、朝食は粥食、昼はウドン食、夕食は七分搗励行の節米実践運動に乗出した。これに呼応するごとく、満鉄新郷分段も昼はウドンにした。数千の同地居留民もこれに右へならえして、ウドンで我慢するといい出し、戦線でのお昼は、どの家庭でもポッポと湯気立ちのぼるウドンにフウフウ、口をとがらせながら、舌鼓をうつのだ。

『大阪朝日北支版』、一九三九年一二月一六日

（4）次の史料は、前線の兵隊が、内地米（実際には朝鮮米の可能性が高い）を食べるのを遠慮して、現地で収穫される中国米を「興亜米」と名づけ、食べていると伝えている。「外米を食っている内地を思い、内地米を全廃して不味くとも豊かにある現地米で我慢しているのだ」という。ごく特殊な例であろう。

不平いわぬ戦線　支那米常食で頑張る　〝興亜米〟お国のためだ

【祠堂色にて】前線では早くから節米が実行され、ずいぶん前から、「興亜米」の麦飯（ママ）を食い続けている。興亜米とは、兵隊が名付けた現地米のことである。前線では決して内地米に不自由しているのではない。外米を食っている内地を思い、内地米を全廃して不味くとも豊かにある現地米で我慢しているのだ。

『大阪朝日北支版』、一九四〇年八月四日

米の配給制の実施

朝鮮米輸出禁止令が出たのは、一九三九年一二月一七日であった。それ以降、中国戦線に居住する在留日本

人は朝鮮米の供給の不安定さにずっと悩まされる。しかし、次の史料が示すように、朝鮮米の輸出は完全に禁止されたのではなかった。量は少なくなったが、ある程度の分量は送られてきていた。

朝鮮米九千石　仁川を積出し北支へ

【北京特信】北支の食糧米飢饉にそなえて、日満支物資交流会議で決定した北支向邦人食糧米新年度分、三十六万石の第一回分（朝鮮米九千石）は、朝鮮仁川で精白中であったが、いよいよ二十六日、仁川発の便船で積出すこととなった。（中略）なお、九千石の米は、北支の全邦人が全部三食とも米を食うものとして見ると、僅かに十日分の食糧にしかならぬが、残り分も船便の都合次第で、続々入荷の予定だという。

『大阪朝日北支版』、一九三九年一一月二八日

半年以上、さまざまな対策をとったが、根本的な解決にならなかった。結局、一九三九年秋になって、中国戦線の日本人町では、米の配給制が実施されることになった。戦地なので、兵隊の食糧の確保は最優先され、これまで通りに取り扱われた。民間人に対してだけ、米の配給制をしいた。配給制によって、少なくなった米をなるべく効率的に配分しようとしたのである。

次の史料は青島の場合である。

切符制度実施　青島で食米購入制限

（中略）当分の間、食米の買占偏在を防止する必要上、食米の購入には食米配給伝票を要することになっ

た旨、発表され、在留邦人に一大センセイションを興している。

青島の食米としては、事変以来、上海米の供給が絶え、日本内地からも輸出禁止で来ないので、専ら朝鮮白米に依存していたのが、朝鮮の不作と奥地および青島在住日本人の激増で、需要が急増したため、次第に逼迫して来たもので、当局では、内地、台湾米の輸入を百方考究中であるが、差し当りストックも僅少なるため、切符制度を実施して、買占め防止をなすことになった。伝票は所定の用式に、世帯主、住所、氏名、家族数を記入、民団の証明を受け、米屋にて購入することになるが、無届居住者、支那人使用人、飼犬などは、これに含まれない。

『大阪朝日中支版』、一九三九年九月二三日

在留日本人は切符を持って、米屋に行き、必要な米を購入するのである。「無届居住者、支那人使用人、飼犬など」が食べる米は、この切符では買えないとあるのがおもしろい。

在留届を提出していない日本人は配給米の支給にあずかれないとしている。このことが、後述するように在留届未提出者の問題を引き起こした。

同じ青島の場合である。朝鮮から輸入できた七分搗き米を、配給制で販売させた。その小売価格を青島総領事館が、一二月一日付をもって、「従来の白米よりも十八銭安の、一斗金四円七十七銭」と決めている。

朝鮮米不足の結果、臨時補充弁法として、総領事館、興亜院、陸軍特務機関などの斡旋により、一時、台湾米および上海米を輸入して不足を補っていたが、青島においても、政府の白米食禁止令発動精神に即応するため、今後は北支食用米は配給統制委員会によって一元化されることになり、朝鮮から七

分搗米の輸入が企られていたが、五千叺《かます》が入荷したので、青島総領事館は十二月一日付をもって、七分搗米小売価格を従来の白米よりも十八銭安の、一斗金四円七十七銭として、布告を発し、販売させることになった。

現在、残存の台湾米、上海米は二、三日分に過ぎないので、在庫白米消費後は、いよいよ白米へサヨナラとなり、時局の色と味を盛った七分搗米となるが……。

『大阪朝日北支版』、一九三九年一二月三日

米の配給制の副産物——在留届の未提出者の存在が浮かび上がる

こうして、日本人（民間人）に対して、米の配給制が実施される。それが思わぬ副産物を生む。在留届を提出していない日本人の存在をあぶりだした。居留民は、中国戦線に移住してきた時、当該日本人町の居留民団（その町の在留日本人が少ない場合は居留民会、さらに小規模な場合は日本人会と称した）にすみやかに在留届を提出せねばならなかった。領事館は、在留届を通して、当該日本人の移住・在留を確認した。しかし、移住してきた民間人は往々にして届け出なかった。彼らは無届のまま、日本人町で暮らした。戦争が近隣地域で戦われている最中という、あわただしい状況もあって、実際には在留届を提出しなくても、それほど生活に支障を感じなかった。

無届者には、いくつかの利点があった。まず、日本人町の居住者に課せられた種々の「課金」の徴収から免れた。課金は、居留民団が在留日本人から徴収する税金である。また、在郷軍人会や国防婦人会の会員になることもなかった（日本人町に暮らす日本人は、この二つの組織に組み込まれることで、厳しく監視・統制された）。

日本人町で、米の配給制が始まると在留届の未提出者は米の配給を受けられなかった。彼らの多くは困惑する。彼らは、口になじんだ日本米（実際には、多くの場合、朝鮮米であった）を食べることをあきらめられなかった。また、中国人と同じような食事、すなわち、小麦や中国米を使った料理を食べられなかった。配給を通して、日本米を引き続き食べたいと望んだものは、急いで在留届を提出した。

課金はいやだが、米を食わずにいられないとあって、切符制度実施で、無届居留民の在留届が殺到——浅ましい根性だ。（済南）
《大陸録音》欄、『大阪朝日中支版』、一九三九年一〇月一〇日

新たに届出た者がかなりの数にのぼった。在留届が提出されたことで、中国戦線に移住してきていた在留日本人の数は、従来に比べ、ずっと多くなった。これが、米の配給制の実施の副産物であった。米の配給制の実施、およびそれによる在留届提出者の増加に伴い、彼らから徴収する課金も増加した。たとえば、次の史料が伝えるように、済南では課金が一千円もたちまち激増したという。また、山東省西部の東昌という町の場合、従来の人口統計では在留日本人は一名もいないことになっていたのに、今回の騒動で、実は二五〇名もの日本人が暮らしていたことが判明した。

居留民の実数　山東白米飢饉の収穫
済南を中心とする山東省各地では、今回の白米飢饉緩和のため、居留民の届出による切符制度を実施した結果、済南の如きは課金にして一千円も忽ち激増するという無届居留民の新規届出が殺到して

いるが、この現象は奥地にゆくほど著しく、東昌の如きは人口統計には現在一名も邦人がおらぬこととなっているが、二百五十名も邦人が進出居住していることが判明し、鉄道沿線奥地の邦人人口は現在の倍数に上り、実際、居住しているものと見られるに至り、白米飢饉が生んだ邦人人口の大異変として、総領事館当局を面食らわせ、近く全面的な再調査を行うのやむなきに至った。

『大阪朝日中支版』、一九三九年一〇月一一日

米を食べなくてもよい太原邦人

太原居留民に配給する精米の配給票書き換えが最近行われたが、締切当日までに、ちゃんと配給申告書を民会に提出したものは、居留民一万二千人のうち、半分、六千人しかなかった。

『大阪朝日北支版』、一九四〇年九月四日

配給申告書を提出しなくても、どっちみち、米は引き続き配給してくれるであろうという、甘えがあったのであろうか。

朝鮮が外地に出かけた日本軍隊の重要な食糧基地になった

日中戦争から太平洋戦争へと進む。戦争は長期化し、戦域は拡大する。これに伴い、軍隊が多くの地域に進駐する。また、彼らに続いて、多くの民間人も占領地に移住していった。

彼らはみな戦後、外地から引き揚げてくる。厚生省援護局の統計によれば、引揚者の総数は六二九万人である。そのうち、中国東北から一七四万人（軍人・軍属五〇万人、民間人一二四万人）、中国戦線から

一五三万人（軍人・軍属一〇四万人、民間人四九万人）が引き揚げてくる（厚生省援護局編集『引揚げと援護三十年の歩み』、厚生省、一九七七年、六九〇頁）。

これに依拠して、外地に出かけていった軍人・民間人の食用米が、どのように供給されたかについて、おおまかな検討を行う。中国東北地方は、現在では米を生産している。しかし、戦争中はまだ米をほとんど生産できなかった。私は以前、いわゆる満蒙開拓団のことを調べたことがある（拙稿「満州キリスト教開拓団」、『東アジア研究』四八号、二〇〇七年三月）。「主食の米は満拓から配給されました。」（榎本和子『エルムの鐘』、暮らしの手帖社、二〇〇四年、六三頁）という報告を見つけて、びっくりしたことをよく覚えている。

開拓団といっても、主食の米を配給に頼っていたのである。中国東北地方に出かけた日本の軍隊・民間人は現地で取れる農作物を主食にできなかった。彼らは主に朝鮮米に頼った。

中国戦線のうち、華北は小麦の生産が主力である。また、華中・華南では米が取れるが、しかし、それは日本人の口に合わないインディカ米であった。だから、中国戦線に出かけた軍人・民間人もまた、主に朝鮮米に頼った。

とりあえず、中国東北と中国戦線に出かけた軍人・民間人の主食が朝鮮米であったとする。その場合、中国東北と中国戦線に出かけた軍人・民間人を合わせれば、敗戦の時点で、おおよそ三二七万人になる。これだけの数の日本人が、戦争中、朝鮮米を主食にしていた（日本米が少しは加わるとしても）。日本の軍人と民間人が食べる主食の米は、朝鮮から供給された。

このことは、朝鮮人農民に困苦と悲嘆をもたらした。彼らは米を生産するが、しかし、できた米は強制的に供出させられたために、自分ではほとんど食べられなかった。一九四〇年二月、華北に住む中国人の食糧対策として、満州国から、いわゆる満州雑穀、具体的には高粱、粟、包米（とうもろこし）二万五千トンが送られている（『大阪朝日中文版』、一九四〇年二月四日）。

日本内地でも、食糧事情が極度に逼迫した戦争最末期には、高粱、粟、とうもろこしが配給され、国民はそれを食べて飢えをしのいだ。しかし、それはごく短期間に過ぎなかった。朝鮮では、ずっと早くから、このような状況が出現した。朝鮮人はおいしい米を作ったが、それをほとんど食べられず、中国東北地方から送られてきた二級の穀類である高粱、粟、とうもろこしなどを、主食として長く食べさせられたのであった。

9 「戦争の横顔」——従軍記者の高級ホテル暮らし

従軍記者の「切り取り勝手」

従軍記者が送ってきた記事の多くは、凄惨な戦場の報告である。その中で、今回、紹介する記事は、おもむきが違っている。日中戦争時、軍事占領したばかりの杭州市で、従軍記者はいわば「早い者勝ちで」ホテルを接収して、新聞社支局とする。残留していたホテルの従業員一三人もそのまま使用する。いわば「切り取り勝手」の世界が実現したという話である。

『大阪朝日中支版』昭和一三年（一九三八年）三月二五日と二六日に、「戦争の横顔　児玉特派員手記」として、二回にわたって連載された。見出しを紹介する。

戦争の横顔①　児玉特派員手記　ホテルお好み次第　〝魔法の杖〟白墨片手　Xマスイーブ　憧れの杭州で支局捜し（二五日）

戦争の横顔②　児玉特派員手記　お伽噺の富豪　児先生　窓の外は満目日の丸（二六日）

従軍記者――ホテルお好み次第

児玉氏は大阪朝日新聞の従軍記者であった。フルネームはわからない。「記者は五ヶ月ぶりに江南の戦線から帰ってきた」という書き出しで、記事は始まる。

雨上りの杭州街道の楊柳の並樹道を、僕、東朝の足立、小島君、無電の宮崎さんらは、兵隊さんと一緒に駆足で走った。十二月二十四日の黄昏どきである。

一九三七年（昭和一二年）一二月二四日、ちょうどクリスマス・イブの日に、日本軍は浙江省杭州市を占領する。杭州を占領した部隊に、児玉記者は同行していた。従軍記者は児玉氏一人だけではなかった。「僕、東朝の足立、小島君、無電の宮崎さんら」と一緒であった。「東朝」は東京朝日新聞である。のちに大阪朝日新聞と統合され、朝日新聞になるが、この段階では別会社であった。一つの部隊に四人の従軍記者が随伴していた。

同行する兵隊が児玉記者にいう。

「朝日新聞ええとこトリなっせいよ、杭州はよかホテルが何ぼでもあるちうけん」

この兵隊さんたちは○○隊である、軍隊が一つの街に入る時は、まづ宿舎とベッドをとらねばならない。

杭州、杭州、ヴェニスの旅人、マルコ・ポーロが「おう。天上の都、地上の楽園！」とイタリア語で唸ったきり、茫然とした西湖は、いま、もう眼の前にある。僕もまた眼をムクであらうか。

従軍記者の児玉氏も、兵隊と同様に、上海方面から杭州まで二百五十里の距離をずっと行軍してきた。長い行軍で、足は棒のようになる。

「おーい。高君。白墨持ってるかあ。」半分、振り向いた高君の笑顔が頬ぺたを赤くして右手を高く振った。走りながら、さて、白墨は何に使ふ？

高君は、「連絡員」とか「支那語の達者な半島生れ」と説明されている。児玉記者は中国語がしゃべれなかった。高君は、中国語の通訳をする朝鮮人の青年であった。児玉記者の通訳、兼、助手であった。

紫色の黄昏の中に西湖は銀色に光っていた。たしかにこの西湖の空気には色がついているように思

戦争の横顔
ホテルお好み次第
〝魔法の杖〟白墨片手
Xマスイーヴ 憧れの杭州で支局捜し

『大阪朝日中支版』
昭和13年（1938年）3月25日

われた。それほどすばらしい夢のような紫いろなのだ。僕もまたマルコ・ポーロのごとく、茫然としてしまった。詩人でない僕には、あの時の美しい西湖の黄昏と驚嘆を表現する言葉を知らない。

児玉記者は、西湖の光景のすばらしさをこのように述べている。一二月下旬の時期、夕方になると、西湖は紫色のモヤにでも包まれたのであろうか。幻想的な景色である。

「おーい、記者さん、宿舎あったかな、早くよかとこトリんさい」ハッと我にかえった、そうだ、支局をつくらねば……西湖の岸にはズラリ大廈高楼が夕闇のなかにホノ白く浮かんでいる。

支局として使う建物を早く見つけねばならない。次に西湖の岸にずらりと並んで立っているホテル群を記してゆく。

西冷飯店、新々ホテル、西湖飯店、大上海、環湖旅店、滄州旅館、大華飯店、新泰旅館、大同旅館等。ああ数えるのがしんどいくらいだ。

九つのホテルの名前が紹介されている。これらは規模が大きなホテルであって、これら以外にも、西湖の周辺には大小のホテルがいっぱいあったはずである。そのようすを、児玉記者は次のように述べる。

これらの豪華なホテル群落が西湖の水を圧して建ちならぶ壮観、そいつはちょうど「『妾こそ』『アタシこそ』」と、美人競争の舞台に立った彼女達が傲然、孔雀のやうに、胸を張る姿にも似ていた。しかも人っ子一人見えない寂とした夕闇のなかに、死のように横わる、この湖畔の風景はまったく異様なものだった。人っ子一人見えない寂とした夕闇のなかに、ホテル群がたちならぶ状況を、児玉記者は、「『妾こそ』『アタシこそ』と、美人競争の舞台に立った彼女達が傲然、孔雀のように、胸を張る姿にも似ていた」と評している。たしかに通常ではありえない、異様な風景であった。

次は、気に入った建物を求めて、勢いよく走り回る兵隊たちのようすである。

兵隊さんが勢よくアスファルトに兵隊靴の鋲をたたきつけて走った。「おい。あれはどうぢゃ。」「うん。すこしセマすぎるたい。あっちに行けば、なんぼでもあるたい。」「こりや、いいぞ。「うん。チト貧弱たい。まだまだゼイタクいうな。ウワハッハハハ。」「アッハッハハ。」白墨を右手に持った兵隊さんたちが、もう薄暗くなった湖濱路を、右に左に走るのである。

兵隊たちが相互にかわす会話も記されている。彼らのことばは標準語ではない。どこかの地方の方言でしゃべっている。

「朝日新聞。ここはどうですな。」指さす髯むじゃの兵隊さんの笑い顔に見あげると、山陽ホテルの五、六倍、室数は二、三百もあろうかという、ものすごい大ホテル。門の壁には白墨の痕もリンリと「◯

○」と大文字が闇のなかに浮かんでいた。「ウワハッハハッハ。」何となく僕は腹のそこから、おかしさがこみあげてきた。別府の海岸通を白墨片手に物色する自分の姿を、心の中にふと、ふり返って見た。子供の時、お伽話できいた魔法の杖は触るるものすべてを黄金と変じた。いま指先に踊る一塊のチョークはまた魔法の杖ではないか。

同行する兵隊が、これにしたらどうかと勧めてくれたホテルがあった。しかし、それは大阪朝日新聞支局として使うには規模が大きすぎた。また、ホテルの門の壁にすでに、どこかの部隊が白墨で大きく自分たちの部隊名を記し、使用することを明示していた。だから、この大ホテルは使えなかった。あきらめる。白墨片手に支局に使う建物を物色して歩いている自分たちの姿を見て、児玉記者は思わず子どもの時に聞いたお伽話を思い出す。今、手に持っている白墨で「大阪朝日新聞杭州支局」と大きく記せば、そこが直ちに支局の建物になった。これは、お伽話に出てくる、触れたものすべてが黄金に変わってしまう魔法の杖ではないかと気づく。それに気づいたことで、児玉記者は「腹のそこから、おかしさがこみあげて」くる。自分はまさに魔法の杖に当る白墨を握って、杭州のホテル群の間を歩いているのだと確認する。

「児玉さん。ここにしましょう。ここは優秀だぞ。」高君が嬉しそうに僕を呼んだ。懐中電灯を照らすと、門の上に「杭州西湖、滄州大旅館」の大看板。

通訳兼助手の高君の勧めで、滄州大旅館に決める。中国語のできる高君が、残留者がいるかいないか調べる。彼は鉄門によじ登り、中に入ってゆこうとする。

支那語の達者な半島生れの高君は、ガッチリ閉められた鉄門ごしに、「ウエーイ、ウエーイ」と怒鳴った。中庭も室もシーンとして物音ひとつしない。「よし。登らう。」いきなり彼氏は拳銃を右手に持って、鉄門の柵に足をかけ、登りはじめた。ガチャガチャと、靴の鋲がぶつかって鳴った。

これに対して、残留していた者が出てくる。ホテルの従業員であった。従業員の一部は、危険ではあるが、ホテルを守るために、あえて残留していたのである。

飛び出してきた支那人三人は、五、六間先に止って、ヂッとこちらをうかがっている。高君が威厳を持った声で、「朝日新聞だ。門を開けなさい。」といった。すると三人のうちの四十五、六歳、長身の男が、「おお。大阪朝日新聞！　おう。おう。いますぐ開けます。」みるみる顔色を和げ、アトの二人に早口で何かいった。

こちらが大阪朝日新聞だと告げると、ホテルの中に通してくれる。

われわれはこのホテルに入りたいのだが、諸君に異議はないか。」高君の言葉に三人は恭しく支那風に頭をさげて、「新聞先生。よくいらっしゃいました。どうぞ、どうぞ、このホテルを全部御使用下さい。われわれも一緒に、ぜひ使って下さい。」というのだ。

「お伽噺の富豪」のような豪華な暮らし

次はホテルの従業員との会話である。

「室数は。」「おう、九十七室。スペシアル・ルームも加えまして。」高君は、「え。九十七。ウワー、これや、どうも。」日本語でいって、僕と顔を見合せて笑ってしまった。「雇人はいま何人いるの?」「全部で十三人おります。願くは、われわれ十三人とも使っていただきたい。」「よろしい。食糧は保護する。給料も与える。みな、ここへ呼び給へ。」さっきの長身の男が「ウエーイ。みんな出てきなさい。」しーんとした建物の方に大声で呼んだ。

こうして、児玉記者と高君の二人は、滄州大旅館を支局と決める。

二階の最上等のスペシアル・ルーム、窓に鼻をくっつけてのぞくと、ガラスごしに西湖は湧きあがる夜霧のなかに、蒼茫と水面を光らせていた。懐中電灯の光に映しだされた紫檀の机、ソファ、天井のシャンデリアがびっくりしたやうにチカチカ光った。階段を「ホウホウホウ」と掛声かけて布団を運ぶ。湯をはこぶ。「滄州大旅館」はいま甦ったように賑やかになった。

二人は、二階にあるスペシアル・ルームを支局とする。ボーイ長は王仁水と名のった。王仁水にいう。

安心を不安のなかに包んだような顔色で、まだオドオドしながら答えた。無理もない。「おお、王。

心配することはない。われわれは新聞記者だ。このホテルに支局を借りるだけだ。みな十三人とも安心していたまえ。」旅館の主人は一ヶ月前に上海に避難して、ボーイ長以下十三人がこのホテルにとじ籠っていたというのだ。

ホテルの主人は一ヶ月前に上海に避難する。一三人の従業員がホテルに残留していた。

五枚重ねの絹布団を頭からすっぽり被ったら、ほのかに香料のにほいが、支那料理の油の香にまざっていた。まっ暗闇の中で自分「児先生」の奇妙なシチュエイションを心の中にふり返ってみたら、も一度、おかしくなって笑ってしまった。高君にいわれて、万一の場合といふので、ピストルを一挺、安全装置を外して枕もとにおいた。

深々とした翠帳のなかで、幅六尺はあろう特大ダブルの支那ベッドの上で、ひやっこい支那絹の感触と掛布団の袖のあたりにしみこんでいる支那料理？のにおいを嗅いでいるうち、五分間とは経たぬ間に眠りの波に没してしまった。一町ほど向うで、銃声が五、六発、鳴ったのを聞いたように思ったが……

お伽噺の富豪兒先生
戦争の横顔 ⑨ 兒玉特派員手記
窓の外は滿目日の丸

『大阪朝日中支版』
昭和 13 年（1938 年）3 月 26 日

日本軍が杭州市を占領した当日なので、電気は停まっていた。町の電灯はすべて消えていて、あたりは真っ暗やみであった。滄州大旅館の室内もまた、真っ暗であった。一二月末なので、杭州でも、夜は相当、冷え込んだ。二人の日本人が突然、ころがりこんで来る。急なことなので、暖房の用意もできなかった。豪華なスペシアル・ルームではあったが、寒かった。それで、「五枚重ねの絹布団を頭からすっぽり被っ」て、寒さを防いだのである。

中国人の従業員は、児玉記者を「児先生」と呼んだ。児玉という姓を省略したものである。児玉記者と高君はマル二ヶ月間、滄州大旅館に滞在した。ということは、この間、児玉記者は、従業員からずっと「児先生」と呼ばれたことになる。児玉記者にとって、「児先生」と呼ばれたことは、印象が強かったようで、記事の見出しに、大きく「お伽噺の富豪　児先生」とわざわざ記している。児先生には「アルシーサン」と、中国語の発音までつけている。

児玉記者が泊まったのはスペシアル・ルームであった。だから、部屋のつくりは豪華を極めていた。ベッドの周囲には「翠帳（緑色のとばり）」がめぐらされていた。彼が使ったベッドは、「幅六尺はあらう特大ダブルの支那ベッド」であった。

こういった豪華な部屋のつくりは、当時の日本内地にも珍しかった。思いがけず、杭州で豪華な宿泊所ができたので、児玉記者は、自分のことを「お伽噺の富豪」とおもしろがって述べている。たしかに富豪でなければ、このような豪華なスペシアル・ルームを利用できなかった。

翌朝、ホテルの室の窓から、まわりを見わたす。

窓から見わたすと、どのホテルにも日の丸の旗がパタパタとなっていた。そしてホテルの窓という窓は、からり開け放されて、兵隊さんのシャツ、毛布、サルマタがずらり日光浴の満艦飾だ。そして窓には十年も前からそこに住んでいたようにすました兵隊さんの顔が煙草を吹かしていた。

西湖の周囲に並び建っているホテルには、どこも兵隊がびっしり入っていた。野戦を戦う兵隊は通常、粗末な家屋に宿泊する。ひどい場合は野宿になる。しかし、杭州市では、みなホテルを利用できた。兵隊たちも、珍しいことと喜んだことであろう。

それからマル二ヶ月、忠実なボーイ長・王、コック長・馬岑修ら「十三人の支那人」との西湖畔の生活ほど楽しい思い出に溢れた日はなかったように思う。

結局、児玉記者と高君の二人は、マル二ヶ月間、西湖畔の「滄州大旅館」に滞在した。その間、従軍記者として、部隊と行動をともにして、山野をかけめぐることはせずにすんだ。一三人もの中国人の従業員にかしずかれて、豪華なホテル暮らしを満喫できた。戦場にあっては、たしかに得がたい幸運であった。

この二ヶ月間を、児玉記者は、「『十三人の支那人』との西湖畔の生活ほど楽しい思い出に溢れた日はなかったやうに思う。」と総括している。よっぽど楽しかったのであろうと推察するしかない。

児玉記者は一九三七年一二月二四日のクリスマス・イブの時に杭州にやってくる。マル二ヶ月、そこに滞在したのであるから、翌年の二月末までいたことになる。この記事が出たのは三月二五日であるから、杭州市からまもなく引き揚げ、帰国したことになる。思い出がまだ強烈に残っている間に、この記事を書いたことになる。

軍部の代理人・宣伝係、占領軍の一員――従軍記者

当時、新聞は戦争反対の立場をやめ、軍部に協力した。むしろ、戦争を煽り立てる側にまわった。朝日新聞はその筆頭であった。だから、そのころの人々は朝日新聞を軍部の代理人、宣伝係とみなしていた。

一方、戦争は人々にとって、大きな問題であった。戦争のようすを現地から伝える従軍記者の報告は、歓迎された。だから、各新聞社は多くの従軍記者を戦場に派遣した。軍部は従軍記者を優遇した。今回の記事から、具体的な状況がわかる。

大阪朝日新聞の従軍記者・児玉氏と、その通訳兼助手の高君はともに拳銃を携帯していた。決して非武装ではなかった。従軍記者は軍人ではないが、武装した。客観的には占領軍の一員であった。中立的な立場に立つ報道者では決してなかった。

児玉記者と助手の高君の二人だけで、室数九七もある大きなホテル（滄州大旅館）を占拠し、そこを新聞社の支局とした。また、残留していたホテルの従業員十三名を自分たちの仕事のために雇った。彼らに給料を支払い働かせた。二人は、二ヶ月もの間、豪華なスペシアル・ルームに居住し、それこそ「富豪」のような贅沢なホテル暮らしをした。彼らが武装し、また、占領軍の一部だったからこそ、こういった暮らしができたのである。

現代の戦争ならば、ある地域や都市を軍事占領する前に、航空写真を多く撮っておいて、あらかじめ、どの部署・部隊がどこの建物を占拠して使用するかを決めておくことができる。しかし、日中戦争の時、日本軍はそのような措置を取らなかった。その結果、ある地域・都市を占領した直後に、それぞれの部署・部隊が自分の宿泊場所を「早い者勝ち」で見つけることになった。

各部隊の先遣隊は気に入った建物を見つけると、家の門のところに白墨で大きく、自分の部隊名を記した。こうしておけば、あとから来たものは、その建物を使えなかった。白墨がこの時、重要な働きをした。杭州市を占領した時も、このような方式であった。

従軍記者の支局・宿舎を軍があらかじめ押さえ、それを新聞側に提供しなかった。このため、従軍記者もまた、軍の部隊と同様に、自分の住む家屋を、自分で見つけねばならなかった。

慰安所も「早い者勝ち」

従軍記者の宿舎のことがわかったので、いささか蛇足になるが、ここから戦場に出かけた売春婦たちの住居のことを類推したい。

従軍記者は戦闘部隊の最後尾に追随した。さらに遅れて売春業者と彼らに率いられた売春婦の一団が続いた。通常、民間人は、戦闘部隊に追随して、戦地に入れない。しかし、売春業者・売春婦は例外的に許された。従軍記者は、占領直後の町で、気に入った家屋を接収して、支局にすることができた。同様な事情が売春業者にもあてはまった。売春業者は、多少の危険は伴うが、戦闘部隊が占拠した町になるべく早く入ろうとする。早く町に入れば入るほど、よい（豪華な）家屋を接収して、売春の場・施設として使うことができたからである。

家賃も当分の間はタダであった。遅れて来れば、そういうことにはならなかった。売春の場・施設は当初、「慰安所」と呼ばれた。民間人として、町に「一番乗り」で入った売春婦は、ここで、さっそく兵隊相手にかせぐことができた。だから、戦場にやってきた売春業者・売春婦の場合にも、「早い者勝ち」というやりかたがあてはまった。

10 『商工案内』に見る日本人町の状況

戦争中の開封市の状況

私はさきに日中戦争期、中国戦線（満州国・関東州・台湾および香港を除く。以下、同じ）に形成された日本人町のことを扱った（拙著『従軍慰安婦と公娼制度』、共栄書房、二〇一〇年）。

しかし、なお一般的な指摘にとどまっていた。今回、『開封商工案内』（開封日本商工会発行、一九四二年二月）を取り上げる。『商工案内』の類は、業種ごとに分類された、会社・商店のリストである。宣伝および住所録を兼ねて、市や町ごとに盛んに刊行され、日本内地だけでなく、朝鮮や関東州、満州国にも及んだ。驚くべきことに、このような『商工案内』は、戦争が続いている最中の中国戦線に形成された約二〇〇の大小さまざまな日本人町でも刊行された。その中でも、最も詳しい『開封商工案内』の分析を通じて、開封日本人町の状況を明らかにしたい。

開封は由緒ある伝統的な町であった。たとえば、北宋の都（汴京　ベンケイ）であった。また、河南省の省都でもあった。一九三八年六月六日、日本軍は開封を占領した。次は、占領後、八カ月後の開封の状況である。

皇軍の殆ど無血に近い入城によって、破壊されずにそっくりそのまま残った市街、家屋は大手を拡

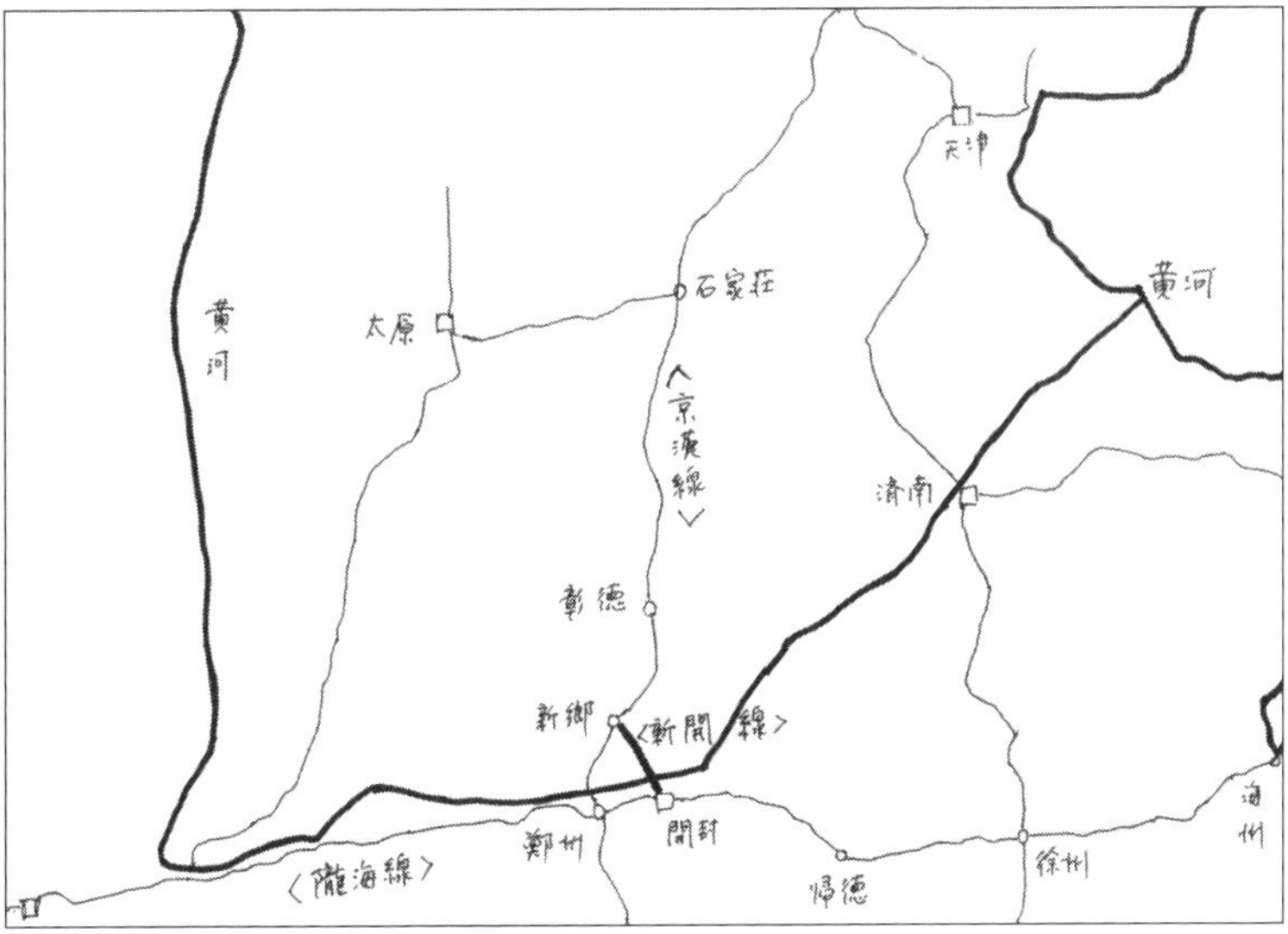

地図　開封・新開線

げて抱擁力を示しているので、一月末現在の日本人の居留人口は届出分のみで六九一人、未届分を合すれば、千人近くに増加し、（中略）

この開封進出邦人の職業を見ると、料理飲食業が例により断然トップを切り、内鮮人合せて二九一人、お蔭で開封の街には〝おでん〟〝おすし〟の渋い看板、〝××会館〟〝××屋〟の門を颯爽と出入する日本御婦人の姿が飽かず見られる。

お次が一七四人の雑貨商、第三位が四四人の旅館業、そして写真業二四人、質屋二二人、時計商一八人、薬種商一七人、新聞販売、医院各一二人がまとまったところだが、このほか豆腐商三人、遊戯業六人、洗濯業一〇人、煙草業四人、運送業三人、菓子商一〇人、撞球屋一人、電気工事一〇人、古物商三人、土木建築業四人、金物商二人、綿花商五人などもつづき、内地で見られる職業は殆ど一揃い見られる勘定。

『大阪朝日中支版』、一九三九年二月一六日

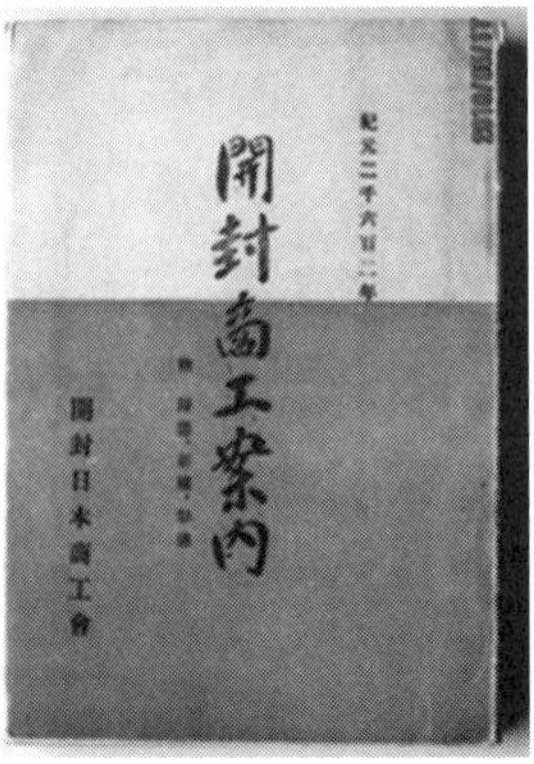

開封商工案内

占領初期の在留日本人の職業別の統計が出ている。すでに二一種の職業がある。その合計は六七五人になる。このうち、料理飲食業が二九一人で、四三・一％を占めている。占領初期、兵隊に「飲食と売春婦」を提供する料理店・飲食店が特別に多いのは、日本人町ならば、どこでも見られる現象であった。

『開封商工案内』によれば、戦争以前、開封市に中国人は三〇万人いたが、今は二五万人に減ったとしている。在留日本人の総計は七〇七一人（当時、朝鮮人・台湾人は日本国籍を有していた。したがって、在留日本人という場合、彼らも含んでいる）。

その内訳は、日本人男性が二八五六人、女性が二〇二二人、合計四八七八人。男女比は五九対四一。朝鮮人男性が一〇五三人、女性が一一三八人、合計二一九一人。男女比は四八対五二。朝鮮人は女性の方が多かった。台湾人は男性が二人である。朝鮮人は華北に多く来ていたが、台湾人はほとんど来ていない。日本人、朝鮮人、台湾人の割合は、六九対三一対〇である。

開封の町には、連雲港から西へ向かい、徐州、開封、鄭州を経て、陝西省の西安方面につながる隴海線（ロウカイセン）が通っていた。中国の東西をつなぐ大動脈であり、鄭州で京漢線と交わった。「開封も遂に陥落。まさに疾風迅雷の概。鄭州ももう目の前」（『大阪朝日中支版』、一九三八年六月七日）と豪語したが、中国軍は鄭州を頑強に守った。日本軍は鄭州をその後、三年四カ月も攻めあぐむ（鄭州の陥落は一九四一年一〇月四日）。中国軍は総体としては弱体であったが、それでも、時に思わぬがんばりを見せた。注＊1

鄭州を容易に奪えなかったので、北方からの京漢線と東方からの隴海線を、鄭州駅で直接つなげなかった。

これは日本軍にとって不便であった。やむなく、京漢線の新郷と開封を結ぶ臨時の鉄道・新開線を敷設する。「翌年二月末、新開鉄道起工され、その驚異的快速なる作業によって、僅々二ヶ月余にして京漢線の新郷駅と結ばれたものである」(『開封商工案内』、「商工案内之部」、九頁)。

このように、一九三九年二月末に起工し、僅々二カ月余で、新郷―開封間一〇二・九キロの新開線を開通させた。その際、黄河を渡る鉄道橋も作らねばならなかったから、日本にとって莫大な出費であった。

開封は新郷とともに、鄭州攻撃の最前線の日本人町となった。もし鄭州があっさり陥落していれば、日本人は鄭州に集まり、開封はせいぜい二千人程度にとどまったであろう。

『開封商工案内』では、在留日本人は七〇〇〇人であった。人口はさらに増え、一九四三年六月末には、一万六一九人になっている(『大阪朝日北支版』、一九四三年七月二一日)。戦争末期、日本人町の人口はどこでも増えているが、一年半の間に三〇〇〇人という開封の増加の程度は相当大きい。

『開封商工案内』の概略

『開封商工案内』は開封日本人町にある会社・商店のリストで、官公署・教育機関・宗教関係・軍事・領事館などのことは載っていない。業種を大きく一九類に区分し、会社・商店の軒数と、それぞれの「営業種目・商号・営業所・氏名・電話」が記されている。たとえば、「第一類　飲食料品雑貨陶磁器油脂　一、食料品並ニ雑貨陶磁器類」の冒頭のものは「雑貨　三井洋行　東大街四号　佐藤清　二四〇　倉庫四六五」となっている。電話のある店は少ない。次頁の表に、経営者の名前から日本人(前者)か朝鮮人(後者)か区別し、記しておいた。

朝鮮人は人口では三一%を占めたが、経営者では二二六人で二五%と減っている。朝鮮人が経営者になる

『開封商工案内』掲載の 19 類の業種と会社・商店の軒数
（日本人の数・朝鮮人の数は経営者の名前から区別した）

分類	業種	店舗数	日本人の数	朝鮮人の数
第 1 類	飲食料品　雑貨　陶磁器　油脂	202 軒	130	72
第 2 類	雑穀　油脂　特産物　土産品	67 軒	63	4
第 3 類	諸織物　被服　洗濯	55 軒	31	24
第 4 類	請負　木材　建築材料　木工	120 軒	109	11
第 5 類	写真　写真材料　楽器　時計　貴金属	32 軒	18	14
第 6 類	機械　金物　喞筒　電気器具　自動車	53 軒	40	13
第 7 類	薬舗　医院	28 軒	21	7
第 8 類	運輸	6 軒	6	0
第 9 類	家畜　獣皮　獣毛　畜産加工品	9 軒	8	1
第 10 類	和洋菓子	23 軒	19	4
第 11 類	金融	13 軒	7	6
第 12 類	薪炭	8 軒	2	6
第 13 類	印刷　新聞　書籍　文具　運動具	26 軒	23	3
第 14 類	煙草	12 軒	9	3
第 15 類	風呂　理髪　結髪　按摩	9 軒	9	0
第 16 類	娯楽場	6 軒	4	2
第 17 類	旅館　及　貸間	62 軒	47	15
第 18 類	喫茶　飲食店　料理店	126 軒	96	30
第 19 類	其ノ他	47 軒	36	11
合計		904 軒	678	226

業種はやはり偏っている。大きな資本が必要な業種では少ない。また、日本人の経営者六七八人の中に、女性が九四人いた。飲食店に三八人、料理店に九人、和洋菓子に六人、結髪に五人など、女性が経営者になる業種はほぼ限られていた。

『開封商工案内』では、開封にやってきた日本人六七八人、朝鮮人二二六人、合計九〇四人もの個人名がまとまって判明する。こういった史料は珍しい。個人名を手がかりにした調査研究が待たれる。

直接、兵隊を世話する業種

兵隊が強く求めたものは飲食と売春婦であった。彼らは「おいしい料理を食べる。酒を飲んで騒ぐ。そして売春婦を求めた」。

日本人町は当初、この目的のために設置され、住人はこういったものを兵隊に提供することによって生計を立てていた。だから、五〇〇人未満の小規模な日本人町の場合、業種はほとんど「直接、兵隊を世話するもの」であった。日本人町の規模が拡大するにつれ、これ以外の要素が加わってくる。

直接、兵隊の世話をした業種として、飲食店、および料理店の二つを選ぶ。「飲食と売春婦」と最も密接につながるからである。売春や売春婦のことは、直接的にいうのは避け、あいまいな表現を使っていうことが多い。後述するように、遊廓のような施設は日本人町には作られなかった。

その結果、飲食店や料理店が、飲食を兵隊に提供するだけでなく、往々にして売春の場にもなり、女性従業員が売春婦となった。店名からは、飲食の提供だけなのか、あるいは売春の場も兼ねているのかは判明しない。飲食店という業種には、飲食店・喫茶店・カフェー・割烹・おでん・食堂・すし屋などがあった。また、料理店には、貸席料理と料理の二つがあった。

日本では、明治初年以来、売春婦には芸妓、娼妓、酌婦の三つのタイプがあった。芸妓は高級売春婦である。娼妓は公娼制の下で働く、最も惨めな売春婦である。彼女たちには廃業の自由がなかった。楼主に隷属し、遊廓に監禁され居住の自由もなかった。酌婦は私娼のことである。彼女たちには廃業および居住の自由があったから、娼妓に比べれば、ずっと恵まれていた。明治末年から、女給という新しいタイプの私娼が出てくる。女給はカフェーを売春の場としていた。

植民地では、娼妓の惨めな状況を植民地や欧米の人たちに見せたくないという思いから、一九〇九年、関東州で娼妓の名目が廃止され、娼妓はみんな酌婦に変更された。公娼制の名目上の廃止である。娼妓を監禁する遊廓はないものとされ、居住の自由は与えられた。しかし、前借金は有効とされたので、実質的には彼女たちには廃業の自由はなかった。その意味では、実態は以前の娼妓と変わらなかった。世間体を気にしてなされた措置であった。

公娼制の名目上の廃止は、満州国に引き継がれる。さらに日中戦争期の中国戦線にも引き継がれる。だから、中国戦線に形成された日本人町には遊廓は一切存在しなかった。また、芸妓、酌婦および女給はいても、娼妓は一人もいなかった。

日本人町を管理する居留民団などは、町を運営してゆくために、日本人町の住人から各種の名目で金銭を徴収した。それを課金と言うが、実質は税金である。売春婦からも課金が徴収された。その際、芸妓、酌婦および女給の三者は同じ扱いではなかった。芸妓だけは高級売春婦ということで、割高の課金が課せられた。『開封商工案内』には、開封だけでなく、もっと小さい日本人町である新郷、彰徳、帰徳も含まれている。新郷が四〇〇〇人、彰徳と帰徳がともに一五〇〇人ぐらいである。これら三つは中規模なものであった。

一九四三年四月になって、やっと開封に領事館が設置される。それ以前、開封は徐州と石門（石家荘）の二つの領事館に管理されていた（『大阪朝日北支版』、一九四三年四月六日）。

外務省調査部『海外各地在留本邦内地人職業別人口表』（昭和一五年一〇月一日現在）の「第三五項目、芸妓、娼妓、酌婦其他」の欄を見ると、石家荘領事館管内に一〇七一人、徐州領事館管内に六七九人の「芸妓、娼妓、酌婦其他」がいた。

飲食店、および料理店の二つの業種の経営者数と、彼らの全体に占める割合を比較する。『開封商工案内』には、従業員および家族などは載っていないので、経営者で見てゆかざるを得ない。初めの数字が二つの業種の経営者の合計、次がその日本人町の経営者の総数、最後は前者の後者に対する割合である。大まかな傾向をうかがうだけである。

開封	126	904	13.9%
彰徳	34	155	21.9%
新郷	69	380	18.2%
帰徳	42	212	19.8%

飲食店・料理店の経営者数と日本人町の経営者の総数と割合

新郷・彰徳・帰徳では二〇％前後になった。史料がないが、五〇〇〇人以下の小規模な日本人町の場合、この割合はもっと増大するであろう。七〇〇〇人以上の住人がいた開封の場合、さすがに一四％にまで下がっている。しかし、私にはそれでも高すぎるのではないかと思われる。他の業種が大幅に増えることから、二つの業種の割合は、もっとずっと減少するはずなのに、あまり減少していない。鄭州攻撃に動員され、開封にやってきた多くの兵隊が「飲食と売春婦」を切実に求めたからであろう。

広い意味で、兵隊を世話するもの

日本人町にやってきた兵隊たちは、飲食と売春だけでは決して満足しなかった。彼らの要求は、もっと多様で複雑であった。比較的大きな日本人町の場合、都市が本来的に持つ猥雑な機能が全体として働き、種々の側面から彼らの心を癒した。兵隊たちは苛酷な戦場にいることを、つかの間であっても、忘れることができた。リフレッシュ効果は大きかった。日本人町の業種は多岐にわたっている。その中から広い意味で兵隊の世話をするものを選び出した。

履物・靴（五軒）、洋品・化粧品・小間物（七軒）、被服・呉服（二七軒）および結髪（五軒）――いずれも主に女性が利用するものである。女性向けの商品も大きな需要があった。兵隊の相手をする売春婦たちは、客を多く取るために美しく装う必要があった。きれいな和服を着る。化粧品を使って、されいに化粧する。日本髪を結うために髪結いさんを頼んだ。

清涼飲料水――中国の夏は暑い。しかし、生水は衛生上、危なくて飲めない。そこで、清涼飲料水が兵隊たちから歓迎された。

時計――兵隊にとって腕時計は必需品であったが、従軍の際、しばしば失くしたり、故障したりした。そこで、兵隊たちは腕時計を修繕したり、買い求めたりした。

写真――兵隊たちは写真を異常に好んだ。戦場から休暇を得て、久しぶりに日本人町に来ると、必ず写真屋に行って、自分の写真を撮らせた。できあがった写真を家族のもとに送った。写真を受け取った家族は息子や夫の無事を知り、喜んだ。開封には写真屋が二〇軒もあった。顧客はみんな兵隊たちであった。

自転車――日本人町の住人は町の外部にほとんど出なかった。集中して暮らしていたから、自転車で簡単な用足しはすませられた。それで、自転車屋が繁昌した。自転車販売などが一七軒あった。一方、自動車修繕は二軒だけである。民間人はまだ自動車をそれほど多く利用しなかった。

和洋菓子――和洋菓子屋が二三軒もあった。日本人が一九人で、朝鮮人が四人である。また、女性が六人いる。通常ならば、七千人の開封の町に二三軒の菓子屋は多すぎる。主な顧客は、周辺の駐屯地から、息抜きのために順番にやってくる兵隊たちであった。兵隊たちは甘いものに飢えており、菓子を強く求めたのだ。

新聞　書籍――いったん戦場に出てしまうと、兵隊には情報は何ひとつ入らなかった。兵隊たちは活字に飢えていた。日本人町に来た時に、情報を得ようとする。彼らは新聞や雑誌を買い求め、むさぼり読んだ。

煙草――タバコは兵隊の友、戦場の無聊を慰めるのに格好の道具であった。軽くて、しかも、かさばらない。タバコ屋が一二軒あった。その多くは卸売りであって、兵隊たちに大量に売りさばいた。

風呂　理髪　結髪――駐屯地の兵営にある風呂は狭く、汚かった。そこで、日本人町にやってきた兵隊たちは久しぶりに日本式の風呂に入って、くつろぐ。風呂は必需品であった。開封の場合、風呂は一軒である。「日本式風呂　別府温泉」と称している。経営者は和田トシヱという女性である。

戦線にいても、髪は伸びてくる。しかし、戦線では理髪はできない。そこで、兵隊たちは日本人町に来た時に、床屋に行く。理髪は二軒だけで、案外、少ない。

女性の髪を結う髪結いさん（結髪ともいう）が五軒あった。経営者はみな女性である。五軒もの髪結いさんが商売してゆけたのは、それだけ、日本髪を結う女性が多かったこと、そして兵隊を相手にする売春婦が多くいたことを示している。

娯楽――撞球が三軒。兵隊たちの中には撞球を楽しむものもいた。また、開封劇場と華北電影院という二つの映画館があった。経営者は同一の人物、柴崎時成であった。電影院は中国語で映画館のことである。映画館の名前から、開封劇場は兵隊および在留日本人向け、華北電影院は開封の中国人向けと理解しておく。前者は日本映画、後者は中国映画を上映したのであろう。当時、映画は娯楽の王様であった。兵隊たちはたまの休みに開封の町に行って、映画を見ることを無上の楽しみにしたことであろう。

劇場が一軒――快楽劇場といい、経営者は李雲鶴であった。伝統的な中国の芝居を演じたのであろう。日本人が見ても、気晴らしにはならない。

旅館 及 貸間——旅館（ホテルを含む）が二二、貸間が三〇、下宿が三、アパートが七、合計六二軒である。旅館・ホテルには旅行客が宿泊した。利用者の中には売春婦も多かったはずである。開封は鉄道の重要な駅であった。隴海線が東から、新開線が京漢線の新郷から、開封まで来ていた。乗客がさらに遠方まで行こうとする場合は、開封駅で乗り換えねばならなかった。戦争中、汽車の本数は当然、少なかった。順調に乗換えられなかった場合、やむなく開封駅でいったん下車し、宿泊せねばならなかった。そういった旅行客のために、旅館が多く必要とされた。

都市機能を補うもの

日本人町も大きくなると、一つの独立した都市のような性格を帯びてくる。市役所に当るのが居留民団であった（小さな日本人町の場合、居留民会や在留日本人会となった）。居留民団などは本来、在留日本人の自治組織であったから、大きな権限を持っていなかった。そこで、居留民団などに代わって、民間がさまざまな方面で都市機能を補った。

薬舗——多くの人が集まってくれば、必ず病人が出てくる。そこで、医者と薬屋が必要になる。一五軒の薬舗があった。日本人が一〇人、朝鮮人が五人である。

中国に出かけた日本人（朝鮮人も含む）の薬屋というと、中国人に対するモルヒネの密売をすぐ思い浮かべる。七〇〇〇人の町に一五軒の薬屋は多すぎる。だから、彼らの多くは今まで通り、中国人相手にモルヒネの密売を続けていた。戦争中なので、少し勝手が違ったかもしれないが、利益が大きいので、やめられなかった。居留民団などはタテマエでは厳禁するが、実際には放任した。ただ、戦争末期になると、モルヒネは軍事用に集中して用いられたので、民需や麻薬用に使える分は不足してくる。その結果、モルヒネの密売は原料不足で、立ち行かなくなってくる。

医院、歯科医院、産婆――医院は五軒。いわゆる開業医である。日本人が四人、朝鮮人が一人である。歯科医院が五軒。歯医者は全員、日本人である。

産婆が三軒。日本人が二人、朝鮮人が一人。三軒とも○○産院と称しているので、出産を引き受けた。七〇〇〇人の民間人の多くは若かった。老人は好き好んで戦場の町にやってはこない。女性が四割もいただから、出産のことも考慮せねばならなかった。余裕のある者は、内地まで帰らないまでも、北京や天津まで行けば、設備の整った所で安心して出産できた。しかし、余裕のない者は前線に近い開封市で出産せざるを得なかった。それにしても、三人の産婆は多すぎる感じがする。

金融――朝鮮銀行開封派出所を除けば、あとはすべて質屋である。一二軒ある。日本人が六人。朝鮮人が六人。庶民は質屋を利用した。

印刷、新聞、書籍、文具、運動具、広告――印刷は三社。みな日本人である。新聞、書籍、文具、運動具は一六軒。このうち、新聞が四社。商号は同盟通信社、河南新報、新河南新報、新民報である。新河南新報だけ朝鮮人。あとは日本人である。これらの新聞が実際に発行されていたのであろうか。いささか疑問である。広告は七社。こんな奥地の日本人町でも、なお商品を広告していたということであろう。

紹介業――職業紹介である。開封にやってきた民間人に仕事を紹介した。三軒の紹介業と一軒の家政婦斡旋があった。内地と似ている。

衛生社　葬儀社――開封には下水道が備わっていなかった。二軒の衛生社が日本人町の屎尿を集めた。経営者はともに朝鮮人であった。衛生的に暮らしてゆくために、衛生社はなくてはならぬものであった。また、七〇〇〇人も集まれば、時に亡くなる人も出た。このため、一軒の葬儀社があった。

其ノ他――仁木儀市という人が新民公園内で、「貸ボート」、「釣魚」、「遊覧ボート　屋形船」を経営している。商号の欄は空白になっているので、個人で営業している。休暇でやってきた兵隊が、新民公園内の池にボートを浮べ、ひととき楽しんだ。開封の日本人町では、兵隊が公園の池でボートをこぎ、釣をする余裕さえあった。

「第一九類　其ノ他」の「六、国策会社」の項に、これまでとは性格の異なる二種の会社が掲載されている。軍管理工場と、公共事業を担当する特殊な会社である。これらをひっくるめて、「国策会社」と表現している。

　軍管理工場は、第一四、第一五、第一六、第一七の四社である。軍管理工場というのは、占領後、中国の既存の工場を軍が接収し、軍の管理の下に経営されているものである。番号をつけて呼ばれているだけなので、どんな方面の工場かわからない。軍が管理するといっても、実際に軍が工場を経営するわけがなかった。通常は、軍と特殊な関係を持つ民間人に委託して、経営させた。

　華北電信電話株式会社・華北交通株式会社開封鉄路局・中華航空株式会社開封出張所・華北石炭販売股份有限会社開封販売事務所――これらの会社は、電信電話、鉄道、中華航空、石炭販売にかかわった。たしかに、開封の経済活動の基幹を支える事業体であった。だから、民間企業に任せず、公共事業のような形態で運営した。経営者は、それぞれの分野の専門家を招聘して、担当させた。

占領地経済

　軍や政府は日本人町に直接、資金を投入していない。補助金を支給することもあったが、それは学校の校舎建設などに限られた。おおすじは一人一人の兵隊に軍票などで金を支給した。兵士が最寄りの日本人町へ出かけて、そこで消費した。一人一人の兵隊が日本人町の人々にとって、貴重な財源であった。兵隊が喜ぶようなものを、日本人町の人々は提供して、生計を立てていた。

しかし、大規模な日本人町の場合、すべて兵隊に財源を依拠することは困難であった。日本人町にやってくる兵隊の数と、日本人町の住民の数がつりあわなかった。必然的に財源を兵隊以外に求めねばならなかった。

一つは戦争の遂行に直接かかわることであった。軍が必要とする、さまざまな物資を、民間会社が請け負って調達した。大きな会社がこの役割を果たした。彼らは戦争に直接かかわることで、大きな利益を得た。

もう一つは、周囲に暮らす中国人を利用することであった。中国人に対する略奪はもちろん行われた。しかし、略奪は何回もすることはできなかった。だから、略奪以外のこと、軍事支配している多数の中国人から、恒常的に利益を得ること考慮せざるを得なかった。

具体的には中国人を労働力、あるいは消費者として利用することであった。中国人農民から、生産物を安く買い入れる。工場や鉱山で働かせる。日本から工業製品を大量に持ち込んで、中国人に消費させるなどである。日本人は中国語を話せなかったから、直接、中国人を雇用することは少なかった。代わりに中国人に委託して、その仕事をやらせた。このような占領地経済は、各地に形成された日本人町を拠点にして行われた。日本人町が存在しなかったならば、占領地経済は円滑に遂行できなかった。

『開封商工案内』も、日本企業が開封に進出し、河南省の物産を取り扱っていることを指摘している。注＊2

開封日本人町の末路

日本軍と結託した日本人町の在留日本人は恵まれていた。一般的にいえば、彼らは占領者の一翼となり、占領地域の中国人を犠牲にして羽振りのよい生活を送った。しかし、彼らは「勝ち逃げ」できなかった。「勝ち逃げ」するためには、機敏に情勢を見切って、日本の降伏以前に中国戦線から離脱し、稼いだ大金を持って、日本に帰国する必要があった。上手に立ち回れば、戦後、その資金をもとに有力な経済人に成り上がったであろう。

日本人町に居住する日本人は民間人であり、彼らには行動・居住の自由があった。帰りたければ、日本に帰れた。しかし、日本の降伏以前に中国戦線から離脱して、日本に戻ることは難しかった。日本人町の状況は、敗戦まで変わりはなかった。戦局が断末魔の状況にいたっても、治安はこれまでと同様に平穏に保たれた。戦局の危機を認識できなかった日本人町の住民にとって、敗戦の報は突然だった。彼らは敗戦まで、中国戦線にとどまってしまう。

日本の降伏により、占領者として君臨していた日本人町は突然、崩壊する。よりどころを失った在留日本人は茫然として立ち尽くす。中国戦線の場合、中国側は高い道徳性を示す。国際条約を遵守して、俘虜と民間人を早期に帰国させた。おかげで在留日本人（民間人）の生命は保障された。しかし、資産はすべて中国に置いてゆかねばならなかった。

『開封商工案内』には、開封在住の日本人六七八人、朝鮮人二二六人、合計九〇四人の個人名が掲載されている。朝鮮人は別にして、日本人の名前を、私は克明に調べた。しかし、戦後、成功者になった人物を見つけられなかった。彼らは、資産を持ち帰れず、身一つで日本に引き揚げてきた。哀れな引揚者として、戦後、再出発せざるを得なかった。この境遇から、一転して成功者になることは難しい。

この状況は、中国戦線から引き揚げてきた約四九万人の民間人（厚生省援護局編『引揚げと援護三十年の歩み』、一九七七年、六九〇頁）にも、おおむね当てはまった。外地からの引揚者にとって、生活を初めからやり直さねばならなかった戦後の日本は、生きるのにつらい場所であった。

【補注】『開封商工案内』は、岐阜県各務原市の西厳寺の小川徳水師のご尽力によって利用することができた。感謝の意を表するものである。

注＊1

鄭州攻防戦が長く続くと、まだ奪えぬ鄭州を、あしざまに描いている。

開封この頃①

黄河一つ隔てた鄭州地方には蒋軍、断末魔の呻きが高く、悪疫は流行し、新黄河決潰による濁流は街に氾濫する、この世ながら地獄図絵を現出しているのに引かえ、皇軍の愛護下に在る開封は平和と殷賑と喜色が街に野に充ち溢れている。

『大阪朝日北支版』、一九四〇年九月二七日

注＊2

之がため物資の流通経路は一変し、青島、天津の二経路を主流とするに至り、邦人大小商社にして奥地との取引拠点として当地に進出するもの著しく、河南物産の集散市場として急激なる発展を招来し、その経済的勢力圏は拡大され、馬道街、南北書店街、鼓楼街の中心街には邦商、軒を連ね、殷賑を極め……。

『開封商工案内』、「河南省案内」、一二頁。

＊この時点では、いわゆる創氏改名の強制が行われている。中国戦線にやって来ていることもあって、創氏改名による新しい名前と思われるものは明らかに少ない。それでも、氏名だけから、日本人かあるいはまた、朝鮮人であるかを識別することは、なかなか難しい。

11　救世軍の報国茶屋——日中戦争期の軍隊慰問事業

報国茶屋の設置

軍隊慰問事業とは、民間人の団体が戦地に出かけ、兵隊の世話をすることである。日露戦争の時、ＹＭＣＡの青年たちは戦場となった中国東北地方に出かけて軍隊慰問事業を行った。これが日本のプロテスタントによる軍隊慰問事業の初めである（拙稿「日露戦争中のＹＭＣＡの軍隊慰問事業」、『榎博士頌寿記念東洋史論叢』所収、汲古書院、一九八八年）。

第一次世界大戦では、イギリスなどの救世軍は戦場に出かけて熱心に軍隊慰問事業を展開した。

こういった経験を踏まえて、日中戦争が始まると、プロテスタントの一派である救世軍は軍隊慰問事業を始める。一九三七年一一月、河北省石家荘《せっかそう》に報国茶屋という施設を開く。どのようないきさつから報国茶屋という名前がつけられたかはわからない。戦地で軍隊慰問事業を行うのであるから、軍の許可・援助が必要であった。石家荘という場所の選定も、軍部の意向に沿ったものであった。報国茶屋の土地・建物は、軍が供与した。

日中戦争の長期化に伴い、戦域は際限もなく拡大してゆく。このこともあって、救世軍の報国茶屋は当初、場所が定まらなかった。すなわち、おそらく軍の意向によって、約一ヶ月で石家荘から、山東省徳州（徳県）に移動する。徳州は比較的小さな町であった。ここで約一ヶ月間、活動する。一九三八年一月、再び移動し

(1)徳州の「救世軍報國茶屋」
(2)濟南の「救世軍報國茶屋」でレコードに聽入る皇軍勇士
(3)日本救世軍濟南日語講習所女生徒の一部
(4)明治節を北支の貨車内で迎ふ（左下は瀬川大佐）
(5)日本救世軍濟南日語講習所の教室
(6)日本救世軍濟南診療所の診察室
(7)「救世軍報國茶屋」の歯科治療
(8)「救世軍報國茶屋」で支那人に理髪奉仕

救世軍報国茶屋

て、山東省の済南《さいなん》に移る。済南は山東省の省都であり、有数の大都市であった。以後、報国茶屋は、日本の降伏まで七年半の間、ずっと済南で活動した。

後述するように、報国茶屋は兵隊に対する慰問事業を行った。それとは別に、中国民衆に対する宣撫工作の一環として、救世軍は無料の医療を施し、また、日本語講習所を経営する。これらの事業は、報国茶屋ではなく、別の所（済南の城内）で行われた。本稿では兵隊に対する慰問事業だけを扱う。中国民衆を相手とした事業のことは割愛する。

飲食と売春婦は提供しない

日本軍が中国のある都市や地域を占領する。そこに、まもなく在留日本人が多くやってくる。彼らは中国の既存の都市の一角に集中して住んだ。こうして、日本人町が形成された。戦争が長期化し、占領地域が拡大するにつれ、中国戦線にやってくる在留日本人はどんどん増えてくる。彼らは華北を中心にして、およそ二〇〇の日本人町を形成して、暮らした。

日本人町に集まった在留日本人の多くは、日本軍の兵隊の世話をした。具体的には飲食（食事とお酒）と売春婦の提供であった。兵隊がまず求めるものは飲食と売春婦だったからである。大きな日本人町は、それでも経済活動をしている。しかし、小さな日本人町の場合、兵隊たちに飲食と売春婦を提供することで、生計を立てていた。

済南は重要な都市だったので、在留日本人も多く集まってきた。一九四〇年七月末の済南総領事館の調査によれば、済南在留の日本人は一万五八七九人【男子八八三六人、女子七〇四三人。朝鮮人、台湾人を含まない。済南日本商工会議所編『済南事情』、一九四一年一月、八頁】であった。

救世軍の報国茶屋は、在留日本人と同じことをやってはいない。彼らが提供しなかった分野を扱った。報国茶屋では通常、紅茶とビスケットしか出さなかった。これでは食事にならなかったから、兵隊たちは別の所で食事をしたあとに、報国茶屋にやって来た。また、お酒も一切、提供しなかった。お酒を飲んで騒ぐというのも、別の所でやらねばならなかった。

また、売春婦もいなかった。だから、報国茶屋は、売春とは無縁であり続けた。ここでも、廃娼運動を果敢に戦ってきた救世軍の伝統に忠実であった。兵隊は誰でも来てもよいのであるが、中には、こういった報国茶屋の性格を嫌って、足を向けないものもいた。

『ときのこゑ』　1938年6月1日号より

戦闘や行軍の合間に、休暇を得た兵隊たちが、三々五々、報国茶屋にやって来る。彼らに暖かい紅茶とビスケットをふるまった。日本各地の新聞・雑誌を備えたので、兵隊たちはくつろいで備え付けの新聞・雑誌を読んだ。

蓄音器にレコードをかけて、軍歌などを聴いて楽しんだ。ピンポン台が設けられていたから、ピンポンに打ち興ずるものもいた。無料で散髪もした。時におしるこをふるまった。甘いものに飢えた兵隊たちから大歓迎された。兵隊たちの写真を撮った。その写真を内地の家族の所に郵送した。

救世軍病院の歯科医師（浦田救世軍大尉）が長く派遣されていたので、兵隊たちは歯の治療もやってもらえた。

また、ごく少数であるが、キリスト教に親近感を抱くものは、救世軍の士官（牧師のこと）とともに祈り、心の安らぎを得た。

救世軍は二人の士官を報国茶屋に常駐させ、兵隊たちの世話に当たらせた。救世軍はごく小さな教団だったから、彼らが行った事業もささやかなものであった。それでも、兵隊たちから大歓迎された。兵隊たちは、戦場近くに出現した救世軍の報国茶屋に喜び、かけつけた。あまりに過酷で殺伐とした戦場と比較すれば、報国茶屋の雰囲気は別天地のように感じたからであろう。

従軍僧・従軍牧師は、戦闘部隊と行動をともにするので、戦場で命を落とす危険があった。しかし、報国茶屋を担当する救世軍士官は、ずっと済南の町で暮らした。日本人町の治安は保たれていたので、まず安全であった。

戦場にあっても民間人であったという点では、救世軍士官は、日本人町に暮らす在留日本人と同じであった。結局、救世軍士官は、日本人町に暮らす在留日本人と、従軍僧・従軍牧師の両方の性格を合わせ持っていた。彼らは戦場にやってきた民間人であり、かつ、宗教者であった。

報国茶屋のようす

一日に数百人の兵隊が押し寄せてきたのであるから、報国茶屋の建物・敷地は相当大きかったと思われる。次の史料から、報国茶屋の建物・施設のおおよそがわかる。

「救世軍報国茶屋」は、毎日毎日、勇士が集まれる所となり、済南はおろか北支の名所になりました。写真部も繁昌で、七戸大尉は其の方へ専心励んで居ります。一日に三、四十名程の撮影で、大変喜ばれて居ります。

〇〇医務室での歯科診療もお蔭様で繁昌し、昨九日（金）の如きは、午前中受附〇〇名で、午後二時まで治療時間を要しました。（中略）

次に〇〇司令部で、医務室の改造造作を致され、新たに歯科室を一室設置して戴きました。其の序に「報国茶屋」の修繕改造をするよう申され、休憩室、新聞閲覧室、支那人ボーイ室、倉庫、便所、ピンポン室、七戸大尉居室、事務室、私の居室等を、大々的改造造作を致しました。

是は大変費用もかかった事ですが、軍の大なる理解と援助とを思うて、感謝して居ります。私共も一層責任を感じますと共に、大いに励みたく決心を致した次第であります。（九月九日　浦田大尉）

『ときのこゑ』、一九三八年一〇月一五日。（『ときのこゑ』は救世軍の機関紙。「鬨の声」だから、軍隊を想起させる。）

「救世軍報國茶屋」に對する
皇軍勇士及び家族の禮狀を讀みで

或日の「救世軍報國茶屋」

『ときのこゑ』 1938 年 5 月 15 日号より

報国茶屋には、歯科室のほかに、「休憩室、新聞閲覧室、支那人ボーイ室、倉庫、便所、ピンポン室、七戸大尉居室、事務室、私の居室等」があった。休憩室で、兵隊たちは紅茶やビスケットの接待を受けた。写真の撮影や理髪も、休憩室で主に行なわれたのであろう。多くの兵隊が集まるのであるから、休憩室は相当の広さがあったと推測さ

『ときのこゑ』1939年5月1日号より

れる。

兵隊は新聞閲覧室で、日本各地から送られてきた新聞や雑誌を閲覧した。兵隊はいったん戦場に送られてしまうと、世間の情報から遮断されてしまう。世の中の動きがどうなっているか、知ろうと思っても、戦場では何もわからなかった。報国茶屋に来て、新聞や雑誌をゆっくり読めることは兵隊にとって、何よりうれしかった。日本や世界の動き、あるいは、自分がいま戦っている日中戦争の全般的な情勢も、新聞・雑誌を読むことで、やっとある程度、知ることができたからである。

「支那人ボーイ室」もあった。一日に数百人規模で、兵隊が日常的に押しかけてきた。兵隊は外泊が許されていなかったから、報国茶屋に兵隊が宿泊することはなかった。その分、彼らの来訪は早朝から深夜にまで及んだ。二人の救世軍士官だけでは到底、応対しきれなかった。

それで、中国人を雇ったのであろう。仕事の量が多いし、働く時間も長いことから判断して、雇われていた中国人は一人ではなく、数名いたのではなかろうか。「支那人ボーイ室」があることから、彼らは通いではなく、報国茶屋に部屋を持ち、住み込んでいた。

紅茶を提供するために、常時、大量のお湯を沸かしておかねばならなかった。また、毎日数百人の兵隊が出入りするのであるから、部屋の片付けも容易ならざる仕事となった。多くの兵隊に気持ちよく来てもらうために、部屋の清掃・整理には気をつかった。中国人を雇って、こういった仕事をやらせたのであろう。ただ、救世軍士官は中国語が話せなかったから、雇った中国人に仕事を指示するのに苦労したことであろう。

ピンポン室とあるので、ピンポンは庭ではなく、室内で行われた。「七戸大尉居室、事務室、私の居室等」とあるので、二人の士官はそれぞれ個室を持っていた。報国茶屋はさまざまな事業を営んでいたので、それらを士官の居室では処理しきれなかった。それで、事務室を別に設けて、一括して処理していたのであろう。浦田救世軍大尉はもともと救世軍病院の歯科医であった。彼が報国茶屋に赴任したので、歯科の治療をすることになる。多くの兵隊がやってきて、歯の治療をしてもらった。浦田大尉の診療の便を考慮して、歯科室を新設したのである。

前線で戦う兵隊は、歯磨きなどろくにできなかった。そのため、歯を悪くするものが続出した。だから、報国茶屋で兵隊相手に歯の治療を始めたのは、多くの兵隊から歓迎された。果たして浦田大尉の赴任は偶然なのであろうか。それとも、兵隊の歯の治療の必要を考慮して、軍が救世軍に対して歯科医師の派遣を特に要請した結果なのであろうか。関係する史料がないので、浦田歯科医の赴任の事情はわからない。

次の史料は、報国茶屋の事業のおおよそを述べている。

　日本各地の新聞及び雑誌を備附けて、軍人諸君の自由縦覧に供し、お茶にビスケット等を用意し、蓄音器を備え、また理髪に応ずる設備を為したが、自由学園では、生徒達が弁当を節約して金を出合せ、勤労報国日に、小学部、高等学部の生徒数百名が、手製の報国ビスケット二十缶を作りて寄贈され、森永製菓会社からビスケット四十缶、明治製菓会社からバナナ菓子六十缶寄贈された。それは第一回で、第二回、第三回と寄贈されたのは感謝である。

『支那事変と救世軍』、救世軍出版及供給部、一九三九年七月。七頁

たしかに明治製菓株式会社から「缶入菓子三十缶（石油缶大）第二回分」が寄贈されている（『ときのこゑ』、一九三八年一二月一五日）。

また、羽仁もと子の自由学園の生徒から、手製のビスケットが寄贈された。しかも、これは三回目の寄贈であった（『ときのこゑ』、一九三九年四月一日）。

自由学園の生徒からのビスケットの寄贈は半年に一回ぐらいの割合であった。せっかく内地からわざわざ贈ってくれたのであるが、その程度の分量では象徴的な役割しか果たせなかった。むしろ自由学園の戦争協力の姿勢を示すのが目的であったと、私には思われる。

実際、報国茶屋を取材した新聞記者（東静日日新聞特派員）は、「羽仁もと子女史の自由学園の耶蘇信者生徒の純真熱烈な愛国心が、パンとなりお菓子となって」と手放しでたたえている（『ときのこゑ』、一九三九年三月一五日）。

このように、外部の会社や学校からビスケットの寄贈を受けた。しかし、毎日、数百人の食べ盛りの兵隊が押しかけてくるのであるから、報国茶屋で消費するビスケットの量は膨大であった。寄贈された分量では、焼け石に水であった。だから、必要とされるビスケットの大部分は、報国茶屋が自力で購入せざるを得なかった。

時期は少し遅れるが、ハワイの日本人の救世軍から、大量のコーヒー豆と砂糖が報国茶屋に送られてくる。当時、中国とは戦争をしているが、太平洋戦争はまだ始まっていない。だから、ハワイから物資を日本に送ることができた。

北支に於ける救世軍報国茶屋の目覚しい働きを伝え知った布哇《ハワイ》のヒロ、ホノルル救世軍両小隊の戦友たちは、「救世軍報国茶屋」のために物資を送って助けるよう決議し、先頃、コーヒー二百斤、白砂糖三百斤、ミルク二箱を、ホノルル総領事・水沢孝策氏の尽力により、救世軍日本本営に贈って来られたので……。

『ときのこゑ』、一九三九年一月一日

「二百斤」は一二〇キロである。一二〇キロのコーヒーといえば、相当の分量である。そこで、それまで紅茶だけを出していたが、以後はコーヒーもふるまわれるようになった。

兵隊たちにとってオアシス

報国茶屋に関する記事は、『ときのこゑ』のほとんど毎号に掲載される。数多く掲載することで、救世軍が戦争に協力していることを示したかったのであろう。報国茶屋では、時に、おしるこやぜんざいが兵隊に供せられた。兵隊は甘いものに目がなかったので、おしるこやぜんざいは大歓迎された。次は、かつて報国茶屋で「しるこ三杯、更に戻って三杯」も食べたという話である。

「報國茶屋」の
ぜんざい接待
兵隊さんよろこぶ

濟南の「救世軍報國茶屋」にて
兵隊さんにぜんざいの接待

『ときのこゑ』1939年3月1日号より

挿話

「しるこ」三杯　更に戻って三杯　「救世軍報国茶屋」

名誉の戦傷を受けて、陸軍軍医学校収療中の一軍人あり。北支にて転戦中の或日のこと、しきりに甘い物が食べたくなったが、四辺にあろう筈がない。所が戦友から五百メートル隔てた所に、甘い物を無料で食べさせる所があると聞き、探し当てたのが石家荘の「救世軍報国茶屋」であった。最初「しるこ」を一杯出された時は、夢中で飲んでしまった。二杯目も殆ど夢中であったが、三杯目は遠慮して食べた。もっと欲しいが、気まりがわるくなり、一旦外に出たものの、再び戻り、更に三杯食べ、嬉しくって溜らず、傍の雑記帳に感謝の言を記し、大満足で戦線に向ったということである。

『ときのこゑ』、一九三九年七月一日

次はぜんざい接待のようすである。「白玉粉をねって、ゆで団子九百箇ほど用意」したというのであるから、大量のぜんざいが作られたことがわかる。

「報国茶屋」のぜんざい接待　兵隊さんよろこぶ

一月四日は、翌五日の「ぜんざい日」の準備をなし、小豆を煮、白玉粉をねって、ゆで団子九百箇ほど用意しました。五日早朝、「本日、兵隊さんぜんざい接待、大歓迎、一月五日、『皇軍慰問救世軍報国茶屋』」というポスターを出しました。

教会からも婦人二名（森夫人と北支鉄路局課長古原氏夫人）他に一名、都合三人が手伝に来てくれました。此の催は大繁昌で、極めて有意義に終りました。吉丸さんから白菜及びタクワンの漬物を沢山に頂いて、みんなで、おいしいおいしいと喜びました。

医務室の大佐殿を初め皆さんに差上げましたら、大変喜んで下さいました。衛兵所からも申込んで

来る有様で、繁昌を極めて品切となり、終ったのは丁度、夕方でした。(一月七日　済南にて、浦田救世軍大尉)
『ときのこゑ』、一九三九年三月一日

報国茶屋は、やってくる兵隊たちで、早朝から深夜までにぎわった。そのようすを次の史料は的確に記している。

北支に於ける「救世軍報国茶屋」の一日

支那の荷車、一輪車の軋る音、苦力達の叫び声に眼を覚ますと、午前六時というに、既に兵隊さんの声で、「叔父さん!」。また、支那人ボーイを呼ぶ声が聞える。奥の休憩所からは、レコードの音が聞え、之は朝から晩まで無休だ。

此の慰安がナンバー・ワンであり、「紅茶を下さい」「お茶を飲ませてくれ」「僕はもう出発だから写真を撮ってくれ」「水筒にお湯を入れてくれ」など、次から、次に用がある。お昼の時刻が来るのが、実に早い。お菓子の早くなくなること驚くばかり。或軍人は、つかつかと入って来て、ああ家に帰ったようだと云い、或軍人は生きかえったような気がすると、如何にも満足そうな叫を発する。

散髪を頼む者、新聞、雑誌に見入る者も相当にある。中には「歯科の治療をやって下さい。治療されるそうですね」と随分、歯を悪くした方が多いようである。こうした間にも、奥の方からは、絶えずレコードの音が流れて来る。「母さん、お手紙有難う。僕も負傷はしましたが、なんのこれしき、かすり傷。日本男子の名誉です……」

支那の日は長い。午後八時半というに明るく、日が暮れるのが午後九時。斯様な有様で、時間の過ぎるのを知らずに過している。

午前二時半頃のことであったが、数名のお客さんが、今、駅へ着いたばかりなので、泊るところがないから、何処でもよいから頼むと言って、休息せらる。斯うした深夜の奉仕こそ、真の奉仕の機会と、飛び起きてお世話をする。そうすると、「実に救世軍のお蔭で助かります」と云って、朝早く出発されるのである。

凡てが感謝と感激との場面である。早や新しい日のお客さんが見えた。一昼夜の過ることの早いのに驚く外はない。（註、お客さんとは皇軍勇士のことである）　済南に於て　浦田大尉

『ときのこゑ』一九三八年六月一五日

報国茶屋を利用した兵隊たちは、備え付けのノートに感想を記している。その一部が救世軍の機関紙に掲載された。以下は、兵隊たちが記した「感想記録の抜粋」である。

□遠い異郷の陣中に、千万言の慰問にまさる貴軍の御厚意、深く御礼申上げます。（中略）

□感謝！　我等のオアシス救世軍。（中略）

□救世軍に深謝します。戦線に於て、蓄音器を聴けるとは思いませんでした。戦線の月を聴く時、子をもつ私達は、何かしら目頭が熱くなりました。一死報国以て皇軍の本分を完うします。（川鍋信一）

（中略）

□一休み、紅茶の一杯貴し、千金に当る、ああ感謝致します。

□近くの衛兵所をのぞいた時、「報国茶屋」の話を聴き、無言で室内に一歩入る。ボーイの出す茶を一口に飲み、煙草に火をつけて、聴いたのは「戦線の月」だった。何時の間にか目頭が熱くなり、煙草を取落しました。
□御慰問の意と歌とに感激の余り、胸が一杯になって、両手を合しました。めったに出ない三十男の涙。昨年○月以来、北支四百里の道を歩き、数度の激戦もなし、戦死した戦友にも、此の紅茶を飲ませ、メロデーを聴かせてやりたかった。
□思へば故郷離れて以来、初めて耳にする蓄音器だった。何時までもレコードに齧りついていたかったが、もう時間がない。生命があったら、又、伺おう。
『ときのこゑ』、一九三八年七月一五日

報国茶屋のレコードの中に、「戦線の月」という歌があった。この歌の内容は、今の自分たちの境遇とそっくりだった。そこで、この歌を聞いた兵隊たちは、万感、胸に迫って、「何時の間にか目頭が熱くなり、煙草を取落しました」という状況に立ち至ったのである。

▽海山遠くはなれ、異境の地にて報国茶屋に一歩足を踏み入れれば、なつかしい我が家へ帰った様だ。我々の心を励して下さる銃後の皆様に感謝する。（一兵士）
▽報国茶屋に一休みすると、小生が家に帰った楽しさだ。大陸にいるようには思はない。厚く御礼申上げる。（一兵士）
▽救世団の皆様、有難う。甘いコーヒーで今迄の苦労が去った様に思われ、何と御礼申上げてよいや

ら感謝のほかはありません。（○○兵　吉田正一）（中略）
▽外出すれば、まず第一番に報国茶屋へ、日々の勤務の疲れを当茶屋で愉快に遊び、明日の任務を果す。報国茶屋は我等の母である。（皇軍兵士）
▽外出の楽しみは先ず報国茶屋！　親切で気兼なく遊べる。（○○兵士）（中略）
▽我等は二人で、いつもこの報国茶屋を一番の楽しみとして来ます。レコード、雑誌、新聞、其の他コーヒーの美味にのどをうるおして、一日たのしく遊ばせていただきました。理髪器で久し振りに美男になったので、トクイで帰営致します。（○○部隊一等兵の二人）
『日本救世新聞』、一九四一年七月一日（『日本救世新聞』は、『ときのこゑ』の後継紙である。）

ノートに書き記した感想文から、出征中の兵隊たちが切実に求めたものがかいま見えてくる。彼らは、「なつかしい我が家へ帰った様だ」とか、「小生が家に帰った楽しさだ」と書き留めている。たしかにある種のお世辞も混じっているが、しかし、彼らの感想文にウソいつわりはなかった。
兵隊たちは率直な思いを書いている。長い外征に倦みつかれた兵隊たちが潜在的に求めたものは、無事、除隊し、晴れて内地の我が家へ帰ることであった。彼らは、なつかしい我が家に帰りたかったのである。

撮影した兵隊の写真を、家族のもとに郵送

戦地に来た兵隊たちは写真に撮られることを好んだ。自分の写った写真を家族のもとに送りつけることで、元気でいることを知らせようとしたからである。だからこそ、一九四〇年五月末、済南の日本人町に、三五軒もの写真屋があったのである（前掲、済南日本商工会議所編『済南事情』、一七〇頁）。

写真屋の主なお得意様は兵隊たちであった。この現象は、済南だけでなく、中国戦線に形成された日本人町におしなべてあてはまった。

救世軍士官も兵隊たちの写真を撮った。カメラは現在のように簡便なものではなかった。また、利用できるフィルムの枚数にも限りがあった。だから、撮影した兵隊の数は一日に数十名程度であった。

救世軍士官が兵隊たちの写真を撮る際、多くの場合、集団ではなく、一人一人、個人的に撮った。そして、撮影してあげた兵隊の家族の住所を記録しておいた。できあがった写真を、兵隊ではなく、彼の家族のもとに郵送した。兵隊はいつも移動していて、できあがった写真を送りつけようと思っても、送り先がわからなかったからである。写真の郵送には軍事郵便を利用できたので、費用は免除された。軍が救世軍のために便宜をはかってくれたのである。

戦地で兵隊の写真を撮り、でき上がった写真を内地の家族のもとに郵送する。こういったユニークな企画を考え出した報国茶屋の救世軍士官に敬服する。とてもよい企画となった。写真に撮られた兵隊本人だけでなく、できた写真を送りつけられた家族をも、また喜ばせたからである。

次は、救世軍の写真撮影のサービスが、兵隊たちに歓迎されていることを伝えている。

店開きもしない中から、第一番に飛び込んで来たのは、○○部隊の○○軍曹。「よく来ましたね。僕を皮切に一枚写真を撮って下さい」と早速注文。済南にても、写真の注文が殺到した。天長節の当日の如きは「ぜんざい」を丸めて、真白になった手を洗ふ暇もなく、九十人ほども写したことがあった。徐州でも之は写真攻になるらしい。然し勇士たちの喜ぶ顔を見ると、何も彼も忘れて元気になる。「僕の顔に写真とでも書いてありますか」と、其の軍曹と大笑したのであった。（中略）

中には「救世軍さん。又これを頼みますよ」と云うて、写真撮影の手真似をして帰る兵隊さんもあり、到着早々なかなか賑かである。

『ときのこゑ』、一九三八年八月一日

次は、報国茶屋が、兵隊の家族の所に写真を郵送する時、写真とともに送った説明文である。丁寧で、心のこもった手紙になっている。

謹啓、貴家益々御清栄の事と存じ上げます。陳者、日本救世軍皇軍慰問事業「報国茶屋」を北支の戦線に開設いたしましたのは、昨年十一月でありまして、石家荘、徳県と逐次移動して参り、唯今では、済南に於て、その働を続けて居ります。

「報国茶屋」には、紅茶、菓子の接待、竝に無料散髪、全国の新聞、雑誌等を備へつけて縦覧に供して居ります。呼物の紅茶も「こりや美味い、テンホーテンホー（すばらしい）」と大変おほめの言を頂いて居ります。

或はレコードを聴いて、ホロリと涙を流される方も見受けます。きっと故郷に在る皆様のことを思い出してのことと存じます。鬼をも拉《ひし》ぐ武人にも、此の涙かと、端で見ている私共も、此の血あり、涙ある武人の情に、幾度も幾度も貰い泣をいたしました。「内地に帰ったようだ」「家に帰った様だ」と云ひつつ、喜んで居られます。

本日、はからずも貴家の○○様が「報国茶屋」にお立ち寄り下さいまして、数刻、愉快な時を過されました。写真の様な元気な御姿をお目にかけて、皆々様に喜んで頂きたく、右一寸その様子をお知

らせ申上げる次第で御座います。神の御祝福、御一家の上に豊に在らん事を祈り上げます。　敬具

『ときのこゑ』、一九三八年五月一日

軍事郵便で、この説明文とともに、中国山東省済南市の救世軍報国茶屋から、夫や息子の写真が家族のもとに送られてくる。受け取った家族はびっくりする。また、喜ぶ。夫や息子の元気な姿を写真で確認した家族は、お礼の手紙を送る。『ときのこゑ』には、そういった家族からの礼状が数多く掲載されている。手紙の文から、最愛の夫や息子を兵隊に「とられた」留守家族の苦しさが伝わってくる。

▼父ちゃんだ

拝啓、此の度は、誠に御親切なる御手紙、有難く拝見致しました。読んで行く中に、皆々様の御同情にただただ感謝する心に一杯になりました。お蔭様にて水島もどんなにか嬉しく、過して行ったことであらうと、一同感謝致して居ります。本当に有難うございます。此の様にしてまで、元気な姿を見せていただき、皆な大騒をして喜び、当人に会ったやうな気がしました。

とりわけ子供たちは、「ああ……これは父ちゃんだ。父ちゃんだ」と喜ぶ様は、側で見る目もいぢらしい位でした。末の四つになる子供は、丁度、水島が召集される時、やっと、よちよち歩く位で、顔もよく覚えて居なかったでしょうが、それでも写真を見ると、「ああ……父ちゃん、父ちゃん」と大騒です。

時々、此の様なことで、子供たちに泣かされます。ああ、若し本当に父が帰って来たなら、どんなにか喜ぶだらうと思ひます。（後略）（千葉県　水島加津子）

『ときのこゑ』、一九三八年六月一日

小さな子どもたちと留守をまもる妻の悲哀が伝わってくる。文末の「ああ、若し本当に父が帰って来たなら、どんなにか喜ぶだらうと思います」という箇所に、彼女の本心が思わず露呈している。元気な夫の写真を送ってもらったのは、もちろんうれしい。しかし、本人の帰還がいつになるか皆目わからない。本人が元気で早く帰ってきてほしいと心から願ったはずである。

▼兄は二人とも

（中略）私共も写真を見て、やっと安心致しました。兄も元気であったとのこと、家内一同、何よりの喜悦でございました。出征以来、初めて写真を見たのでありますから、家内一同の喜びは、一通ではありません。私を初め、弟妹たちは、手をたたいて喜びました。私は近所に見せに廻るやら、大騒動をしました。私共は両親に早く死に別れ、頼りにしていた兄は二人とも、国家のために御奉公して居り、弟妹と三人で淋しく暮して居ります。（三重県　清水しづゑ）

『ときのこゑ』、一九三八年六月一五日

この留守家族の場合、「私共は両親に早く死に別れ、頼りにしていた兄は二人とも」兵隊になっているという。そのうちの一人の兄の写真が送られてくる。「頼りにしていた兄」たちがいないので、私は「弟妹と三人で淋しく暮して居ります」というのである。手紙の文面から、留守家族のきびしさ・さびしさがよく伝わってくる。

報国茶屋から、内地の家族のもとに送られた兵隊の写真は、相当な数にのぼったことであろう。次の史料は、感謝祭への献金を募っている際、息子の写真をわざわざ送ってくれたことに感謝して、気持ちよく献金してくれた人がいたと述べている。

押上小隊長・和田大尉が、松戸町を感謝祭の募金中、「家の子供が北支で『救世軍報国茶屋』のお世話になり、写真まで送って頂いて、誠に有難うございました」と喜んで献金した人があった。

『ときのこゑ』、一九三八年一一月一日

最もわかりやすい軍隊慰問事業

軍部は中国戦線に多くの民間人が移住してきて、日本人町を形成することを容認する。日本人町に暮らす在留日本人は、いわば兵隊たちの「福利厚生」を担当した。その中心が飲食と売春婦の提供であった。周辺地域に駐屯する兵隊たちは休暇の時、日本人町に順番にやってきた。そこで、彼らはおいしい料理を食べ、酒を飲んで騒ぎ、売春を行った。

大きな日本人町の場合、都市機能も充実していた。兵隊たちを待ち受けていたのは飲食と売春婦だけではなかった。猥雑な都市機能が全体的に兵隊たちを歓迎した。兵隊たちは畳が敷かれた、きれいな部屋で休息し、飲食を取った。日本式の風呂に入って、久しぶりに身体を洗うこともできた。映画館では日本映画を上映していた。買い物もできた。日本人町には写真屋が多くあったから、写真を撮ってもらうこともできた。大きな日本人町には数千人から数万人の在留日本人がいた。彼らとつきあうのも、兵隊たちにとっては楽しみの一つとなった。

兵隊たちは日本人町にやってきて、元気を回復した。たしかに日本人町は兵隊たちの戦闘力の回復に大きな効果があった。しかし、それは決して万全ではなかった。飲食と売春婦を中心とする日本人町のサービスだけでは、彼らは必ずしも満足しなかった。彼らの要求はもっと多様で、複雑であった。

戦争が長びけば長びくほど、兵隊たちはこれまでとは違ったサービスを求めるようになる。日本人町の商人たちが提供しにくいようなサービスである。その一つが、今回、紹介した報国茶屋のような軍隊慰問事業であった。ここは、日本人町が兵隊たちに提供した定番、すなわち、「おいしい食事、お酒、売春婦など」を提供しなかった。

その意味では異色であった。それでも、兵隊たちはこのような軍隊慰問事業を歓迎した。「食事、お酒、売春婦」を提供しなかったが、軍隊慰問事業は、どこかに兵隊たちをひきつけるものを持っていた。こういった事情を受けて、日本人町に報国茶屋のような施設が次々と作られてゆく。次はその例の一部である。

徐州にも軍人ホールが出来た。兵站司令部自慢の設計で、差当りホール内にはピンポン、碁、将棋、新聞、雑誌室等を設備。ホール、売店も酒類は禁止。兎に角、アルコールと女抜きで、長期建設をしっかと自覚しながら、兵隊さんを慰安さす設備で、二十七日から開館した。

『大阪朝日中支版』、一九三九年七月二日

居留民団の努力により、広東市漢民北路に皇軍無料休憩所が出現。さる一日から開所したが、これまで自分たちのみの休憩所を持たなかった兵隊さんの喜びは一方ならず、四日の日曜日は外出を許された兵隊さんで大賑いを呈した。国防婦人会員の奉仕で、汗をかきながら、あついお茶にのどを潤した兵隊さんは雑誌、新聞に読みふけったり、碁、将棋に興ずるさまは、現地における兵隊さんと銃後の美しい団結の一面を物語っていた。

『大阪朝日北支版』、一九四〇年八月一〇日

宿遷軍人ホールは数多い宿遷名物の一つで、同地居留民会経営にかかるものだが、完全な倶楽部である。会議室、雑談室、図書室、ピンポン台や畳を備えた娯楽室、さては無料浴室まで一切合切の設備を持ち、軍人さんにとっては外出時の慰安場所、居留民にとっては社交場である。（中略）兵隊さんが外出の際、手足を伸す場所の必要なことは分り切っているが、色々の事情で簡単に出来ない。といって、絶対になくてならぬものだから…。

『大阪朝日北支版』、一九四〇年一一月一三日

〝軍人の家〟天津で大人気

二月一日から天津駅前に開設された『軍人の家』は、事変当初から天津名物の一とまでなっている〝おばさんの家〟とともに、その後、兵隊さんたちの娯楽場として賑わっているが、最近では一日平均百名の皇軍将士がここを利用しており、天津駅が附近にあるだけに、汽車の乗降、将兵の待合所の延長としての利用が目立っている。ピンポン台、蓄音器などの設備から、国婦会員のサーヴィスもぼつぼついたについてきたし、今後の利用はますます増加するものと見られている。

『大阪朝日中支版』、一九四一年三月一一日

まず、徐州にできた軍人ホールは、「ホール、売店も酒類は禁止。兎に角、アルコールと女抜きで」とある。また、広東の皇軍無料休憩所では、国防婦人会員が動員されて兵隊たちの世話をしている。宿遷は江蘇省北部の小さな町である。宿遷軍人ホールは、居留民会が経営した。天津には、以前から国防婦人会員が世話をする「おばさんの家」があった。これに加えて、「軍人の家」が天津駅前に開設された。

このように、中国戦線の日本人町に、各種各様の兵隊を慰問する施設が設置される。多くの場合、「軍人ホール」と呼ばれたが、名前は必ずしも一定していなかった。「軍人ホール」を経営するものもさまざまであった。軍部はいろいろ便宜を供与したが、直接、運営しなかった。宗教団体、在留日本人の組織（居留民団・居留民会・在留日本人会など）、国防婦人会、在郷軍人会などが、「軍人ホール」の運営にかかわった。

多くの組織・団体が、日本人町で「軍人ホール」のような施設を設置し、それぞれのやりかたで軍隊慰問事業を行った。彼らの活動は当時の新聞に断片的に出てくる。

居留民団などの在留日本人の組織は、軍隊慰問事業のことをきちんと記録として残していない。国防婦人会、在郷軍人会は、もともと記録として残すだけの力量を持っていない。まとまった史料を残せるのは宗教団体だけである。ところが、宗教団体にしても、自分たちの教団がかかわった軍隊慰問事業について、これまで、きちんとした史料を公表していない。だから、戦争中に外地で彼らが行った軍隊慰問事業について調べようと思っても、史料不足から調査できない。

そういった状況の中で、救世軍が行った報国茶屋だけが例外になる。報国茶屋の状況を調査できるのは、教団の機関紙『ときのこゑ』などが復刻されたからである（不二出版、一九八七年）。

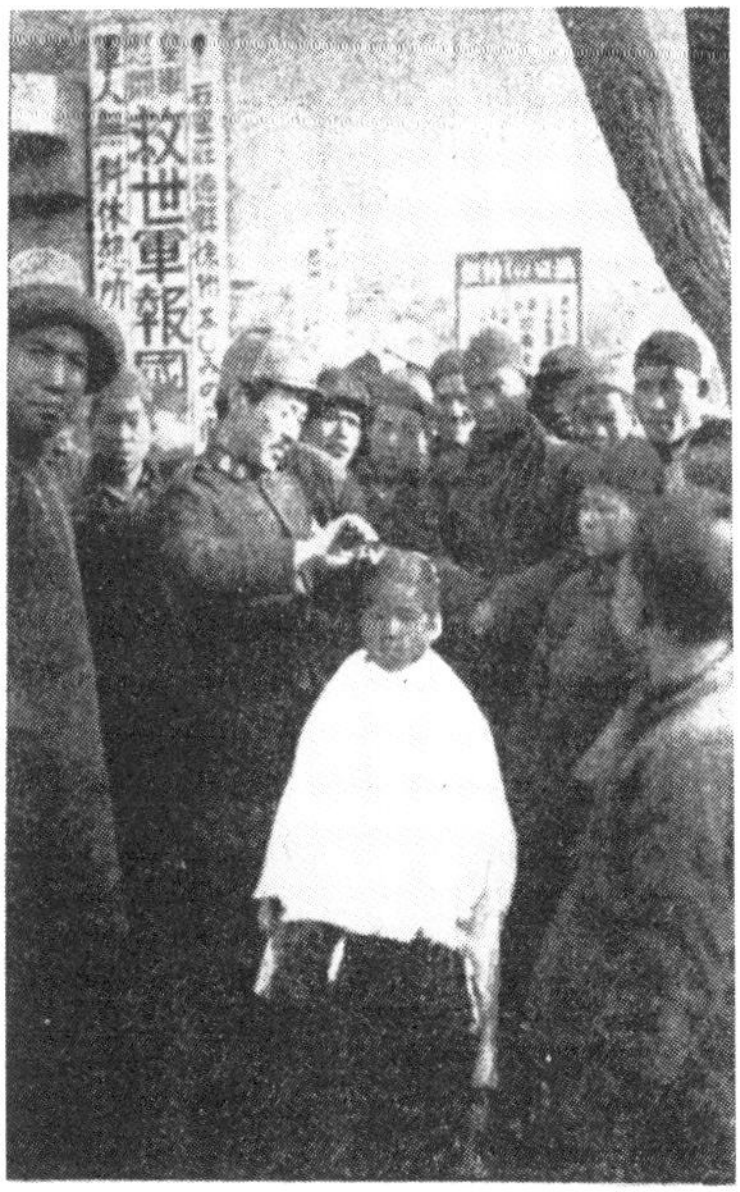

北支濟南で一昨年より皇軍慰問の「救世軍報國茶屋」を營み
つつあるが擔任の柳川救世軍少佐が支那人に無料散髮の奉仕

『ときのこゑ』 1939年4月15日号より

戦争中の難しい時代、イギリスに本営を有する救世軍は弾圧される。教団、機関紙、さらに社会福祉事業の施設の名称まで強制的に変更させられる。教団幹部が憲兵隊に連行されることもあった。また、時期は少し前になるが、イギリスの本営から独立して、日本独自の救世軍になるべきだという策動も続いた。そういった状況の中で、救世軍は苦しみながら、耐えぬいてゆく。

だから、『ときのこゑ』の中には、現在から見れば公表されたくない記事（戦争協力を明言するような記事）も当然含まれている。にもかかわらず、救世軍は、つごうの悪いところを敢えて隠さず、発行された時と同じ紙面で復刻してくれた。宗教者としてのいさぎよさに感服する。『ときのこゑ』を復刻してくれたおかげで、日中戦争の時、さまざまな団体が行った軍隊慰問事業の中で、救世軍の報国茶屋が最もわかりやすいものになった。

報国茶屋の活動については、教団の機関紙『ときのこゑ』などに、実に詳しく掲載されている。これを丁寧に調べてゆけば、報国茶屋の状況がほぼわかってくる。設置の時期からいえば、救世軍の報国茶屋の設置がおそらく最も早い。戦争が始まって四ヵ月後の一九三七年一一月にすでに設置しているからである。各地に設立された「軍人ホール」の設置はもっと遅い。また、報国茶屋は敗戦まで七年半もずっと活動を続けた。

救世軍は、既成仏教教団などと比べれば、はるかに小さな教団であった。報国茶屋に使える財政にも限りがあったから、軍隊慰問事業の規模が小さくなるのはやむをえなかった。報国茶屋は済南に一ヶ所あっただけである。そこに士官二人を常勤させるだけであった。のちになると、無料の医療事業や日本語講習所を担当する職員が増派されるが、それでも、常勤の職員の人数は少なかった。

規模は小さかった。しかし、済南という華北の中核都市の一つに位置していたこともあって、救世軍の報国茶屋は相当大きな働きをした。報国茶屋の活動は、その後、中国戦線の各地に続々と設置されてゆく軍隊慰問事業の模範となった。

要するに、報国茶屋のような軍隊慰問事業は、日本人町が提供する「福利厚生」の欠を補う存在であった。軍隊慰問事業は、日本人町とは違った側面から、日本軍の戦争遂行を支えたのである。

12　救世軍の済南診療所
――日中戦争期の医療事業

診療所の設置

一九三八年一〇月の武漢陥落の頃から、日中戦争の長期化がはっきりしてくる。中国側が頑強に抗戦を続ける限り、戦争は容易に終結しないことが明らかになってくる。戦争の長期化に対応して、軍から救世軍に新たな事業が要請される。それが診察所と日本語講習所の設置であった。救世軍は軍の要請を受け入れる。こうして、報国茶屋の活動に加えて、救世軍は新しい事業を始める。本稿では、診察所のほうを主に扱う。

ポイント・ニュース

『救世軍日本開戦一〇〇年記念写真集』（救世軍本営、一九九七年）より

教団では、「救世軍済南診療所」も「同済南日語講習所」も、宣撫工作に貢献する所少なくない。」（『ときのこゑ』一九三九年九月一五日）と、新しい事業を「宣撫工作」として、意義づけている。

「宣撫《せんぶ》」とは、「占領地で、占領政策の目的・方法などを知らせて、人心を安定させること」（『大辞泉』）である。軍事占領地の人々に対して与える「アメ」と「ムチ」のうち、「アメ」のほうの役割を果たす。したがって、「宣撫工作」は軍事行動の一環であった。

日本救世軍濟南診療所
向つて右より(一)診察室(二)藥局
(三)診療所に出動した所(四)準備終つたひと時。

日本救世軍済南診療所『ときのこゑ』 1939年5月15日号より

救世軍が、診察所と日本語講習所の二つの事業を、本来の宗教的な行為（現地の中国人に対する布教）とは見なさず、軍事への協力だということをあらかじめ自覚して、着手したことになる。

診療所の設置のために、一九三九年三月、東京の救世軍病院の佐藤理三郎院長が、山崎松子医師と二人の看護婦（川田および丸山という姓だけがわかる）を引率して、済南にやってくる。彼女らはみな救世軍病院の職員であった。設置に当たり院長がわざわざ済南まで出向いてきたのであるから、診療所事業に対する救世軍のなみなみならぬ意欲がわかる。

『救世軍日本開戦一〇〇年記念写真集』（救世軍本宮、一九九七年）に「中国大陸での医療奉仕活動」という題目で、三枚の写真が掲載されている（一四四頁）。その中に、どこの新聞かは書いていないが、写真入りの記事がある。

ポイント・ニュース　大陸に施す仁術

救世軍ではさきに石家荘、徳県、済南に〝報国茶屋〟を設け、皇軍慰問に活動して来たが、今度、

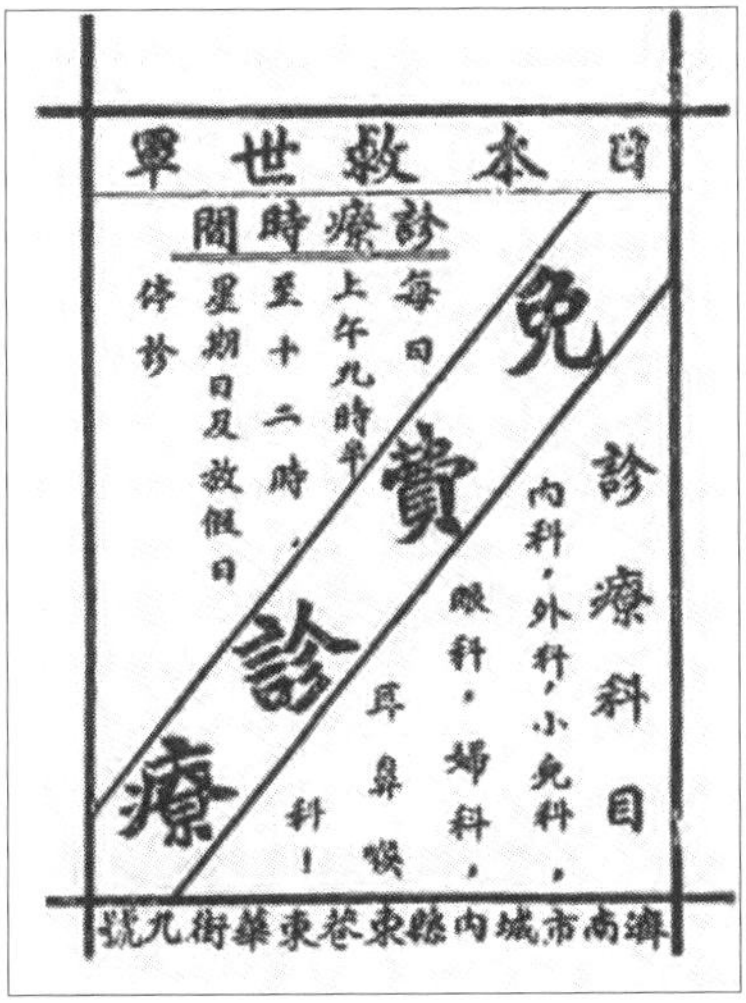

診療所ポスター
『ときのこゑ』 1939年5月15日号より

ポイント・ニュース
『救世軍日本開戦100年記念写真集』
（救世軍本営、1997年）より

新に済南城内に診療所を設け、この地方の住民たちに無料医療を施すことになり、十七日午後八時半、救世軍病院から佐藤理三郎博士、山崎まつ子女医外、看護婦二名が先発隊となって出発した。（中略）

（写真は東京駅出発の一行）新聞名は不詳、一九三九年三月一八日

記事では、彼らは「先発隊」と表現されている。このあとに、もっと多くのスタッフが続いて出かけるような書き方である。しかし、実際には済南に送られたのは山崎女医と看護婦二名の計三名だけであった（佐藤院長はすぐに帰国してしまう）。

診療所のポスターの写真もある。ポスターには、**「日本救世軍　免費診療　診療時間　毎日上午九時半　至十二時　星期日及放假日停診　診療科目　内科・外科・小児科・眼科・婦科・耳鼻喉科　済南市城内縣東巷東華街九號」**と記されている。

このポスターから、診療所のおおよその状況がわかる。中国人向けのポスターであるので、中国語で書かれている。まず、診療所を運営するのが日本救世軍であると明記する。

軍事占領下の済南市でも、中国の救世軍が存在し、活動していたので、救世軍とだけ記すと、中国の救世軍の診療所と誤解される恐れがあった。そこで、日本救世軍と記すことで、日本の救世軍が運営する診療所であることを明らかにしたのである。

「免費診療」とは、無料で診療するという意味である。診療時間は午前九時半から一二時までとある。日曜日と祝日は休み。ということは、土曜日も含め、毎週六日間、診療した。診療科目は、内科・外科・小児科・眼科・婦人科・耳鼻咽喉科であった。「済南市城内県東巷東華街九号」は、診療所の住所である。「城内」は古くからある町の区画、「県東巷」や「東華街」はより小さな区域の名称である。

診療所の場所

診療所と日本語講習所は、同じ敷地・建物にあった。

当時の写真を見ると、入口の両側の門柱に、「救世軍済南診療所」と「救世軍済南日語講習所」と書かれた看板がそれぞれ掲げられている。もと、民国日報の建物があった場所である。

そこは同じ済南でも、報国茶屋とは別の場所にあった。済南は二つの地域に分かれていた。すなわち、古くからの城内と新市街である。報国茶屋は新市街のほうにあった（報国茶屋の住所は「山東省済南　経一路五〇八」であった。『ときのこゑ』、一九三八年三月一日）。

他方、診療所は城内にあった。報国茶屋と診療所はかなり離れていたから、人力車かバスで移動した。それでも、移動に三〇分以上かかった。

診療所と日本語講習所の敷地・建物も軍が提供した。すでに活動している報国茶屋の近くでなく、わざわざ別の区画の場所を選んだのは、事業の対象が違ったからである。

新市街は以前から日本人が多く居住していた。それに対して、城内は古くからの中国人の町であった。報国茶屋は日本軍の兵隊が相手であったから、新市街に設置したのは妥当であった。それに対して、診療所と日本語講習所は中国人が相手であった。だから、中国人が居住する城内を選んだのである。

この場所は、中国人が診療を受けたり、日本語講習所に通うのにはたしかに便利であった。しかし、救世軍のスタッフはみんな新市街にある報国茶屋に宿泊したので、日本語講習所や医療スタッフは、わざわざ報国茶屋から、城内の施設に出勤せねばならなかった。

次は、診療所にあてられた敷地及び建物に出かけて、検分した佐藤院長の報告である。

今日は柳川救世軍少佐の案内で、一同打ち連れて、各方面に挨拶廻りの後、診療所の下検分をしました。門も家も御殿造りの立派なものであります。（中略）診療所の為のみの部屋八室、中庭には幾百年かと思わるる、大木があり、更に奥床しさと重みとを加えています。部屋の間取を見、診療室、薬局等の配置を考案しながら見廻っていると……。

『ときのこゑ』、一九三九年五月一日

診療所のために部屋八室を使用する。また、「中庭には幾百年かと思わるる、大木があり」というのであるから、この敷地・建物は相当大きかった。

ここで、救世軍は診療所と日本語講習所を運営した。次は佐藤院長の報告である。

今日は診療を開始してより、第四日目であります。「救世軍報国茶屋」を出で、公共汽車（乗合バス）に乗る。途中に在る部隊と、通う一、二の兵隊さんの外は、全部支那の人々でありますが、至極なごやかであります。はじめは洋車（人力車）で通いましたが、一度バスに乗ったら、誰もがバス党になってしまい、毎日バスで、全く支那人と一緒に乗合っています。

初は一寸恐いような気がしましたが、今ではもう歩くのが楽しみになっています。沿道の人々も好意の視線を投げかけているように思はれます。（中略）「救世軍診療所」に着きますと、もう多数の患者が待っています。（中略）憩う間もなく、直ちに診療にとりかかる。老僕は患者の順番の整理に大童であります。開所早々であり、新患が多いため、劉中尉の手を煩すこと甚だ大で、住所氏名から既往症、現症まで記載に務め、実に一寸の暇もない有様であります。

内科、眼科、皮膚科、耳鼻科、外科等さまざまな病人が押しかけて来ます。山崎先生（女医）も看護婦の姉妹たちも、テンテコ舞です。（中略）十二時までの受附締め切りで、診察の終ったのが二時過ぎでした。（中略）四月十七日　済南にて　佐藤理三郎

『ときのこゑ』、一九三九年五月一五日

報国茶屋から城内の診療所まで出勤する際、当初は人力車を利用したが、バスに変える。中国人と一緒に乗って来るのであるが、それでも佐藤院長はバスのほうがよいとしている。山崎医師らもやはり通勤にバスを利用したのであろうか。

済南は中国有数の大都市であった。「民国二十九年（昭和十五年）五月末には内外人合して済南の総人口

五一万五五二一人となり」（済南日本商工会議所編『済南事情』、一九四一年一月、七頁）とあるように、当時の人口は在留日本人を含め、およそ五二万人であった。

軍事占領下にあるから、中国人はあたかも死せる街の住民のように、なにもしないで、おとなしく暮らしていたと想像してしまったが、それはまちがいであった。

五二万人もの市民が暮らしているのであるから、経済活動も行われていた。市民の生活や経済活動の足を保障するために、乗り合いバスも運行されていた。

バスの乗客はみな中国人であった。そのバスに、民間人で非武装の日本人が乗る。しかも、そのうち三人は女性であった。多少の危険や不具合を感じるのは当然であった。それでも、自分たちは中国人に医療を施すものだから、危害を加えられる恐れはないと信じて、彼女たちはバスを利用したのであろう。佐藤院長は救世軍病院長という本来の仕事があるので、診療所新設の段取りがついたところで、早々に引き上げた。

診療所の活動

済南診療所の診療のようすが、『ときのこゑ』紙上に報告されている。

朝八時半に「報国茶屋」を出て、午後二時頃帰って来ます。雨天でない限り、七十人から八十人程度の患者あり。毎日、新患者二十名から三十名、旧患者三十名から五十名というところであります。「診療所」開設以来の患者実数は今日までにて一二九九人で、ざっとのところ、一人平均四、五回来て居ります。婦人子供が六に対し、男子四というところでしょう。（中略）

病院の方々は夕食の手伝い、お風呂その他、兵隊さんのピンポン相手となり、或時は又、兵隊さんの話相手となって、過します。
『ときのこゑ』、一九三九年八月一五日

「救世軍済南診療所を訪われた ○○陸軍軍医少将閣下一行」
『ときのこゑ』 1939 年 10 月 1 日号より

三人の医療スタッフは八時半に報国茶屋を出る。帰りは午後二時ごろになる。

患者の男女の内訳は、「婦人子供が六に対し、男子四」であった。女医ということで、女性の患者が多くなっている。

報国茶屋に戻ったあとも、彼女たちは暇ではない。夕食を作る。風呂をわかす。兵隊たちとピンポンをする。また、兵隊の話し相手になるなど、さまざまな仕事をこなした。

次の記事には、診療所の治療のようすが生き生きと報告されている。

私共は茶を飲む間もなく、直ちに白衣に着かえて、診療開始。一号、二号と劉軍曹に呼ばれて来ると、劉救世軍中尉が、新患者の容態をたずねて記入する。患者は皮膚科、眼科（主にトラホーム）と外科が多いようですが、軽症のうちに来る人は少く、発病以来一月、二月、ひどいのは四ヶ月ぐらいして、病気も可成り重くなったのが多いようです。

高熱で、私共だったら絶対安静さしておきそうな患者でも、うす着で平気で歩いて来ます。酷い傷口の腐敗のために、部屋中が悪臭で充満するようなこともあるが、山崎女医はじめ、川田・丸山の両看護婦達は、嫌な顔もせずに、真剣に親身になって愛の奉仕に尽しておられる。（中略）

こうした緊張が午後の一時ごろまで続きます。毎日、百人近い患者が、来た時よりも軽らかな気持で、帰る姿を見送り、誰もいなくなると、私達は初めて空腹を感じます。それから器具消毒、書類整理等をすますと、冷いにぎり飯を、はんごうから出して手に取ります。銃こそないが、私共も亦、戦地に在る一軍人であると、しみじみ感じます。みんな喜んで帰途につきます。（中略）

宿舎「救世軍報国茶屋」に帰着いたします。と言っても、のんきにするわけにもゆきません。此処にも入れ代り立ち代り集れる兵隊さん達が待っておられる。暫くなりと、楽しい故郷のホームに帰ったような思をおさせしたいと、出来る限の心配をいたします。

『ときのこゑ』、一九三九年一〇月一日

「救世軍済南診療所に於ける 山崎女医の支那人児童診察」
『ときのこゑ』 1939年10月1日号より

初めに出てくる劉軍曹は中国の救世軍の信者（中国人）であった。同じ救世軍の事業ということで、中国の救世軍の信者が診療所の仕事を手伝った。

次の劉救世軍中尉は、劉錦江という名前の台湾人で、報国茶屋に来ていた救世軍の士官である。日本語と中国語がともに話せるので、通訳を兼ねて受付の仕事を手伝った。

山崎女医はじめ三人の医療スタッフはいずれも中国語を話せない。だから、こういった手伝いの人がいないと円滑に治療できなかった。

患者は、「皮膚科、眼科（主にトラホーム）と外科が多」かった。患者は一日百名近かった。九時半から午後一時まで三時間半、治療した。

「済南に於ける田中救世軍大尉と 山崎女医と白衣の天使及び姑娘」
『ときのこゑ』 1939年12月1日号より

一人の患者を診察する時間は、平均二分ぐらいになる。患者を、あたかもベルトコンベヤーで運ぶように、次々と手早く治療してゆく。この三時間半、休憩の時間はない。ハードな勤務である。

診療が終って、やっと昼食である。診療所の近くに、彼女らが食事できる食堂がなかった。食堂があっても、中国人が利用する店は、慣れない中国料理であるし、また、衛生状態も悪かった。多くの中国人の客と同席して、食事をすることもできないなどの理由から、彼女らは利用しなかった。

やむなく弁当を持参する。その弁当が、飯盒から取り出した、冷たいにぎり飯というのであるから、哀れである。自分たちも戦地にいる一軍人であるという思いになるというのは、率直な感想であろう。医療スタッフは、報国茶屋に戻ってきてからも、「入れ代り立ち代り集れる兵隊さん達」の相手をせねばならなかった。

次の史料は、診療所の無料診療が、町の人々から喜ばれていると報告している。その通りであろう。

> 診療所の方も患者は益々ふえて、百名を突破する日もあります。（中略）
> 或婦人は二三の病院通をして、どうしても治らないで、非常に失望していたのが、当診療所に二ヶ月程、一所懸命通った結果、此の程、全快いたしました。大変喜んで、全快後も時々診療所に顔を出して、花や柿を持って来たりして、私共に感謝を現わそうとしています。
> 先日、診療所の職員達と城内の裏街を散歩すると、あっちにもこっちにも、にこにこ顔が見受けられ、

東華町（診療所所在地名）の人だよと、口々に言って、親密の情を示してくれました。私共が、病気の時は何時でもいらっしゃいと言うと、にっこり頭を下げる者もありました。言葉も通ぜぬ異国に来て、こんなにも楽しい気持で散歩出来ることは、信じられないような気がしてなりませんでした。
『ときのこゑ』、一九三九年一二月一日

治療の特徴

山崎女医はこれまでの診療所の事業を振り返って、次のようにまとめている。この段階で、診療を始めておよそ一年二ヶ月経過している。

前に川田、丸山両看護婦が、一年の任務を了えられて帰還され、只今その交代に長野、黒崎両姉を迎へる事が出来、何時にも変らぬ診療が続けられて居ります。（中略）顧みますれば去年三月二十七日、佐藤救世軍病院長に伴われて、大きな希望と意気とを以て、北支にやって参りました。（中略）四月十三日より城内にて免費診療を開始致しました。（中略）それから二人の看護婦に助けられながら、毎日、日本人の殆どいない城内へ入って、時には不気味に感じた事もありました。（中略）

只今では八十名前後の患者で、やっぱり不潔な土地でありますから、皮膚科、外科、眼科、等が多く、皮膚科では湿疹、白癬、疥癬、眼科では断然トラホーム、外科は下腿潰瘍の如きものが多いやうに思われます。瘭疽《ひょうそ》などもかなり多く、その切開もやって居ります。（中略）

免費診察でありますから、下層階級ではありますが、此の頃はだんだんきれいな患者が来るやうに

「済南に於ける 山崎女医と看護婦さん達」
『ときのこゑ』 1939年6月1日号より

なり、左程きたないとは思わなくなりました。診療所は静かな広い所で、日語講習所もその一角にあります。私共が朝九時半頃着きますと、待ち構へていた患者は「来了」「来了」と云ひながら、嬉しさうに受付の方へ急ぎます。（中略）

支那人は肌を見せないと聞かされていましたが、成程、普通はどんな人でも靴下をはき、顔と手丈しか出して居りません。日本人のやうに素足で歩く事は決してありません。（纏足などもまだ沢山見られます）しかし、診察の時は何の躊躇もなく服を脱ぎます。（中略）

無料診療開所一年を顧みて、色々と感慨無量のものがありますが、到底その万分の一も綴る事が出来ない私でありますが、（中略）

尚又、現在の済南邦人数は月々増加し、一万六千人と云われて居ります。住宅難、食料難と云いたい位であります。人の集る所、そこには必ず病気が生じています。日本人の病院も相当ありますが、（中略）

『ときのこゑ』、一九四〇年六月一日

まず看護婦の交替をいう。川田、丸山の二人の看護婦が一年の任務を終えて帰国する。帰国の具体的な月日まで記していないが、一年の任務を終えと記している。着任が三月だったから、三月に帰国したのであろう。代わりに長野と黒崎という看護婦がやってくる。

診療所のある城内には、日本人はほとんど住んでいなかった。皮膚科、外科、眼科の治療が多かった。無料診療なので、患者の多くは下層階級の人々であった。

最後のところで、済南在留の日本人の病院のことが出てくる。実際、「医院九　歯科業四」の開業医がいた(前掲『済南事情』、一七〇頁、済南邦人職業別（一五年五月末現在）による)。一万六〇〇〇人もの在留日本人がいれば、日本人の開業医もこのぐらい来ていたということである。

済南診療所の治療の特徴はなんだったのであろうか。まず医療スタッフは山崎松子医師と二人の看護婦だけであった。三人とも中国語を話せなかったから、患者が病状を口頭で伝えても、医師は理解できなかった。やむなく医師は診察の時、直接患部を見て、病状を判断した。

診療は無料であった。これが当診療所の特色であった。だから、下層階級の人々、すなわち貧乏人が多く診療所にやってきた。診療所は、中国人が古くから住む城内にあったから、患者は通いやすかった。また、女医ということで、女性患者の比率が高かった。

患者は一日に八〇人から、多い時は一〇〇人も来た。これだけ多数の患者を、午前中の三時間半で、一人の医者が診察する。手早く、また、要領よく診察せざるをえなかった。患者数が多く、また、医師が一人だけということもあって、本格的な治療は困難であった。初歩的な治療のレベルにとどまらざるを得なかった。

診療科目として、内科・外科・小児科・眼科・婦人科・耳鼻咽喉科を挙げている。しかし、実際には皮膚科、外科、眼科の患者が多かった。皮膚科では湿疹、白癬、疥癬の患者が多かった。こういった類の皮膚病は、生活環境の衛生状態が劣悪なことによって、しばしば発生した。

眼科では断然、トラホームの患者が多かった。トラホームも衛生状態の劣悪さから来ていた。外科は、「下腿潰瘍の如きものが多」かった。また、瘭疽《ひょうそ》などもかなり多いと報告している。いずれも皮膚の疾患である。

本格的な外科の手術はやれないが、皮膚にできた疾患ぐらいは、なんとか手当てできたということであろうか。

済南市の人口はおよそ五二万人であった。これだけの大都市であるから、当然、中国人の経営する病院・医院も数多くあった。また、少ないけれども、日本人の開業医もいた。経済力のある中国人は、こういった医療機関にかかることができた。

結局、救世軍の診療所にやってきたのは、通常の医療機関にかかれない下層階級の人々、すなわち貧乏人であった。彼らは、皮膚病を中心とする病気を治してもらうために、診療所にやってきた。彼らは本格的な治療を、ここに期待したわけではない。医師一人だけの初歩的な治療でも、治療効果があがる病気を治してもらいにやって来た。それが各種の皮膚病であり、また、トラホームであった。こういった病気ならば、この診療所でも十分快癒した。だから、彼らは喜んでこの診療所に通ってきた。彼らにとって当診療所は、まんざら捨てたものでもなかった。

医師が一人だけで診療している救世軍の診療所がやれることに限界があることを、中国人患者はよく承知していた。無料診療ということで、皮膚病の患者が多くこの診療所にやってきた。内科・小児科・婦人科・耳鼻咽喉科などの病気を患う中国人は、別の医療機関に行って治療した。

医師が一人だけという小さな診療所であるが、無料診療ということもあって、救世軍の済南診療所は、周囲の中国人からそれなりに大事にされていた。あってもなくてもどうでもよいようなものでは、決してなかった。貧乏人、皮膚病やトラホームなどを患っているもの、女性の患者などから重宝がられた。

宣撫工作は、「アメ」と「ムチ」のうち、「アメ」にたとえられる。とするならば、済南診療所は小さい「アメ」の役割を立派に果たした。医療効果は限られていたが、とにかく診療所は、済南市に住む中国人、とくに貧乏人にとって役に立った。当診療所のスタッフに危害を加えようという考えは出てこなかった。だから、中国人が利用するバスで毎日通勤しても、彼女たちは安全だったのである。

診療所の閉鎖

一九四〇年九月一日の『日本救世新聞』（『ときのこゑ』の後継紙）に、山崎松子医師および黒崎千代・長野浅子の二人の看護婦の文が掲載される。黒崎千代と長野浅子は、交替で済南診療所にやってきた新しい看護婦である。

済南の救世軍診療所たより

（中略）済南も只今はすっかり平時体制というような現状でありまして、全く日本内地のやうな気が致します。いよいよ日本救世軍の為に尽したいと思っています。先《まず》は暑さ御見舞かたがた。（山崎松子女医）

（中略）私共一同も元気にて恙なく勤務致して居ります。御休心下さいませ。今後、益々励みて皆様と共に神の御栄の為に用いて頂き度く願って居ります。先ずは暑中御伺いまで。（黒崎千代看護婦）

（中略）私共も日に神の御守りの下に健康に恵まれ、微力ながらも日支親善の為、心からの愛の御奉仕をなさんと励んで居ります。（中略）先は御暑中御伺い迄。（長野浅子看護婦）

『日本救世新聞』、一九四〇年九月一日

三人からのいわば暑中見舞いのあいさつである。三人とも元気で働いていると報告している。「済南も只今はすっかり平時体制というような現状でありまして、全く日本内地のような気が致します」という山崎松子医師の感想は、その通りであろう。済南のような大都市の日本人町に居住している限り、戦争のきびしさを到底、実感できなかったであろうからである

この「済南の救世軍診療所たより」が、診療所についての最後の記事になる。このあと、報国茶屋や日本語講習所に関する記事はしばしば掲載されるが、診療所に関する記事は一切、掲載されなくなる。

一方、一九四二年五月一日の『朝（あした）のひかり』（『ときのこゑ』の後継紙の一つ）に、施設の名称変更の記事が出る。救世軍は一九四〇年九月、教団名を救世団へ変更した。さらに一九四一年六月、救世団から日本基督教団第一一部に変わる。これに伴う、社会事業施設の名称変更である。

それまでの救世団済南報国茶屋と救世団済南日語講習所の名称から、「救世団」の教団名をはずし、それぞれ済南報国茶屋と済南日語講習所に変更したというものである。

この時期においても、報国茶屋と日語講習所が存続していることがこの記事から確認できる。しかし、診療所の名前は出てこない。ということは、一九四二年五月の段階で、診療所はすでに閉鎖されていたことになる。診療所は、一九四〇年九月から一九四二年五月までの一年八ヶ月の間に、いつかわからないが閉鎖になった。

『日本救世新聞』などの機関紙には、済南診療所がいつ、どのような事情で閉鎖になったかは一切、記されていない。だから、閉鎖の時期や閉鎖になった理由はわからない。

試みに閉鎖になった理由を検討してみる。まず教団が閉鎖を命じたことはありえない。自分から勝手に診療所の活動を一年半ぐらいで中止すれば、軍や政府の覚えは当然悪くなる。教団としては、報国茶屋や日本語講習所と同様に、診療所ももっと長く続けたかったであろう。財政的な負担からであろうか。「救世軍第四十三年決算報告」の（七）社会事業資金収支計算書（一九三七年一〇月から一九三八年九月まで）によれば、

「銃後奉仕─北支報国茶屋」の支出は六九七〇円〇一銭であった（『支那事変と救世軍』、救世軍出版及供給部、一九三九年七月、八六頁）。

同じ年度、別の社会事業の支出と比較する。大連育児及婦人ホームが一万五五五九円、救世軍農民訓練所が八〇〇二円、救世軍病院が一九万五二六二円、救世軍療養所が一五万一九三九円であった。一九三七年一〇月から一九三八年九月までという期間では、報国茶屋だけが運営されていて、診療所や日本語講習所はまだ開始されていない。それゆえ、簡単に比較することはできないが、報国茶屋の運営にはそれほど多くの費用がかかっていない。診療所や日本語講習所の事業が加われば、たしかに運営費は増加する。しかし、従事する職員が少ないこともあって、増加の割合はそれほど大きくなったとは思われない。

もうひとつは診療所の施設や職員が、中国側から軍事攻撃を受けて、損傷した可能性である。前述の山崎松子医師の文章が示すように、済南市の治安は良好に保たれていた。また、診療所の医療活動は周囲の中国人から重宝がられていた。だから、彼女たちが中国側から攻撃された可能性は、まず考えられない。

それでは、患者が診療所に来なくなったのであろうか。そんなことはない。むしろ患者は多く来すぎるぐらいであった。残ったのは、山崎松子医師の心身の不具合である。次にこの問題を扱う。

山崎松子医師のダウン

山崎医師の仕事は実にハードであった。日曜日と祝日だけが休みで、週六日、勤務した。一日に八〇人もの患者を診察した。中国語が話せないので、患者と親密に話し合えなかった。医師は彼女一人だけだった。代わりの医師がいないので、体調が少々悪くても、つい無理をして働くことになった。

しかも、任務の期間が長かった。一緒に赴任した二人の看護婦は一年で交替した。彼女たちは新しい看護

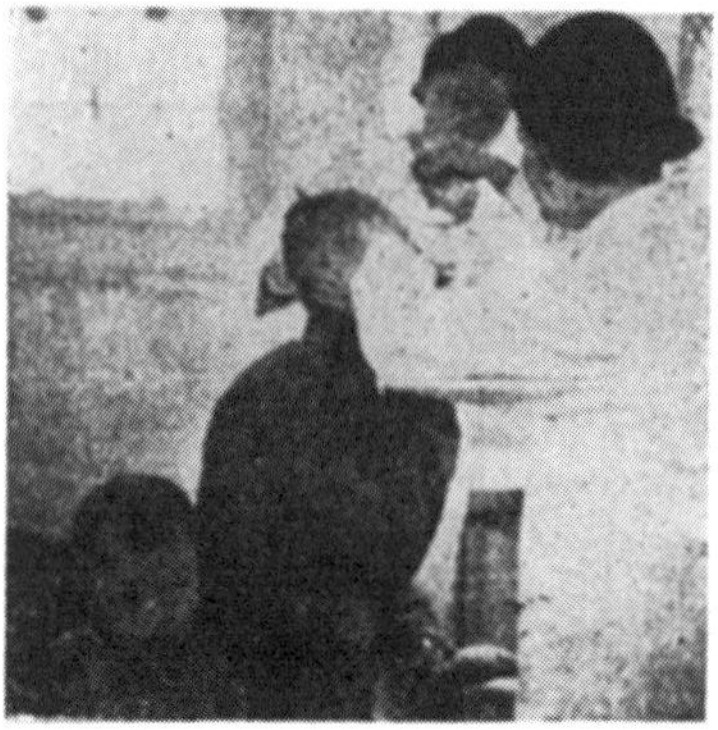

北支済南に於ける救世軍診療所
山崎女醫が支那人患者に手當してゐる所

『ときのこゑ』 1940年5月1日号より

婦と交替して、さっさと帰国できた。

しかし、山崎医師は開設時から、ずっと休みなく勤務し続けた。看護婦に比べ、仕事と責任がずっと大きいにもかかわらず、山崎医師はいつになったら、この任務から解放され、帰国できるのか、判然としなかった。

彼女は一九三九年三月に済南診療所に着任した。『日本救世新聞』に山崎医師の文章が掲載されたのは、一九四〇年九月であった。この間、一年半の年月がすでに経過している。

その時期はわからないが、私は、最後に彼女の文章が掲載されてからほどなく、彼女は蓄積した心身の疲労のために、ダウンしたのだろうと推察する。それまで一年半ないし二年もの長期間、戦地という苛酷な環境の中で、山崎医師は一人でよくがんばってきたものだと、私は感心する。代わりの医師がいなかったので、彼女のダウンが、結局、そのまま済南診療所の閉鎖となった。

『日本救世新聞』などの機関紙に、済南診療所が閉鎖されたという記事はない。戦争中ということで、都合の悪い内容は機関紙に掲載しなかったのであろう。

山崎松子医師のように、軍事占領地で行われる社会事業にあえて来てくれる医者は、この時期においても貴重な人材であった。だから、済南の救世軍士官は山崎医師の負担をなるべく減らし、また、勤務を終えた後はゆっくり休息して、体力・気力を回復できるように慎重に配慮すべきであった。しかし、救世軍士官はそういった配慮にぬかりがあった。

山崎医師は、一日に八〇人もの患者を連日、診察せねばならなかった。時に患者は一〇〇人にもなった。なんといっても、患者が多すぎた。多すぎる患者は山崎医師を極度に疲労させた。また、一面では治療の水準を確実に低下させた。だから、診療所の運営責任者である救世軍士官は、患者数をもっと減らすように努めるべきであった。

ところが、その逆に救世軍士官は、八〇人とか一〇〇人の患者が押しかけてくるのを、誇らしげに機関紙上で報告している。長期の診療を心がけるならば、患者はもっと少数におさえるべきであった。そのことが彼らには理解できなかった。

済南診療所の勤務状況は厳しかった。とりわけ、厳しい仕事が一人しかいない医師の所に集中してくることも、教団はわかったはずである。にもかかわらず、きちんとした対応をとらなかった。その結果、山崎医師は一年半以上もの年月、ただ一人でずっと診察を続けねばならなかった。

日常の勤務は、もちろん辛い。しかし、彼女にとってもっと辛かったのは、この任務が果たしていつになったら終わり、帰国できるのか、わからなかったことであろう。

二人の看護婦は一年たった段階で、自分をおいて、さっさと帰国してしまった。ところが、自分はすでに一年半以上経過したのに、まだ帰国のメドが立たない。いったい、いつになったら任務を解かれ、帰国できるのだろうか。山崎医師は、自分の「あわれな」境遇を考えると、たまらなくなる。こうした状況に長く置かれたことで、彼女はある時点で、身体と精神の緊張がゆるみ、ダウンしてしまったのではなかろうか。

代替の医師の欠如

教団は、彼女をきつい戦地の社会事業に送り出した以上、このような事態にならないように手当てすべきであった。済南診療所の勤務の厳しさを理解すれば、本当は医師を二人、送り出せればよかった。二名が常駐する体制が取れないならば、せめて担当の医師を二名決めておき、彼らが半年ごとに交替で勤務する体制でも、まだよかった。

半年間、済南診療所で勤務すれば、交替の医師が来てくれて、自分は帰国できる。このような体制が確立していれば、派遣されてきた医師も、ずっと元気に働けたであろう。しかし、現実には、こういった施策は一切、とられなかった。山崎医師は長期間、一人でほおっておかれた。

こういった事態を招いた教団の責任は当然、大きい。これには二つの要因があった。一つは医師の不足である。中国側の頑強な抵抗で、日中戦争は日本側からすれば、予想していなかった長期戦になった。一〇〇万の大軍が八年間も継続して戦う未曾有の大戦争になってしまう。

近い将来、大規模な戦争の勃発を予想していれば、それに見合う数の軍医をあらかじめ養成しておいたであろう。軍医は容易に養成できるものではなかったが、少なくとも、その方向で努力したであろう。しかし、そのような事態の到来を想定していなかった。

その結果、戦場では軍医が不足してくる。軍医を補充する必要から、内地の医者を急遽、軍医として召集し、間に合わせる。こうして、大量の医者が軍医として召集された。内地に残ったのは、主に女医（日本軍に女性の軍医はいなかった）と比較的高齢の医者（年齢からして、戦場勤務に不適であるから）であった。働き盛りの男性医師は決定的に不足してくる。

実は他の宗教教団も、中国戦線で中国人向けの医療事業をあまりやっていない。

『中支宗教大同聯盟年鑑』（中支宗教大同聯盟発行、非売品、一九四〇年一一月）の「各教宗派教団諸施設」（一九四〇年七月現在、五〇頁）は、中支、すなわち揚子江（長江）流域に進出した日本の宗教団体の施設を挙げている。

これによれば、通常の学校（小学校および幼稚園など）が一七、日本語学校が一四、医療施設が四、その他が六である。通常の学校や日本語学校に比べ、医療施設は少ない。医療施設が少ない主要な理由は、医師の不足に求められるであろう。

もう一つは、救世軍（教団の名前はすでに変わっているが、わかりやすいようにもとの名称で通す）の教団の規模が小さいことであった。教団の規模が大きければ、全般的に医者が不足してきても、山崎医師の交替の医師を、もう一人ぐらい調達するのに苦労しなかった。しかし、救世軍ぐらいの小さな教団では、いわば手持ちの医者も限られており、たった一人の交替要員の医師さえ探し出せなかった。

山崎松子医師は救世軍病院の医師であった。救世軍病院は規模がやや大きかったから、多くの医師がいた。ちょっと考えると、山崎女医の後任を救世軍病院所属の医師の中から選べそうである。しかし、実際には選べなかった。

というのは、少し前、済南診療所から二人の看護婦が帰任していた。彼女たちは口々に診療所の勤務条件の厳しさ、宿舎に用いた報国茶屋の生活環境の不備、さらに派遣された医師の任期の長さなどを吹聴したことであろう。

とりわけ、診療所での昼食が毎日持参した弁当であり、その弁当たるや、飯盒から取り出した冷たいにぎり飯だったという報告は、衝撃的であった。彼女たちの話を聞いて、救世軍病院の医師たちはおじけづいてしまう。その結果、山崎女医の後任として診療所に行こうというものは一人もいなくなった。

要するに、救世軍には山崎女医の代わりに済南に派遣できる医師がいなかった。医師の交替要員の欠如が、診療所の閉鎖の真の原因であったと思う。

初めに紹介したように、済南診療所は、軍の要請を受け、宣撫工作の一環として着手された。宣撫工作である以上、診療所の閉鎖は好ましくない。診療所の早期の閉鎖は、軍や監督官庁のご機嫌をそこない、教団に対する一層の弾圧を招くかもしれない。さらなる弾圧を避けるために、診療所をなるべく長く続けたい。これが教団の願いであった。

他方、医師の全般的な不足と教団の規模の小ささから、山崎医師の後任の医師を容易に探し出せないでいた。山崎医師は済南診療所で、長期間、孤軍奮闘していた。彼女の負担の苛酷さは教団でもよくわかっていたから、彼女がダウンするずっと以前から、教団は後任の医師をさがし求めていた。

しかし、それはうまくゆかず、後任の医師をさがし出せずにいた。山崎医師は決してスーパーマンではなかったから、蓄積した心身の疲労でダウンしてしまう。彼女のダウンは当然、予想されていた。

しかし、実際に彼女のダウンが現実となると、教団はあわててしまう。この事態に至っても、なお後任の医師を探しだせていなかったからである。無い袖は振れないわけで、結局、教団は後任の医師の選出を断念する。そうすれば、済南診療所は自動的に閉鎖となった。私はそのように推測する。

13　中国戦線における国防婦人会——女性の戦争協力

中国戦線における国防婦人会の特色

日中戦争時、中国戦線（満州国・関東州・台湾および香港を除く。以下、同じ）に多くの日本人が移住した。彼らは日本人町を作り、暮らした。日中戦争が始まる以前、中国在留の日本人は約六万人であった。八年間の日中戦争の間に、中国戦線に移住した日本人は八倍に増えている。

戦争中、日本では戦争の長期化に対応して、戦時経済が構築され、経済は統制されてゆく。戦時経済に合わない各種の企業が強制的に廃止された。それに伴い、多くの「転業民」「廃業民」が生まれる。仕事を失った彼らの一部はやむなく、いわゆる満蒙開拓団として満州国に移住した。また、日本軍の軍事占領地の中国戦線や、太平洋戦争開始後は東南アジアや太平洋諸島に移住してゆくものもいた。戦争の犠牲者であったこの人々は、いったん中国戦線にやってくると、状況が一変する。彼らは占領者の一部となる。日本軍の勢威に依拠して、中国人を犠牲にして、比較的恵まれた生活を享受するようになる。それゆえ、彼らは無批判に日本軍の軍事行動を肯定し、戦争を支持した。

国防婦人会は、満州事変のころ、陸軍の肝いりによって、女性を戦争に動員するために作られた組織である。中国戦線に移住してきた日本人のうち、女性は四割程度を占めていた。日本人町に暮らす女性を会員にして国防婦人会が組織された。この国防婦人会が、在留日本人の前述の思いを最も率直に体現して、行動する。同じ国防婦人会といっても、きわだつ好戦性という点で、日本内地のそれとは明らかに違っていた。

中国戦線に作られた国防婦人会は、女性の戦争協力のようすを、最も赤裸々に示している。以下、史料に基づき具体的に見てゆく。

天津の国防婦人会——傷病兵の慰問や、駅頭での出征将兵の送迎など

日本人町に作られた国防婦人会の活動は、軍から高く評価された。天津の国防婦人会は、「昨年十一月末」、すなわち一九三八年一一月末の時点で、当時の北支方面軍最高指揮官、寺内寿一大将から「絶大な讃辞のこもった感謝状を授与された」。

その感謝状の文面では、「支那事変勃発以来、終始一貫、熱誠をもって多数、軍隊の送迎接待に任じ、傷病者の収療慰藉に努め、戦没英霊の弔祭に参与するなど、克く第一線分会たるの使命を果し、幾多将兵に深き感銘を与え、また軍の行動を扶（たす）くること寔（まこと）に多し」（『大阪朝日中支版』、一九三九年一月二〇日）。

軍用列車であわただしく出動する部隊を天津駅頭で見送る。また、戦闘で負傷したり病気になった傷病兵が前線から天津に戻ってくる。彼らを暖かく迎え、慰安する。さらに戦死した将兵の遺骨が、列車で天津駅を通過して日本に送られてゆく。

彼女たちは、白エプロンにタスキをかけた国防婦人会の制服姿で、駅頭に整列し、英霊すなわち陣没将兵の遺骨の通過を厳粛なおももちで見送った。こういった彼女たちの行為が、軍から高く評価されたということであろう。

次は石家荘（河北省）の国防婦人会の活躍ぶりを伝えている。

この日、記者が最も感激したのは、国防婦人会員の活躍であった。朝まだき○○にある遺骨奉安所に全員礼拝して、護国の鬼となった陣没勇士の英霊を心から弔ってのち、それぞれ分担を決め、或は○○野戦病院に、或は各部隊に真心こめた慰問を行った。（中略）この炎天下を甲斐々々しい国婦会員の心遣いには、鬼をもひしぐ兵隊さんも涙を流して感激している。○○野戦病院では砲煙弾雨のもとを、戦塵に汚れた服やシャツの洗濯、綻びなどはもとより、重病患者の氷枕の交換、綳帯の巻替え、文字通りいたれりつくせりの看護であった。

『大阪朝日北支版』一九三八年七月九日

また、北京の国防婦人会は、「毎月一回、定例の○○病院の慰問、還送傷病兵の歓送、さては慰問文の作成などに、かいがいしく活躍し、前線の勇士に大きな慰めをあたえている」「なお、正月を間近に控えて、戦線の勇士達に正月の祝い品を送ってやるため、来る十七日、支部評議会を開き、正月の慰問方法を協議することになった」（『北支版』、一九三八年一二月一五日）という。

南京の国防婦人会は、「駅頭の兵隊さんへのお茶接待」をした。「「戦地に傷つき、病をえて、心ならずも後送される忠勇無比の傷病兵。さぞ、その心中はおさびしいでしょう……というところに心をくばった南京在住の婦人たちが、近ごろ患者輸送列車の出るたびに、南京駅頭に総出の見送りをして、やさしい日本婦人の心構えをみせ、白衣の勇士たちを感激させています」（『大阪朝日北支版』、一九三八年一〇月二六日）。

天津の国防婦人会は、自分たちの手で、「純毛の毛布百十八枚（時価にして約八千円）」を製作し、軍に献納した（『大阪朝日北支版』、一九四〇年一一月一七日）。このようにかいがいしく活躍する彼女たちは、「銃後の花」と讃えられている。

写真　九江　国防婦人会の慰問

軍人ホールで兵隊の世話

中国戦線に形成された日本人町にやってきた兵隊たちの要求は多種多様であって、「飲食と売春婦」以外のものを求めるものもいた。その要求に応えたのが、「軍人ホール」であった。「軍人ホール」はいわば兵隊の無料休憩所であった。「軍人ホール」は宗教団体が設立する場合もあったが、多くは国防婦人会が設立運営した。

天津の「軍人ホール」は「おばさんの家」といった。福島街の一角に『おばさんの家』という皇軍将兵無料慰安所を設置し、在津部隊将兵はもとより、通過部隊の諸勇士からまで感謝の的になっている。（中略）戦地で新春を祝う在津部隊の兵隊さんたちにお雑煮の接待を行って、大人気を博し、ひきつづき連日、各班交代で接待に暇がない。

『大阪朝日中支版』、一九三九年一月二〇日

『おばさんの家』を運営する天津の国防婦人会の評判がよいので、「なお近く陸軍省の映画班がこの素晴らしい天津国婦分会の活躍を撮影にくるという」。掲載写真に、「兵隊さんにおばさんぶりを発揮している国婦

分会員」という説明がついている。

広東市の皇軍無料休憩所でも、国防婦人会員が兵隊の世話をしていた。

居留民団の努力により、広東市漢民北路に皇軍無料休憩所が出現。さる一日から開所したが、これまで自分たちのみの休憩所を持たなかった兵隊さんの喜びは一方ならず、四日の日曜日は外出を許された兵隊さんで大賑いを呈した。国防婦人会員の奉仕で、汗をかきながら、あついお茶にのどを潤した兵隊さんは雑誌、新聞に読みふけったり、碁、将棋に興ずるさまは、現地における兵隊さんと銃後の美しい団結の一面を物語っていた。

『大阪朝日北支版』、一九四九年八月一〇日

節約の奨励

各地の国防婦人会は節約を奨励する。中国戦線の各地にできた国防婦人会は独立性が強かったように思われる。そのため、節約の奨励といっても、それぞれの国防婦人会で、その内容は違っていた。

青島の国防婦人会は、年末年始を迎えるにあたって、四ケ条の禁断を申し合わせている。

一、年末年始の贈答廃止。万一頂きましても御返し致しましょう。

一、迎春の買物は一切見合すこと。

一、年賀廻りやこれが接待は一切廃止のこと。

一、各家庭で節約した剰余金は国債の購入、または貯金を致しましょう。

『大阪朝日北支版』、一九三九年一二月一九日

河北省石門（石家荘）の国防婦人会が求める節約の内容はもっと細かい。「現地における日本婦人の一部には、時代に目覚めず、未だに衣装などに贅を競う向もあり、非難されている」（『大阪朝日北支版』、一九四〇年九月四日）。「月掛貯金、国債の購入（一人当り最小限、年額百二十円）、衣装の裾模様廃止、外国化粧品の使用全廃、装身具の使用および電髪の禁止、冠婚葬祭などにおける国民儀礼章の使用など」の励行を会員に求めた。購入すべき国債が一人当り最小限、年額百二十円とまで指定されているように、きわめて具体的である。

北京の国防婦人会は、軍病院の入院患者に配るために、ウチワ（団扇）を各家庭から募集する（『大阪朝日中支版』、一九三九年七月一八日）。ウチワなどやすいものである。わざわざ各家庭から集めなくても、金を出して買えばよいと思ってしまう。あえてウチワの供出を求める国防婦人会のやり方に、「こわいものなし」のある種の傲慢さが感じられる。

国防献金・軍用機の献納資金の募集

国防婦人会は、国防献金や軍用機の献納資金を懸命に募集した。坊子（山東省）の国防婦人会は「ビールとサイダーの空瓶を集めていたのが、なんと一万八千余本になった」その代金五一四円余を国防献金としてさし出した（『大阪朝日中支版』、一九三八年八月二三日）。

天津の国防婦人会は、国防献金を集めるために、「四万居留邦人各家庭に「お願い」なる書簡を発送した」（『大阪朝日中支版』、一九三九年七月一六日）。

九江（江西省）の国防婦人会は、「会員総出で街頭に赤襷姿で、国防献金のため喜捨を募ったり、廃品回収、資源擁護を始めたり、また各自家庭の冗費節約を企てたりして」（『大阪朝日中支版』、一九三九年一〇月一五日）、浄財一四九円余を集め軍用機献納資金に寄託した。

青島の国防婦人会は、「三月十日の陸軍記念日に佩用する記念マークを作成し」（『大阪朝日北支版』、一九四九年三月五日）、それを一枚一銭で売り、売上純利益を国防献金とした。

国防婦人会のうしろには軍がいた。在留日本人は国防婦人会の要請を無視できなかった。もし無視すれば、日本人町で生きてゆくのに種々の障害が起こることは十分、予想できたからである。国防婦人会は、在留日本人にとって、恐ろしいというか、面倒で厄介な存在であった。

写真　九江　国防婦人会の慰問

運動会・日本人町や部隊の記念日に参列・神社

日本人町では、余興と親睦のために運動会がよく開かれた。国防婦人会は運動会に積極的に参加した。「そっちこっちでは、坊やや嬢ちゃん連と兵隊さんが仲よしになり、国防婦人会のオバさん連も、白襷に物をいわせて頗る明朗」（『大阪朝日北支版』、一九三八年一〇月一九日）と、天津居留民の大運動会で元気に活躍する国防婦人会員のようすが記されている。

国防婦人会員は、いつも和服に白いカッポウギ（当時はエプロンといったが、現在では割烹着と表現したほうがわかりやすい）をはおり、さらに国防婦人会と書かれたタスキをかけた。彼女たちは運動会にも、この格好で参加した。

石門（河北省石家荘）の奉祝記念大運動会では、「在郷軍人班の綱引が終ると、国防婦人班の活発なる〝手榴弾戦〟があ」（『大阪朝日北支版』、一九四〇年一一月八日）った。在郷軍人の綱引きはわかるが、国防婦人会員が行った「手榴弾戦」がどんな競技だったのか、わからない。

張家口（蒙疆政権の首都であった）の小川部隊の創設記念日に、「小川部隊長以下、隊員、収容中の白衣の勇士に、在張各部隊長、各機関など、軍官民の代表者および国防婦人会員数十名も参列して、厳かな式典を挙行」（『大阪朝日中支版』、一九三九年四月八日）とあるように、国防婦人会員は式典に招かれている。そして、国防婦人会員の接待により、参加者は昼食をとっている。彼女たちは、式典の裏方を支える重要な構成員であった。

九江（江西省）では、観兵式の午後「居留民団主催の運動会が兵站グラウンドで花やかに開幕。小学児童、陸海軍の勇士、国防婦人会など多彩な顔触れで、歓喜と朗色に終日、彩られた」（『大阪朝日中支版』、一九三九年一一月一一日）。

山西省臨汾《リンフン》の日本人町では、毎月二回、全住民が集まり、遥拝式を行った。在留日本人の団結を周辺の中国人に誇示したのであろう。遥拝式では、「男は国防色の被服、女は白エプロン、国防婦人会の襷がけで、城内広場に参集。駐屯部隊幹部も参列し、勇士の吹奏する「君が代」のラッパにつれて、国旗を掲揚、居留民会長の号令で東方を遥拝」（『大阪朝日中支版』、一九三九年四月二一日）した。

少し大きい日本人町には神社が必ず建立された。河南省彰徳に神社を設ける理由を「神社は大陸に進出せる邦人たちにとって、魂の拠りどころであり、華北における在留邦人の氏神として、日夜、崇敬の的となっている」（『大阪朝日北支版』、一九四〇年一〇月一三日）と述べている。大きな記念日には、必ず一同で神社の境内に集まり、気勢を上げた。国防婦人会は神社の設立・運営にも重要な役割を果たした。

徐州（江蘇省）の場合、「女ながらも我らは大和撫子――ますます東亜建設に挺身活躍する夫を助けて、家庭を護り、後顧の憂なからしめんと励む徐州国防婦人会の全員は、また皇軍慰問に、勤労奉仕に全く己れを忘れて活動をつづけている」（『大阪朝日中支版』、一九四一年一一月一二日）と、高い評価を下す。後段では、「一日は午前八時から全会員、近づいた徐州神社秋季大祭を前に、進んで神域の清掃に奉仕、神国女性の浄らかな真心を示した」と、彼女たちが神社の清掃に当っていることを伝えている。また、秋祭の時には、生花大会を献納している。

救護訓練・軍事演習に参加

国防婦人会は、それぞれの日本人町で計画された救護訓練に参加した。在郷軍人会および国防婦人会を主体とし、軍指導のもとに行われた山東省兗州《エンシュウ》の救護訓練では、「在郷軍人は鉄道ガードを閉塞して防水作業に従事、国防婦人会は負傷者の運搬救急に、また炊出しに活躍振りを示し、一般居留民は各隣組が協力して救護に当」（『大阪朝日中支版』、一九四一年七月一八日）った。

日本内地の国防婦人会も時に軍事演習に参加したが、しかし、彼女たちにとって、戦争はまだ遠い世界の現象であった。だから、その取り組みには真剣みが欠けていた。これに対して、中国戦線の日本人町の在留日本人は、いわば戦場の真っただ中で暮らしているようなものであった。戦局の推移によっては、ただちに自分たちも戦闘に巻き込まれるのではないかという恐怖心を常に抱いていた。万一の場合に備えて、武器の使用法を習得しておきたいと、国防婦人会の会員も軍事演習には真剣に取り組んだ。

江西省の省都・南昌は文字通り最前線の町であった。南昌の国防婦人会員は、軍人の指導の下に、「擲弾筒、軽機関銃、小銃などの射撃訓練を受けたが、さすがは中支の最前線を護る国婦会員だけあって、万一の場合に備える真剣さから、最後には銃を構へて突撃の演習までも行い、大いに意気をあげた」（『大阪朝日北支版』、一九三九年一二月二六日）というのである。

天津の国防婦人会が一日入営した時のようすをみる。「各分会から二百名のおばさんたちが、白エプロンにモンペといふ勇ましい姿で、勇躍、○○部隊へ入営。直に営内神社に参拝し終って、一同は二個中隊十個班に別れ、指導に当った兵隊さんから、まず内務教育うけ、兵舎を見学、兵営生活、兵隊の日常起居などについて説明を聴き、また軍装防具のつけ方を実習、続いて将校集会所、酒保、炊事場、浴場、医務室、弾薬庫、縫装工場、営倉などを見学、午後は米英撃滅の心意気をこめて、射撃の基礎練習を兵隊さんから親切に手ほどきされ」（『大阪朝日北支版』、一九四三年二月三日）た。

臨汾《リンフン》は山西省南部の町である。鉄道が通っているので、地域の拠点となる町であった。ここの二百余名の国防婦人会員は、「エプロン、白襷も甲斐々々しく、参加全員の中食をと、「握飯に豚汁」の野戦料理の炊出しと接待を受持ち、舌鼓を打たせ、中食後は私達も一朝有事の際の覚悟はと、勇ましい射撃に移り、現地女性の意気を遺憾なく発揮して、午後四時終了。意義ある一日を送った」（『大阪朝日中支版』、一九四一年一一月一二日）。

軍隊に協力・前線の部隊を慰問

国防婦人会はさまざまな方面で、軍隊に協力した。三坂部隊が、味噌すりの器械を利用して、お正月用のお餅を大量に作った。「国防婦人会員が餅の丸め役を引受けたので、三坂部隊の味噌工場はたちまち花やかな餅工場」（『大阪朝日北支版』、一九三九年一二月二六日）となった。ささやかな手伝いのように思われるが、これも国防婦人会の協力の一例である。

安慶は安徽省の町で、長江（揚子江）の港町である。日本軍部隊の宣伝班がアド・バルーンをあげる。「連日、夏空にはまるで平和の使者のごときアド・バルーンが浮揚している。これらの文字（一字一間四方）はいづれも安慶国防婦人会員の奉仕によるもので、安慶陥落二周年記念日を中心に、今月一ぱいあらゆる時局ニュースを織込んだ文字で、敵の心胆を寒からしめようと計画されており、」（『大阪朝日北支版』、一九四〇年六月一五日）とあるように、この文字は、安慶の国防婦人会員が作成した。たとえ、軍から委嘱されたものであっても、彼女たちの行為は、明らかに戦争にかかわるものであった。

日本人町にいる限りは安全であったが、町の外部の治安状況はおおむね悪かった。近郊の陣地に布陣している部隊を慰問することは命がけであった。危険が大きいので、国防婦人会は通常、前線の部隊を慰問していない。

安徽省の安慶の国防婦人会は、「さきほど上海から吾妻流舞踊の師匠、吾妻春海女史を招聘し、国婦を中心に踊りの練習に余念なかったが、まず第一線に皇軍勇士をこの踊りで犒おうと、四月早々から篠原部隊の前線慰問を行うことになったが、後援会ではほんとに最前線を訪れ、心から感謝の真心を捧げたいといっている」（『大阪朝日中支版』、一九四一年四月三日）。「ほんとに最前線を訪れ」という表現に、前線部隊を慰問することの困難さを看取できる。

天津の国防婦人会は四つの班を作り、周辺にいる部隊を慰問した。

「国防婦人会天津支部では、陸軍記念日行事の一として、九日、左記の四班にわかれて〇〇部隊最前線の皇軍慰問を行い、各皇軍部隊から深く感謝された。第一班、郎坊行　十五名（旭新番料理店組合）（中略）第二班、永清行　十五名（マルタマ少女歌劇）（中略）第三班、覇県行き廿名（カフェー組合）（中略）特別班、唐山行　十八名（曙街三業組合）」（『大阪朝日中支版』、一九四一年三月一六日）。料理店組合、カフェー組合、三業組合という名称から、慰問に出かけていった女性はいずれも接客業・売春婦であることがわかる。マルタマ少女歌劇は、天津の日本租界にあった少女歌劇団である。若い女性が前線まで慰問に来てくれたので、兵隊たちは大喜びしたことであろう。

軍から高い評価を受ける

次は、戦場で戦った将校が、自分が実際に見聞した国防婦人会員の活動ぶりを、内地に伝えてきた書簡の内容である。「男子に劣らぬ奮闘ぶり」とか「戦線で慈母にあいたる思い」とか記して、手ばなしで彼女たちをほめたたえている。

在支国婦会員の活躍　危険を顧みず将兵に湯茶の接待　戦線の慈母と感激のまと

福岡市春吉町在郷軍人春吉分会長、安部俊次郎氏は、草場部隊の〇〇隊長として、各地で奮戦中であるが、十四日、大日本国防婦人会福岡本部へ、左の如き在支国防婦人会員の男子に劣らぬ奮闘ぶりを伝える書簡を送って来た。事変発生以来、国婦会員の皆様の涙ぐましい奮闘の数々が前線将兵に感動を与えることの大なることを、現地でまざまざ感じました。山海関、天津、済南、徐州における活躍ぶりは筆舌に尽し得ません。〇〇日夜、四囲の危険を感じながらも、蝋燭の火の下で玉なす汗をぬぐいつつ、将兵に湯茶の接待をなし、非常な激励を与えられました。また各地の駅では、発車した汽車に汗だくで追いつき、湯茶、ビール、サイダーなどを列車の中へ投げ入れて下さいました。炎暑のため病人続出の場合は、百三十度の街頭を数町も走り、氷を買って来て、手厚い看護をなし、一同、戦線で慈母にあいたる思いを致しました。

『大阪朝日北支版』、一九三八年九月一六日

「現地天津国防婦人会に感謝の慰安をしようと、軍報道部によって、二十六日午前十一時より、日本租界旭街天津劇場で、慰安映画会を開催。『母を讃える歌』『おそ咲きの花』二篇を無料公開した。」（『大阪朝日北支版』、一九四〇年一一月二九日）とある。軍の側が、民間の団体に対し、このようなサービスをすることは珍しい。国防婦人会の活動が、いかに軍から重宝がられていたかがわかる。

写真　陸軍軍楽隊来る

河北省石門市（石家荘）の国防婦人会が組織編制を変える。新たな組織の「発会式当日は、大阪で国婦を最初に作った生みの親とも言ふべき○○部隊長を迎へて、講演があった」（『大阪朝日北支版』、一九四〇年六月六日）。国防婦人会の前身である大阪国防婦人会は一九三二年三月に作られた。これが発展して、一九三四年四月、国防婦人会となった。大阪国防婦人会の八年後の発展ぶりを、日中戦争を戦っている中国戦線で実際に見て、「生みの親とも言ふべき○○部隊長」は感慨無量だったに違いあるまい。

日中戦争から太平洋戦争に、戦争の規模が拡大する中で翼賛会ができ、ほとんどの民間の団体・組織はそれに組み込まれていった。ところが、「先般来、在北京大使館練成課と華北大日本国防婦人会との間に協議を進められつつあったが、このほど、意見の一致を見るに

至ったので、（中略）その要綱、左の通り。一、国防婦人会は従前通り、陸軍（兵事部）の系統下に置く。二、国婦は翼賛会の協力団体として」（『大阪朝日中華版』、一九四三年五月二六日）とあるように、国防婦人会は例外として、「従前通り、陸軍（兵事部）の系統下に置」かれることになった。国防婦人会が、いかに軍から重く用いられていたかがわかる。軍としては、国防婦人会が軍の系統からはずれてしまうのを嫌ったのである。

結論　国防婦人会は軍の召使いであり、応援団でもあった

日本人町という方式は、金がかかった。一〇〇万の大軍を長期に派遣する一方、さらに朝鮮人や台湾人を含めれば、六〇万人以上にもふくれあがった在留日本人の生活の面倒まで見るのだから、軍や国家にとって大きな負担となった。反面、長期戦で心身を消耗させた兵士をリフレッシュする方法としては抜群の効果を発揮した。日本人町が多く中国戦線に形成されたことで、八年にもおよぶ長期戦にもかかわらず、兵士の大規模な反抗や不服従は起こらなかった。

国防婦人会の活動が、この日本人町の成功をより確実なものにした。国防婦人会は軍の走狗、召使いであった。軍の意向を受け、彼女たちは日本人町で懸命に兵隊たちに奉仕した。日本人町の飲食業者や売春婦とは違った意味で、兵士のリフレッシュに貢献した。国防婦人会の献身的な活動がなければ、日本人町は「仏造って魂入れず」の状況に陥ったであろう。その意味で、日本人町に「魂を入れた」のは国防婦人会であった。

しかし国防婦人会は、いくら「功績」が大きかったとしても、女性の地位向上という視点での評価は決して生まれては来ない。

14　国防婦人会に加入した売春婦たち

日本人町と売春婦

日中戦争期、女性を戦争に協力させるために、国防婦人会が軍部のあと押しで作られていた。中国戦線の日本人町でも、国防婦人会は作られた。本章では、国防婦人会に加入した売春婦のことを取り上げる。

日本人町は、駐留する日本軍将兵の「福利厚生」のために、軍部によって作られた。長期持久戦に巻き込まれた日本軍は兵力不足に悩まされる。その結果、一人一人の兵隊を相当長く戦地に派遣し続けることになった。彼らを早期に後方に引き下がらせ、ゆっくり休息させる余裕はなかった。前線に長期にはりつけにされた兵隊は心身ともに消耗する。

戦地につくられた日本人町は、まず兵隊たちに飲食と売春を提供した。戦闘や駐屯の合間に、兵隊たちは順番に最寄の日本人町にやってくる。そこで、彼らは、「おいしい料理を食べ、酒を飲んで騒ぎ、そして売春した」。長い駐留に倦んだ兵隊たちは、日本人町に出かけることで、多少とも戦闘力を維持した。

明治初年以降、日本の売春婦は、芸妓・娼妓・酌婦の三つに分類されてきた。芸妓はいわば高級売春婦であった。娼妓は公娼制度に組み込まれた売春婦（公娼）であり、最も惨めな境遇に置かれていた。遊廓に監禁され、居住と移動の自由を奪われた。また、前借金《ぜんしゃくきん》に縛られ、廃業の自由がなかった。さらに雇い主の楼主に人格的に隷属していた。酌婦はいわゆる私娼である。居住と移動の自由があった。また、廃業の自由もあった。明治の末期、女給という新しいタイプの私娼が生まれてくる。女給はカフェーを売春の場としていた。日本内地と同じ売春のしくみが中国戦線の日本人町にも導入された。ところが、全部同じではなかった。一九〇九年、日本の植民地であった関東州で、名目上、公娼制度は廃止される。公娼制度下の娼妓の惨めな状況を、外国人に見せたくない、見せるのは国の恥だという理由からであった。こうして、関東州では娼妓は一人もいなくなる。また、遊廓はなくなる。ただ、この措置は名目的に過ぎなかった。だから、酌婦などと名目は変わったが、彼女たちは以前と同様に前借金にしばられ、実際上、廃業の自由はなかった。

関東州で実施された名目上の公娼制度の廃止は、その後、満州国に引き継がれる。さらに日中戦争期の中国戦線に形成された日本人町にも踏襲された。だから、日本人町には名目上、公娼制度はなく、娼妓は一人もいなかった。日本人町の売春婦は芸妓、酌婦、女給が基本になった。

売春に関することは、直接的にいわず、婉曲にあいまいに表現することが多かった。飲食を提供する飲食店・料理屋(店)・カフェーなどが、同時に売春の場ともなった。

売春婦の多さ

日本人町における売春婦の状況を伝える史料は相当多い。その中から、ごく一部を紹介する。石家荘(河北省)である。二つの史料はほぼ同じ時期を扱っている。〔大陸録音〕は『大阪朝日北支版』・同『中支版』のコラム欄である。

石家荘の在留邦人五千を突破。そのうち飲食店関係従業者が千人に近いということは、この際、余ほど考慮を要する現象だ。こんなことは断じて大陸発展の先駆をなすものではないだらう。(石家荘)〔大

陸録音〕

『大阪朝日北支版』、一九三八年一〇月九日

石家荘飲食店、カフェなどの氾濫は居留民三戸に一戸宛《ずつ》。驚くべき数字になって現われた。こんな不健全な傾向は改められねばならぬ。〔大陸録音〕

『大阪朝日北支版』、一九三八年一一月四日

石家荘の在留日本人が五〇〇〇人を突破した。そのうち、「飲食店関係従業者」（その多くは売春婦）が、一〇〇〇人近くいた。また、石家荘では、「三戸に一戸」が飲食店、カフェなどの「飲食」「売春」関係の家であった。太原（山西省）について、二つの史料を示す。

桃色女性だけで三百人突破　凄い太原邦人の進出

（中略）八月末の在留邦人は二六九四人。うち半島人が七七四人。内地人一九二〇人。（中略）この邦人がどんな営業をしているかというと、飲食店の八六をトップに、雑貨商五一、カフェ三七、料理店三五、旅館三三、土木建築業二六、（中略）医師・薬種商各五という割合で、日本人相手の水商売が圧倒的に多い。内地人女性総数七二四人のうち、約半数の三一五人は芸妓、酌婦、女給という商売に携わって、同じく日本人歓楽街の建設に活躍している。カフェ、料理店は多過ぎるくらい出来ているが…。

『大阪朝日北支版』、一九三八年九月一八日

大阪朝日新聞北支版　1938 年 9 月 18 日
「桃色女性だけで三百人突破 凄い太原邦人の進出」

	女給	芸妓	酌婦	合計
1939 年	306	83	231	620
1940 年	256	103	171	530
1941 年	225	128	145	498

女給は減少　太原の特殊女性

（中略）「のびゆく太原」の過去三ヵ年における人口増加とこれに比例して特殊女性の増減を、このほど太原領事館警察署で調査したが、十四年には女給三〇六名、芸妓八三名、酌婦二三一名。十五年には女給二五六名、芸妓一〇三名、酌婦一七一名。十六年には女給二二五名、芸妓一二八名、酌婦一四六名となっており、十四年に比して、芸妓は四五名の増加。女給、酌婦は減少の一途を辿りつつあり……。

『大阪朝日北支版』一九四二年二月一八日

この記事から、中国戦線の日本人町に、娼妓がいないことがあらためて確認できる。

女給、芸妓、酌婦の人数を表にして示す。たしかに芸妓だけ増加。女給、酌婦はともに減少している。全体も減っている。

太原在住の日本人は年ごとに増大していった。その中で、売春婦だけが減少しているのは、一見、奇妙である。太原在留の日本人は増えていっても、主な客である将兵たちの立ち寄りが減少すれば、彼女たちの利益は上がらない。やむなく、彼女たちの一部はもっと身入りのよい日本人町に移動していった可能性がある。比較的恵まれていた芸妓は定着する。しかし、女給と酌婦は移動性が高い。身入りが悪ければ、太原を見限り、もっと有利に稼げるところに、さっさと移動していった。

売春婦も国防婦人会に加入して活動する

国防婦人会は満州事変のころ、陸軍の肝いりで設立される。日中戦争以前、国防婦人会の会員は少なかった。日中戦争が始まると戦争の熱狂は女性にも及び、多くの女性がわれ先に国防婦人会に加入した。戦争以前と比較すると八倍にもなった日本人町でも国防婦人会の会員は急増した。

たとえば、次の史料が示すように、北京では「事変のはじめに六十余名」だった。ところが、戦争が始まり、一年数ヶ月経過すると、一三〇〇余名に増えている。

北京の国防婦人会員、事変のはじめに六十余名が、現在、千三百余名となる。銃後婦人の団結とその力、いよいよひかる。（北京）〔大陸録音〕

『大阪朝日北支版』、一九三八年一〇月二六日

国防婦人会は女性を戦争に協力させる組織であった。加入にとくに資格や制限はなかったから、誰でも加入できた。日本人町で暮らす女性の中では売春婦が多かった。彼女たちを除外すれば、会員拡大には限度があった。そのため、売春婦たちも加入させてゆく。

北京の場合である。

去月、北京の国防婦人分会が会員不足の為め、遂にカフェーの女給に眼をつけて積極的に勧誘をしたところ、忽ち多数となり、今日では全会員は千二百名に達している事実などは、飲食業の多数を知

るに格好である。事変前までは料理店七、飲食店四、カフェー七、喫茶店一が、今日では料理店六三、飲食店八六、カフェー四一、喫茶店一一となっている。

支那経済研究所北京支所・山崎勉「北京に於ける日本商業の現状」、『昭和高商学報』九号、一九二八年一〇月二五日。なお、昭和高商は現在の大阪経済大学の前身である。

売春婦を加入させた結果、日本人町の国防婦人会員の拡大には目をみはらせるものがあった。国防婦人会の主要な会員は、子育てから手が離れた年配の女性であった。彼女たちは兵隊からすれば、「おばさん」のような存在であった。当時、女性の仕事は限られていた。中国戦線の日本人町でも、売春婦を除けば、若い女性の働き口は限られていた。その状況を山西省太原で、具体的に見てみる。

太原邦人数　一万二七〇〇　十月一日現在　（中略）内地人一万七二九（男六二二三、女四五〇六）。半島人一九八〇（男一一二七、女八五三）。合計一万二七一二。（中略）また職業別に見ると、男の職業のトップを切るものは、会社員、銀行員、商店員、事務員らのサラリーマンで二六九五人。女は芸妓、酌婦、その他の七一九人ということになっている。また職業についているものは、男五一八九人、女九八八人、合計六一八一人。

『大阪朝日北支版』、一九四〇年一二月八日

女性の有職者は九八八人。このうち、売春婦が七一九人（七三％）を占める。売春婦以外の有職者は二六九人（二七％）に過ぎない。仕事を持つ女性の中では売春婦の比率が飛びぬけていた。これは太原の例

であるが、他の日本人町でも、状況はほぼ同じであった。日本人町にいる若い女性の大半は売春婦であった。若い女性で、家庭の主婦の場合、子育てに手が取られ、国防婦人会の活動に参加することは難しかった。

　日本人町の国防婦人会の会員は大きく二つのグループに分かれた。一つは年配の女性たちであった。彼女たちが国防婦人会の中心であった。もう一つは売春婦たちであった。彼女たちはまだ若かった。また、子育てをする必要はないから、国防婦人会の活動に参加できた。前章で、中国戦線における国防婦人会の多彩な活動ぶりを紹介した。売春婦たちはいやいやながら参加したのであろうか。そうではあるまい。彼女たちは国防婦人会員として、むしろ喜んで、また誇りを持って、活動した。

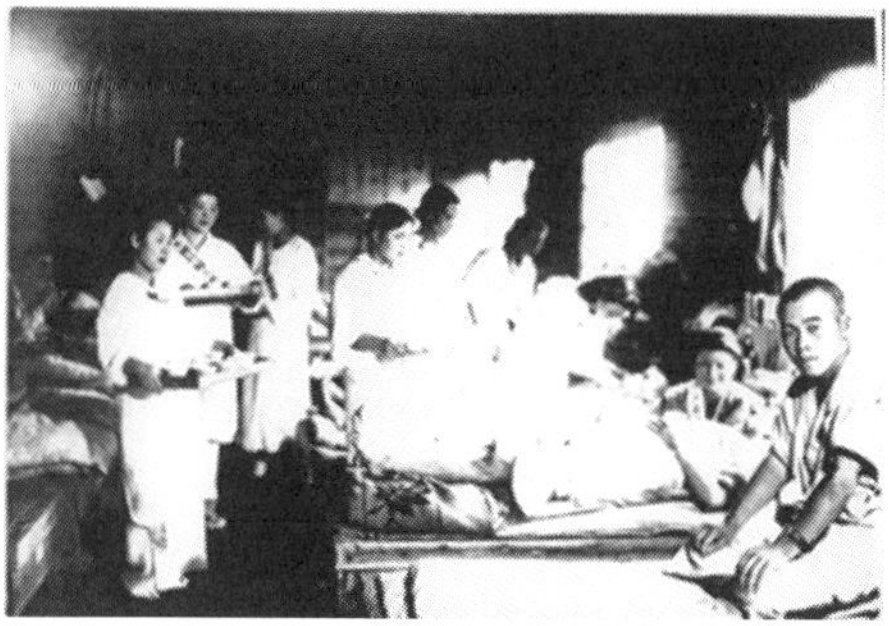

写真　「九江国婦ノ患者慰問」

傷病兵の見舞いおよび前線慰問

　一枚の写真を紹介する。岩田錠一軍医が九江（江西省）の軍の病院で撮影したものである。「九江国婦ノ患者慰問」という説明がある。八名の若い女性が傷病兵を慰問している。彼女たちはいずれも売春婦であろう。全員、和服に白い割烹着を着ている。国防婦人会のタスキもつけている。女性たちは飲み物を傷病兵に配って、慰問している。

　彼女たちの見舞いは入院患者から歓迎された。他方、彼女たちにとっても誇らしく、また、有意義な仕事であった。戦時下、国防婦人会という組織は世間から一目、置かれていた。国防婦人会の一員として、軍の病院に見舞いに行く。日ごろの兵隊相手の売春とは違って、何か晴れがましく、誇らしい感じのする行為であった。

和服・白い割烹着、タスキ掛けの国防婦人会の三点セットをつけることで、日ごろと異なり、別のタイプの人間になったかのような印象を持ったことであろう。傷病兵の見舞いはたしかに一銭にもならなかったが、それでも、彼女たちにとっては得がたい経験の場であった。彼女たちは髪を整え、きれいな服を着て、いそいそと病室に入ってゆき、傷病兵を見舞う。彼女たちは、あたかも舞台に上がった女優さんのように、写真にきれいに写っている。彼女たちにとって一つの晴れがましい舞台であった。

また、彼女たちは危険を冒して前線部隊を慰問した。天津の国防婦人会は四つの班を作り、周辺にいる部隊を慰問した。

国防婦人会天津支部では、陸軍記念日行事の一として、九日、左記の四班にわかれて、○○部隊最前線の皇軍慰問を行い、各皇軍部隊から深く感謝された。第一班、郎坊行一五名（旭新番料理店組合）（中略）第二班、永清行一五名（マルタマ少女歌劇）（中略）第三班、覇県行き二〇名（カフェー組合）（中略）特別班、唐山行一八名（曙街三業組合）

『大阪朝日中支版』、一九四一年三月一六日

料理店組合、カフェー組合、三業組合（料理屋、待合茶屋、芸者屋の三業種の営業者で組織された同業組合。三つとも売春に関係する業種である）という名称から、慰問に出かけていった女性たちはいずれも接客業・売春婦であった。マルタマ少女歌劇は、天津にあった少女歌劇団である。若い女性が前線まで慰問に来てくれたので、兵隊たちは大喜びしたことであろう。郎坊、永清、覇県および唐山はいずれも天津周辺に位置する田舎町である。こういった地域に慰問に行くのにも、相当の危険があった。

次は太原（山西省）の話である。

前線の兵隊さんを慰問す

太原の居留民と女給さん（中略）また、カフェ組合では、女給さんたちよりなる慰問団を組織し、山西前線を巡廻、歌や踊りで慰問行をなすことになった。

『大阪朝日北支版』、一九四〇年一〇月五日

売春婦だけで運動会を行い、国防婦人会の分会を作る

日本人町では、娯楽と親睦のために、駐留する兵隊も参加させて、運動会がしばしば行われた。国防婦人会は運動会に積極的に参加した。売春婦たちも、国防婦人会員として運動会に参加した。中には、売春婦だけで運動会を行うこともあった。売春婦だけで運動会を行った史料を二つあげる。はじめは「天津の女給さん連」が行った運動会である。

五月の薫風をうけて、天津の女給さん連、一日、運動会を挙行。こう跳ねたり、おどったりするのは結構だ。が夢、「あなたのあたしより」なんて甘い手紙で、「営業停止十日間」を釣らぬこと。（天津）〔大陸録音〕

『大阪朝日中支版』、一九三九年五月一九日

安徽省に属し、長江（揚子江）に面した大きな都市安慶では、白衣の勇士、すなわち傷病兵を慰問するた

めに運動会が開かれた。

傷の痛みも忘れて打興ず

安慶で勇士慰安運動会　（中略）出場者はいづれも在安慶国防婦人会のきれいどこばかり百名——襷にエプロン姿もりりしく、提灯競走や二人三脚、座頭レースなどと、つぎつぎ繰展げ、担架患者の後送レースなどには、白衣の天使に劣らぬ大和撫子の気性を発揮して、手際よくやってのけ、本職の岡本部隊看護兵さんたちも、〝ちゃっかりしとる〟と賞賛していた。

『大阪朝日中支版』、一九三九年六月二八日

出場者が「いづれも在安慶国防婦人会のきれいどこばかり百名」というのが変わっている。「きれいどこ」という表現から推測すれば、彼女たちは兵隊を相手とする売春婦であった。そういった女性たちをわざと駆り出して、運動会に出場させる。その目的は、彼女たちの気分転換や健康増進のためでは決してなかった。ずばりいって、彼女たちの「おひろめ」であった。

運動会は客寄せのための興行として開催された。兵隊や在留日本人たちに彼女たちを売り込んだのである。運動会で嬌声をあげながら元気に走り回る彼女たちを、お客である安慶周辺に駐屯する兵隊や在留日本人たちに見せる。運動会を通じて、安慶の町にどのような女性が来ているか、白昼、堂々と紹介したのである。したがって、この運動会の主役は年若い女性たちであった。百名の売春婦が打ちそろって、運動会を行うことは難しかった。しかし、彼女たちは他方で国防婦人会員でもあった。国防婦人会員として、傷病兵を慰問するために運動会を開くといわれれば、彼女たちの企画に反対することは難しかった。

次は天津の場合である。

国婦会員の一日入営

現地銃後婦人として、ただ家庭を護るばかりでなく、軍事知識を勉強しようと、国婦天津支部では『一日入営』を志願していたが、許しを得て、一月二七日午前一〇時から、大和、吉野、河東、旭、高千穂、秋山、河北、華街、極、北站の各分会から、二百名のおばさんたちが白エプロンにモンペという勇ましい姿で、勇躍、〇〇部隊へ入営。

『大阪朝日北支版』、一九四三年二月三日

大和、吉野、河東などは天津の日本人町の町名である。居住する町が単位になって国防婦人会の分会は作られていた。一般に国防婦人会は、会員が居住する地域によって編成された。ところが、時に売春婦だけで別に編成され、独自に活動した。次も天津である。

女給さんたちで国婦を結成

天津国防婦人会では、斯道の権威者たる鳥居大佐の着任以来、着々力強い成績を上げ、銃後の護りを固めているが、こんどはカフェ、飲食店などの女給さんたち七五〇名だけで、国防婦人分会が結成されることとなり、その発会式が二月二日、天津日本商業学校講堂において、花々しく挙行されることとなった。

『大阪朝日中支版』、一九四〇年一月三〇日

天津では日本人町は大きかったから、国防婦人会を指導する鳥居大佐の考えによって、居住する地域とは無関係に、七五〇名の女給だけで、独自に国防婦人分会が作られることになった。他の日本人町はもっと規模が小さく、売春婦の人数も少なかったから、天津の場合のように、女給だけを分離させ、独自の分会を作ることは難しかった。天津の企ては例外的なものであった。

売春婦たちへの批判とそれへの反論

売春婦たちは国防婦人会員として、各種の行事で生き生きと活動した。彼女たちの活動が目立つので、次の史料はそれを批判している。

国防婦人会の会合ごとに、市中に商売女が氾濫。個々女性の真実は有難いが、〃日本の女〃がみな商売人である様なのは、華人の手前、どうかな。こんなになる前に統制するて、なかったのかと残念に思う。
（北京）〔大陸録音〕
『大阪朝日中支版』、一九三九年七月二九日

国防婦人会員の大半は年配の女性であって、売春婦はむしろ少数に過ぎなかった。しかし、若い女性ということで目立った。その結果、たしかに「国防婦人会の会合ごとに、市中に商売女が氾濫」というような印象を与えてしまった。売春婦がとても目立つので、中国人には若い日本人女性はみんな「商売人」、すなわち売春婦と思われてしまうではないかと心配している。しかし、不本意でも、これが日本人町の現実であっ

た。若い女性の多くは売春婦であり、かつ、彼女たちを国防婦人会に加入させ、各種の活動をさせている以上、しかたのないことであった。

しかし、現実には売春婦たちはさまざまな批判にさらされた。それだけ、彼女たちの活動が目立ったからである。いわば「出る杭は打たれる」のことわざ通りであった。また、売春婦に対する伝統的な蔑視観もあった。国防婦人会員の大半を占める年配の女性は家庭の主婦であった。彼女たちは売春婦たちをあからさまに蔑視した。そういった感情を彼女たちは隠そうとしなかった。だから、国防婦人会の各種の活動の中で、売春婦たちはいろいろ不愉快な目にあった。国防婦人会の中で、年配の女性と売春婦は互いに反目しあった。『大阪朝日北支版』が各界の人々から、「総動員」について意見を聞いている。その中で、珍しく売春婦側にも意見を聞いている。次の二つの史料は売春婦側の反論である。初めは女給の石倉治子、次は天津曙街の芸妓の梅太郎である。

彼女らに聴く〝総動員〟⑧　石倉治子さん　（中略）　㈢　居留邦人への希望

私ども女給稼業はしていても、お国へ尽す誠心は、どんなに身分ある御婦人方にも負けないつもりです。ですから、国防婦人会などの集会で差別視することはやめて頂きたいものです。

『大阪朝日北支版』、一九三八年九月二一日

彼女らに聴く〝総動員〟⑨　天津曙街　梅太郎さん　（中略）　㈢　居留邦人への希望

ダンスホール業者やネオン街の者が、一生懸命に国防献金や傷病勇士慰問を実行しているのに、兎や角、陰口をいう居留民の方々こそ、もっと積極的に献金や慰問をなすべきではないでしょうか。

『大阪朝日北支版』、一九三八年九月二二日

女給の石倉治子は、「国防婦人会などの集会で差別視することはやめて頂きたいものです」と率直に訴えている。彼女たちは懸命に努力しているのに、なお、国防婦人会の集会でいろいろいじめられていたのである。また、芸妓の梅太郎は、「兎や角、陰口をいふ居留民の方々こそ、もっと積極的に献金や慰問をなすべきではないでしょうか」という。歓楽街は戦争景気に沸き立っていた。そこにいる芸妓たちの収入も多かった。だから、彼女たちは国防献金などでは思い切って多額の献金をした。そういった実績を踏まえ、悪口をいうのなら、自分たちに負けないぐらいの額の献金をしたらどうだと反論している。歓楽街の住人ほど経済力のない居留民にとっては、彼女の反論はきつかった。

15　九江の日本人小学校

九江の日本人町の形成

九江は揚子江（長江）水運の重要な港町である。町の規模はやや小さい。近くに廬山（ろざん）という有名な避暑地がある。廬山はいわば中国の軽井沢に当たり、欧米人の別荘があった。一九三八年七月二六日に陥落する。以後七年間、日本軍の支配を受ける。重要な港町なので、多くの兵隊がずっと駐屯した。

一九三九年一月一日、九江の日本人会が結成される。二月一八日には国防婦人会も作られる。こうして、九江にも日本人町が形成されてゆく。前年の七月末の占領から、およそ半年が経過している。他の日本人町に比べると、九江の日本人町の形成は大幅に遅れる。一般には占領後、一ヶ月もすれば、日本人町が形成されるからである。

日本人町の形成が遅れたのは、九江が軍事作戦の基地として利用されたからである。九江を陥落させたあと、日本軍は引き続いて、南昌と漢口の攻略をめざす。南昌は九江の南に位置し、江西省の省都であった。また、漢口は長江中流の中核都市であった。

南昌と漢口の攻略戦では、九江が準備の拠点となった。作戦に必要な兵員、武器弾薬、食糧などは、ほとんど全部、長江の河川交通を使って、運搬されてきた。南京と漢口のほぼ中間に位置する港町・九江が、軍事物資の運搬のカナメとなった。

このため、軍は、避難民を郊外（長江の岸辺）に作った難民区に九ヶ月間も収容し続けた。地元の中国人を九江の町に帰還させなかった(『大阪朝日中支版』、一九三九年八月二日)。南昌と漢口を攻略する部隊が次々と九江にやってきて、準備を整え、また、戦地に出かけていった。

日本人の民間人は数百人規模で、すでに九江の町に移住してきていた。彼らは九江の町にやってくる軍隊の世話をしていた。しかし、軍は、彼らが日本人会を結成し、日本人町を形成することを許さなかった。南昌は一九三九年三月、また、漢口は同年一〇月に陥落する。二つの作戦が一段落したあと、やっと、軍は日本人町の形成を許した。こういった事情から、九江の日本人町の形成が大幅に遅れたのである。

九江日本人小学校の再開

九江の日本人町が形を整えると、次は小学校の再開であった。一九三九年一一月二七日、小学校が再開される。次の史料は、できたばかりの九江の小学校のようすを伝えている。

九江邦人小学校開く

長江沿岸の九江に、先生一人、生徒七人という文字どおり小じんまりした小学校が誕生した。日本領事館別館を仮校舎とした尋常小学校で、七人の生徒に一年生から六年生までいるが、この小さな学校の校長兼訓導には、北海道北見小学校訓導だった千田部隊島田親一等兵がこれに当っておる。

これら小学生はいずれも遠く内地、或は中支、北支から集った生徒さんだけに、戦禍の町にもすぐ馴れて、元気一ぱい大陸的気分を謳歌しながら、支那街を小さな肩で風を切りながら、楽しそうに通学している。

島田訓導の話。尋常高等小学校と看板は大したものですが、御覧の通りの寺子屋です。生徒がふえたら、もっと拡張しますが、これでは全く雀の学校です。皆、学校に来るのが唯一の楽しみだという熱心さで、無欠勤ですが、時々、少々的とか没法子とか、支那語交りに話されるので先生は少々やりこめられがちです。

『大阪朝日中支版』、一九三九年一月二七日

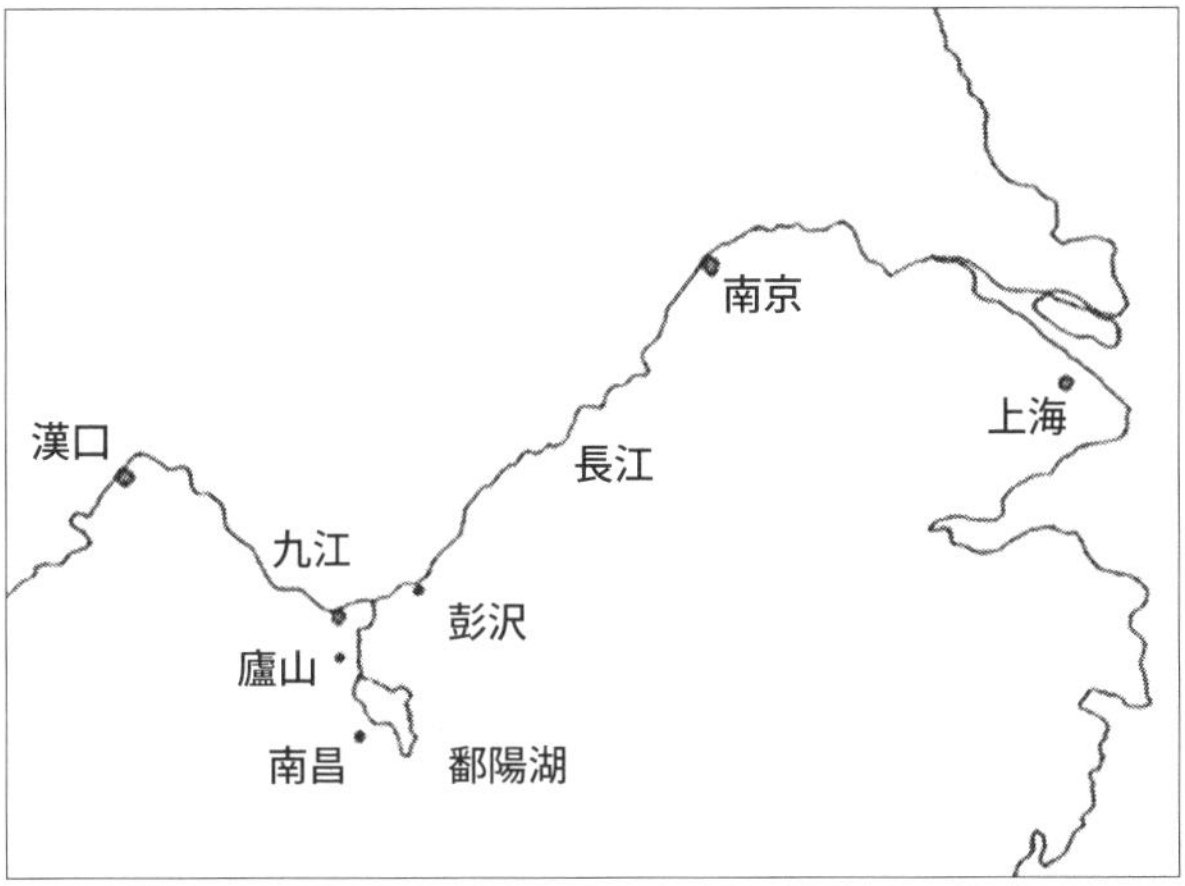

地図

当初、先生一人、生徒七人であったから、学校といっても、むしろ寺子屋に近い感じであった。正式の教員がすぐに赴任できないので、九江に駐屯する部隊から、教員の経験のある兵隊が派遣され、臨時に教師を勤めた。現役の兵隊が臨時に教員を勤めるような事態は、九江だけではなく、中国戦線の日本人小学校では、しばしば見られた現象であった。

軍と領事館は、日本人民間人の子どもの教育を保障するように努めた。子どもの教育がきちんと保障されないと、民間人は定住しにくかったからである。民間人が占領地の都市に安心してやってきてくれることを、軍も望んでいた。軍は時に現役の兵隊を臨時に小学校に派遣して教員にさせたが、これも、占領地にやってきてくれる民間人を、軍が重視していることの現れであった。

一九三九年四月に新学期が始まる。あらたに校長が着任して

いる。スタッフは以前から教えている島田訓導（訓導は、現在の教諭に当たる）と二人になる。

九江小学校　感激の始業式

（中略）四日の始業式には、赤い煉瓦のバンガロー風の校舎に可愛いランドセルを肩に四人の新入生が入ってきた。

校長の秋山覚先生（福岡県京都郡犀川村出身。小倉師範卒業生）「これで、総勢十二名になりましたよ」と嬉しそうな顔。始業式は内地と同じように午前八時、宮城遥拝、国歌合唱からはじまって、校長先生から「内地のお友達に負けないように勉強しましょう」の訓話があり、小森領事、山下警察署長、加藤居留民会長らの来賓たちの喜びの言葉が、学童たちの豊頬《ホウキョウ》をいやが上にも紅くさせた。

昭和17年6月16日　浦安ノ舞一同

この式にはお母さん方の国防婦人会のメンバーもみんな参列して賑やかだった。この小学校が復活したのは、今年一月十九日だが、四月の新学期というのは、こんどがはじめてで、新入生もふえたし、九江駐屯の小野部隊から、島田親一等兵が先生として加わることとなった。島田先生は北海道野付牛町の出身。札幌師範の卒業生。

秋山校長は「これですっかり学校のスタッフは整いました。学年が区々ですから、大体、二部教授でやります。大陸の学校らしく、伸び伸びと教えたいと思います。（中略）秋山先生は大陸に渡って、すでに十三年。いわば小学教員のエキスパートで、お母さんたちも大喜びである。

『大阪朝日中支版』、一九三九年四月二一日

一九四〇年三月、小学校で卒業式が挙行された。この時点で生徒数は三九名に増えている。卒業生はただ一人だけであった。九江は長江の河川交通の要衝を占めていたので、日本人が早くからやってきていた。九江日本人小学校も、大正一二年（一九二三年）には開校されていた。日中戦争の勃発で、一時、閉鎖されていたのを、再開したことになる。今回、行われた卒業式は、通算して第一五回目に当たっていた。

九江日本尋常高等小学校の晴れの卒業式は、同日午前十時より、同校講堂で挙行された。事変で閉校し、昨年四月、ふたたび授業を開始してより、こんどが初の卒業式だが、大正十二年の開校当時から数えると、ちゃうど第十五回目の卒業式に当っている。なほ、本年度卒業生は、在学児童三十九名のうち、たった尋常科女子一名であったが。

『大阪朝日北支版』、一九四〇年三月三〇日

一九四〇年には、九江在留の日本人は一五〇〇人ほどであった。中国戦線に形成された日本人町としては、それほど大規模ではなかった。在留日本人が増加するにつれ、九江小学校に通う生徒の数も増えていった。

小学生はいわば兵隊たちの「ペット」

幼い小学生は、九江の町では人気者であった。人々から可愛がられた。とりわけ、兵隊は子どもたちを好んだ。可愛い小学生を見ていると、内地に残してきた自分の小さい子どもや、あるいは幼い弟妹を思い出す

からであろう。そのこともあって、兵隊たちの大好きな余興であった運動会には、子どもたちを必ず招いた。子どもたちは、運動会で兵隊たちといっしょに「かけっこ」やゲームに打ち興じた。子どもたちのそういう姿を眺めることで、兵隊たちは大いに慰められた。小学生はいわば兵隊たちの「ペット」であった。

次は、小学校側が、野戦病院に収容されている傷病兵を慰問するために開催した運動会のようすである。国防婦人会員も加わったので、彼女たちといっしょに傷病兵、児童が、運動会を楽しんだ。

皇軍慰問運動会　九江小学校で「兵隊さんよ　ありがとう」

……九江日本小学校では、十四日午後一時から、○○野戦病院で慰問運動会を催した。この日、連日の雨もあがり、運動会日和となり、傷病兵に白衣の天使、それに九江国防婦人会員も加わり、本社が一昨年、挙行した亜欧連絡機・神風号に因み、傷病兵、児童、国婦合同の神風号競技をトップに、プログラムは進められ、終始、和やかに童心にかえった白衣の勇士達は大よろこびであった。

『大阪朝日中支版』、一九三九年三月一七日

次の史料では、軍が開いた運動会に、小学生が参加している。

〝電髪ヒッコメ〟白衣勇士と看護婦　九江部隊の運動会

秋晴れの五日、野戦予備病院・折井部隊の白衣勇士慰問秋季運動大会が、甘棠湖畔の同部隊運動場で、賑やかに開かれた。もと支那軍の練兵場だったといわれる、この広場には日の丸の旗が高々とひるがえり、秋空の下、白衣勇士も看護婦さんも、それに特別参加の九江日本小学校児童らも一しょになって、

競技のたびごとに、ドーッとばかり、腹の底から朗かな笑いをあげるのだった。
『大阪朝日北支版』、一九四〇年一一月二一日

運動会の写真を紹介する。これは岩田錠一軍医が撮影したものである。彼は一九三八年七月から一九四一年一月まで、約二年半、中国に出征した。主に九江の軍の病院に勤務したので、残された写真の大半は九江で撮影したものである。「当日ノ運動会　軍民合同」という説明がある。運動会が行われた期日や場所はわからない。兵隊たちが見ている前で、八人ほどの小学生が日の丸の旗を持って、なにか遊戯しているようである。真ん中に立っている女性は小学校の教員であろう。

運動会で、子どもたちの遊戯。九江で 。岩田錠一軍医撮影

当時、「へいたいさんよ　ありがとう」という児童唱歌があった。この歌に合わせた子どもたちによる踊りが、運動会のいわば定番になっていた。それを見て、兵隊たちがとりわけ喜んだからである。この写真も、ひょっとすると、「へいたいさんよ　ありがとう」の歌に合わせて、子どもたちが踊っているところを撮影したものかもしれない。

観兵式にも、小学校児童が、国防婦人会員とともに参加している（『大阪朝日中支版』、一九四〇年一月一二日）。

町外れにある野戦病院を、連日慰問する九江小学校の三人の少女の様子も記されている。

兵隊さんよ有難う　可愛い振袖姿で　白衣勇士を慰問　空には荒鷲

の爆音　九江小学校の三女生徒

支那唯一の霊峰廬山を眼前にひかえて、そのこころよい微風を胸一杯に吸いながら、たのしく授業をうけている九江日本人小学校の可愛い三人の女生徒が一日も欠かさず、毎日毎日、九江の○○野戦病院に白衣の勇士を見舞って、その無聊を慰めているのだった。

この九江日本人小学校は、皇軍のあたたかい庇護のもとに十八名の児童が、毎日たのしく授業をつづけているのだが、「こんなに、わたしたちが平和に暮せるのは、みんな兵隊さんのお蔭です。お国のために傷ついた兵隊さんのお蔭ですから、お見舞に行きましょうね」と、級長町田久子さん（一三歳）の発案で、矢間貞子さん（一二歳）、上遠野淳子さん（一〇歳）の三人は、授業が終ると、いつもいつも○○野戦病院に白衣の勇士を慰問するのだった。

きょうは日曜日だというので、お母さんにねだって、久方ぶりに和服を着、振袖姿も可愛らしく病院を訪れたが、白衣の勇士はじめ看護婦さんたち、よろこぶまいことか、「やあ三年ぶりに日本の子供を見た」、「まあ可愛いこと……」と、たちまち院内の人気をさらってしまって、カメラの放列に引っ張り凧。

江頭看護婦長の案内で、隈なく白衣の勇士を訪れ、歌ったり踊ったり……可愛い口をそろえて、本社の「兵隊さんよ　ありがとう」をうたえば、胸をうたれてホロリとする勇士の顔。各病棟で七十余回もうたって、たのしい日曜日を送ったのだった。外は荒鷲の勇ましい爆音、馬蹄の響がきこえていた。

『大阪朝日中支版』、一九三九年五月二八日

在留日本人は恵まれた生活を送る

漢口の日本人小学校校長の浅野兵庫は、在留日本人の「大抵の家庭が支那人のアマやボーイを沢山、使っている」。このため、「子供たちは朝から夜まで、すべての世話をこの使用人たちにやってもらう」状況だと述べている。彼の指摘は重要である。なお、「アマ」は「阿媽」とも書き、女性のお手伝いさん、「ボーイ」は男性の使用人を指して、呼んだ呼称である。

大陸人　東洋を興す途　大陸教育者の悩み　漢口の浅野校長さん！

（中略）見るからに大陸教育者らしい浅野校長先生は、尊皇の地、茨城県の出身者だけに、まず日本人論から始めるのであった。

質朴な内地と違って、大陸では、大抵の家庭が支那人のアマやボーイを沢山、使っている。子供たちは朝から夜まで、すべての世話をこの使用人たちにやってもらうので、人間というものは、なんにもしなくても、使用人がやってくれるものだという坊ちゃん、嬢ちゃん気質を、知らず識らず備えてしまい、依頼心の多い独立心のない性格がここから生れて来て、日本人らしい強さがなくなってしまう。

この問題は学校だけでは解決出来ないので、私達も家庭に呼びかけて子供達につとめて自分のことは自分でさせるよう、熱心にすすめているのです。

『大阪朝日北支版』、一九四〇年五月一八日

日中戦争時、中国戦線の日本人町にやってきた日本人の多くは、戦時の統制経済に乗り切れず、内地から排除されて、やむなく中国戦線に移住してきた人たちである。だから、たしかに彼らは戦争の犠牲者であっ

白木実業公司軍納味噌工場の前で

た。ところが、いったん中国にやって来ると、彼らの立場は変わる。彼らは占領軍の同伴者になる。中国人を犠牲にして、比較的恵まれた生活を享受した。彼らの多くは、中国人の使用人を雇えるだけの経済力を持つようになる。

一方、被占領者の中国人からすれば、日本人家庭に雇われることは、生きてゆくうえで好都合であった。アマやボーイとして日本人家庭に雇われれば、当面、安全に生きてゆけたからである。浅野校長が述べたのは漢口の状況であったが、九江でも当然、同じ状況があてはまった。九江の在留日本人もまた、中国人の犠牲の上に比較的裕福な生活を送っていた。

以前、氏本靖彦氏（仮名）から九江在留の日本人に関する写真の提供を受けた。その一部を紹介する。氏本氏の家族は、九江で「白木実業公司軍納味噌工場」を経営していた。白木実業公司は、日中戦争時期、中国戦線の各地に店を出していた大きな会社であった。

更正二周年迎う　九江のカメラレポート

（中略）在留邦人は一千五百だが、この地を経済開発の前進基地として、奥地へ奥地へと進出をつづける邦人の動きは最近、いっそう活発になってきた。三井物産、川南工業、白木実業などの大資本をはじめ、日本商権の撓《たわ》まざる進出によって、日支経済提携の実は着々とあげられている。

『大阪朝日北支版』、一九四〇年八月八日

九江では白木実業公司は有数の大資本であった。氏本氏の父親は、その白木実業公司の九江の店をあずかっていたのであろう。氏本氏には年の離れた姉たちがいた。

「昭和一七年六月一五日　鎮座式の折　チゴ」いう説明のある写真に、稚児姿の少女が二人写っている。彼女たちが氏本氏の姉たちである。九江神社が建設される。そのめでたい式典の時、姉たちが稚児姿で参加している。また、「昭和一八年六月一六日　浦安ノ舞一同」という説明のある写真がある。九江神社の祭典の時、姉たちが浦安の舞を舞った。父親が町の有力者だったので、娘たちは着飾って、晴れの舞台でめでたい舞を舞えたのであろう。

九江神社の写真もある。小さい日本人町なのに、神社の規模は相当大きい。日本人町で暮らす在留日本人した写真であるという。

廬山は有数の避暑地であり、九江の町は廬山の登り口であった。写真を仔細に見ると、生徒は五四人、教にとって、神社が精神的な拠り所になっていた。だから、条件が整えば、日本人町では必ず神社を設立した。

昭和 17 年 6 月 15 日
鎮座式の折　チゴ

生徒たち多数が廬山の林間学校に行く

氏本氏が教示してくれた写真の中に、「昭和一七年八月一九日　廬山林間学校　道場にて」という説明のあるものがある。彼の説明によれば、姉を含めた九江小学校の生徒たちが廬山に一ヶ月ぐらい、林間学校に行っていた時に写員や父母・軍人が二二人写っている。階段の下にいる一一名の大人は、教師など学校の関係者であろう。階段の上部にいる一一名の大人の中には、軍服姿が五人いる。幼児を抱いた女性もいるので、こちらは児童の父母や警備を担当する軍人たちであろうか。一、二年生のまだ幼い生徒はいないようである。おそらく三年生以上の生徒であろう。教師の中に女性もいた。廬山の林間学校の道場で撮影したものである。

昭和 17 年 8 月 19 日廬山林間学校　道場にて

この写真と符合する新聞記事を見つけたので、それを紹介する。

一山の顔役　半日本人　輸血で結ばれた日独親善秘話

（中略）現在、彼の管理下にある外人邸宅は百三戸で、学校二、病院二、倶楽部二、プール、農園、図書館はすべて皇軍に委ねている。アメリカンスクールには、夏季林間道場が開設され、百八十余名の日本人少年少女による大集団生活が中国民衆の目をそば立たせ、体育錬成に登山する日本人客は、山の駕籠を連日、満員にさせている。

《大陸録音》欄、『大阪朝日中支版』、一九四二年八月八日

上掲の記事の時期、および内容が写真と一致している。まず廬山には欧米人の別荘が一〇三戸あった。英米人がすでに廬山から退去してしまったので、残ったドイツ人某がそれらを管理していた。別荘以外にも、欧米人は学校、病院、クラブ、プール、農園、図書館を設置していた。小さいけれども、廬山の別荘地帯は

欧米人の暮らす町となっていた。

記事によれば、以前のアメリカンスクールの建物を利用して、「夏季林間道場が開設」される。そこで、一八〇余名の「日本人少年少女による大集団生活」が行われたという。氏本氏の説明では、林間学校は一ヶ月もの長期に及んだという。九江小学校の生徒は五四人であった。残りの一三〇人ほどの生徒は、別の日本人町からやってきたのであろう。

子どもの人数はかなり多い。一ヶ月間も、子どもを林間学校にやれば、当然、親は相当の金銭的な負担をせねばならない。それが可能だったのだから、有力者であった氏本氏の家庭だけでなく、九江の日本人町にいた在留日本人はかなり豊かな経済力を持っていた。このような企画が立てられ、かつ、実行できたのであるから、九江の日本人は一般にかなり豊かであったことになる。

中国戦線に形成された日本人町に移住してきた在留日本人は、経済的にはかなり恵まれた生活を送ることができた。もちろん、周囲の中国人の犠牲の上に、そういった恵まれた生活水準が維持されたのであるが。

姉が南京の高等女学校に進学

氏本靖彦氏には、年の離れた姉がいた。九江日本人町は小規模だったので、小学校しかなく、上級学校である高等女学校はなかった。経済的に余裕があったので、彼女は南京の高等女学校に進学する。九江と南京は、長江でつながっているが、相当離れている。

遠距離をものともせず、姉は南京に行き、一人で寄宿舎に入って、通学する。学校の休暇には、汽船に乗って、九江の親もとに戻ってくる。戦争中ということもあって、長江航路の汽船は、武器弾薬・食糧がぎっしり積みこまれ、また、ヒゲ面の兵隊で満たされていた。

その中を一五歳ぐらいの娘が一人で船旅をする。中国軍は長江を航行する日本側の汽船を攻撃するような空軍力を持っていなかった。だから、長江の船旅の危険性はまだ低く、少女が一人で、南京と九江を往復できたのである。年端もゆかない娘が、一人で戦争のさなか、九江と南京を汽船で往復する。また、南京の日本人町で寄宿舎に入って高等女学校に通う。これも、日中戦争時、在留日本人が行った諸活動の一つであった。

敗戦後、中国は国際条約を遵守し、日本軍の捕虜と在留日本人を道義的に扱い、早期に日本に帰国させた（中国戦線からの引揚者は、軍人・軍属が一〇四万人、民間人が四九万人であった）。中国のこの時の措置は称賛されるものであった。日本は戦争で負けただけでなく、道徳的にも中国に遠く及ばなかった。在留日本人は資産をすべて没収され、リュックサック一つで引き揚げねばならなかったが、しかし、生命を損傷されることはなかった。

九江にいた日本人民間人は、みな、九江の東方に位置する彭沢《ほうたく》という町に移住させられ、そこで帰国の日を待った。氏本靖彦氏は、一九四六年にこの彭沢で生まれた。地上戦に巻き込まれた満州国の場合だったならば、敗戦直後に生まれた新生児を待ち受けた運命は過酷なものであって、ほとんどの新生児は無事に帰国できなかったであろう。しかし、氏本靖彦氏の場合、中国の道義にかなった扱いによって、無事に帰国できた。なお、以前、この彭沢に内陸部では初の原子力発電所を建設する動きがあった。しかし、フクシマの事故後、この計画は中止となった。

16　九江の「慰安所」

中国人女性を収容した「慰安所」

慰安所の絵と写真を題材にして、従軍慰安婦問題について考える。初めはピースあいち所蔵史料の慰安所の絵である。「まぼろしの反戦記録映画　戦ふ兵隊　監督　亀井文夫　上映記念画集　八枚一組　一〇〇〇円　製作「戦ふ兵隊」上映実行委員会　原画提供　田島清氏」と、封筒の表紙に書かれている。その封筒の中に八枚の絵があり、その中の一枚に慰安所を描いた絵がある。発行年月は不明。「原画提供　田島清氏」とある。また、絵にKTという署名があるので、この絵を描いたのは田島清である。戦争中にこのような絵は描けない。戦後、中国に出征した経験を持つ田島清が、当時のことを思い出して、描いたものである。

写真ではないので、当然、正確さには欠ける。しかし、上手に描けていて、当時の慰安所の状況がよくわかる。むしろ、ややきれいに描きすぎているきらいさえある。実際には、軍事占領下、中国人女性が日本軍によって売春を強制されていたという、「うらみ」やある種の「すごみ」が猥雑さとともにうずまいていたはずである。

絵の左上に、「慰安所　文字通り将兵の慰安の場所　入口でチケットを買い、上に掲出の名前で相手を指名する。〝何事ぞ　花買う人の　長刀〟という所か」という書き込みがある。一人の客（長靴を履いているので将校か）が入口の所で、受付の女性に申し込んでいる。受付には、「〇〇部隊慰安所」という看板がかかっている。そして、受付の女性の上の壁に、十数名の女性の名札が掲示されている。彼女たちが、その時、この慰安所に所属していた人たち（売春婦）であった。

ピースあいち・メールマガジン 39 号 (2013 年 2 月) 戦争中の新聞等からみえる戦争と暮らし ◆九江の慰安所の写真 参考画像「戦ふ兵隊 上映記念画集」より

名札の一枚だけが拡大して示されていて、それには「三号室　さくら」と書かれている。「さくら」は、もちろん本名ではない。いわゆる源氏名である。中国語の本名を使うわけにはゆかないし、また、日本軍の将兵もわかるように配慮して、簡単な日本語で代用したのである。受付をしている年配の女性も、また、部屋から身体を出している若い女性も、ともに中国服を着ている。ここで働いている女性は受付の女性も含め、全員、中国人であった。したがって、ここで描かれているのは、軍事占領下にある中国戦線のどこかに設置された、中国人女性を収容した売春施設である。

　絵で描かれた女性たちのいる部屋は小さい。同じ規模の部屋がトイレのように並んでいる。まさに売春をするだけの、そっけない建物の構造である。安直なつくりであって、金をかけて作った建物ではない。そこに、売春行為をなにほどか、あいまいにさせるような、含羞を含んだ情緒ある風情を感じさせるものは何もない。まことに殺風景な光景である。

　ことばも通じない占領下の中国人女性を集めた施設だったからである。ことばが通じないので、中国人女性と日本軍将兵との間に、人間同士としての交情が生まれる可能性はほとんどなかった。売春行為が終れば、あっさりとしたもので、兵隊たちはコトバもかけずに、さっさと部屋から出ていったであろう。というより、兵隊たちとしても、女性の部屋に長く居ようがなかった。こういった現象は、日本人の「慰安婦」を収容した施設では決してなかった。

戦争は大きな悲劇をもたらす。若い中国人女性の多くが、不幸にも戦火に巻き込まれ、日本軍の兵隊を相手に、むりやり売春をさせられた。この絵で描かれている女性たちの多くは地元の住民であろう。戦争で、経済生活がめちゃめちゃになる。軍事占領下、まともな仕事はない。日本軍の相手を拒否すれば、しばしば殺された。彼女たちはやむなく売春をすることで生き延びる道を選んだ。日本軍に占領された町で、若い女性が生きてゆくために売春婦にならざるをえない現象は、広く見られた。日中戦争は、八年間も続き、中国の広大な領域が占領された、未曾有の規模を持った戦争であった。だから、彼女たちが収容された施設の状況も当然、さまざまであった。前掲の田島清が描いた慰安所も、その中の一つであった。

次に、現地の中国人女性を収容した売春施設、すなわち、「慰安所」が、果たしてどこに建てられたのか、また、「慰安所」の名前・状況は途中で変らなかったのかである。

田島清が描いた慰安所の看板に「〇〇部隊慰安所」と記されていた。〇〇部隊の将兵だけがこの慰安所を利用する。彼らの利便性を考えれば、〇〇部隊の駐屯地のごく近い所、あるいは隣接して、この慰安所は設けられたことであろう。

しかし、中国の町につくられた日本人町に「〇〇部隊慰安所」という看板が掲げられている慰安所が、つくられたとは考えられない。日本人町には、周辺から数多くの部隊の兵隊が順番にやってきて、在留日本人から飲食と売春の提供を受けた。だから、日本人町の中に〇〇部隊専用の施設など置けるはずがなかったからである。

○○部隊はずっと同じ場所に駐屯し続けるわけではなかった。戦局に応じて、部隊も移動してゆく。「○○部隊慰安所」と称していた慰安所も、部隊が変われば、看板も変わらざるを得ない。○○部隊が去り、△△部隊が来れば、慰安所の看板も「△△部隊慰安所」と変更する。占領が続く限り、占領軍専用の売春施設として、慰安所はずっと存在し続けた。これが中国人慰安婦を収容した慰安所の特徴であった。

岩田軍医が撮影した九江の慰安所

岩田錠一軍医は、一九三八年七月から一九四一年一月まで、約二年半、中国戦線に出征した。彼は写真が趣味で、戦地で撮影した写真を多く残している。主に江西省九江市の軍の病院に勤務したので、残された写真の大半は九江で撮影したものである。

九江の町を写した彼の写真集の一頁に、二枚の写真が貼り付けてある。それぞれ「九江市」と「慰安所」という説明がある。「九江市」とあるほうは、明瞭さに欠けるが、繁華街の写真である。繁華街にもかかわらず、写真には住人は一人も写っていない。

日本軍は次の作戦（南昌作戦と漢口作戦）の作戦基地として九江の町を利用するために、占領後、九江の住民を一〇ヶ月間も、郊外の難民区にとじこめ、帰還させなかった。住人が一人も写っていないことから、撮影時期は九江の住民の帰還を禁じていた時期（一九三八年八月〜一九三九年六月）であろうと推察される。

もう一枚は「慰安所」という説明のある写真である。慰安所とされる建物の入口の部分が撮影されている。入口の門には瓦を乗せた屋根がついている。屋根の両端は中国の伝統的な家屋のデザインのように、上方にそりあがっている。入口の上に、「吉捷館《きっしょうかん》」と、左から右へ大きく書かれた大きな看板が掲げられている。中にある建物は、門の影になってしまい、よくわからないが、二階建ての建物である。庭も広い。

九江市の慰安所

九江市の繁華街

入口を入ったところに、兵隊の影が写っている。敷地の奥に、小さく一人の女性（?）の姿が見える。慰安所の建物の前に人力車があり、その横に車夫が一人、座り込んでいる。当時、中国の都市では人力車が簡便な交通手段として、広く利用されていた。写真の左側に、岩田軍医の手によって、「慰安所」と白い字で説明が記されている。

建物がやや大きいことや、「吉捷館」という看板が門に掲げられている状況から、この建物は、もともと通常の民家とは思われない。もとから飲食・売春の場として使われていた建物だったかもしれない。同じ頁に貼られていることから、二つの写真の撮影期日は近いと推察される。「慰安所」の写真もまた、九江の住民の帰還が禁じられている時期に撮影されたものであろう。

岩田軍医が撮影した「慰安所」なる建物は、占領期間の初期にだけ存在した、日本人「慰安婦」が収容された施設ではないかと推察する。「慰安所」という名称で呼ばれ、占領期間の初期にだけ存在した売春施設の存在を示す写真は珍しい。貴重な写真である。

日本人町の形成と慰安所

日中戦争時、日本軍のある部隊が進撃する。戦闘部隊の最後尾に従軍記者がつく。戦闘部隊とは、さらに離れ、いわば就かず離れずといった感覚で、売春業者と彼らに率いられた売春婦の一団がついてゆく。

彼女たちの使う施設は、占拠してから、しばらくの間は「慰安所」と呼ばれた。しかし、日本人町が形成されるようになると、後述するように、名前も実態も変わってゆく。

とにかく、占領した町に早く入れば入るほど有利であった。よりどりみどりで、立派な家屋を自分の家として接収できた。また、他の売春婦たちが来ていないので、ほぼ独占的に兵隊たちの相手をすることができた。だから、売春婦たちは少しでも早く、占領した町に入ろうとした。彼女たちの使う施設は、占拠してから、しばらくの間は「慰安所」と呼ばれた。しかし、日本人町が形成されるようになると、後述するように、名前も実態も変わってゆく。

日本人町は占領後、数ケ月程度で形成された。そうすると、在留日本人たちの自治組織が形成されてくる。それは「○○日本人会」(○○は居住する都市の名称。たとえば、九江日本人会と称した)と呼ばれた。女性たちを戦争に協力させるために、国防婦人会の組織が作られる。また、兵役の経験がある男性を対象にして、在郷軍人会も組織される。彼らは兵力が不足した時には警備の仕事などにかり出されることもあった。国防婦人会と在郷軍人会が、いわば日本人町の住民を動員・監督する二大組織であった。学齢期の子どものために、日本人小学校が設立された。また、内地の町のマネをして、『商工案内』を刊行するところもあった。その一例として、『開封商工案内』をすでに紹介した。このように、在留日本人が次第に多く集まってくるに従い、日本人町が形成されてくる。

日本人「慰安婦」の人数が最も多い

前述したように、性的奴隷型の朝鮮人「慰安婦」、および、現地で日本軍相手の売春を強要された中国人「慰安婦」が収容された「慰安所」は、名前や内容が基本的にずっと変わらなかった。それに対して、日本人「慰安婦」を収容した施設や彼女たちの職業名は途中から変更されてゆく。

変わっていった理由を検討する。第一は、日本人「慰安婦」の人数が格別に多かったからである。外務省調査部編『海外各地在留本邦内地人職業別人口表』（復刻版、不二出版、二〇〇二年）から、中国戦線（満州国・関東州・台湾および香港を含まない）に出かけた在留日本人（朝鮮人・台湾人は含まない）の状況を紹介する。一九四〇年（昭和一五年）、中国戦線の在留日本人は三七万人。男性二三万人（六二％）、女性一四万人（三八％）。女性一四万人のうち、一九四〇年一〇月で、「芸妓・娼妓・酌婦其他」は一万五〇〇〇人であった。伝統的な職業区分なので、娼妓も入っているが、実際には中国戦線に娼妓は一人もいなかった。一九四〇年で、在留日本人の四割が女性であった。そのうち、一万五〇〇〇人が売春婦であった。

一九四〇年、領事館管内の統計である。九江の場合、総数二四六七人、男性一三四二人、女性一一二五人、このうち「芸妓・娼妓・酌婦其他」、すなわち売春婦として届け出ていたのは五六八人であった。九江の場合、売春婦の比率がとくに高く、在留日本人女性のおよそ半分（五〇・五％）は売春婦であった。

いわゆる従軍慰安婦の大半は日本人女性であった。彼女たちは、戦地に出かけ、そこで日本軍の将兵を相手に売春することを、あらかじめ承知して、中国戦線などに出かけた。戦地における売春は、たしかに多少、危険であったが、明日の命も知れない兵隊相手ということで、効率よく稼げた。戦地に自らの意思で出かけていったということで、彼女たちは、戦時、戦地に出かけた「からゆきさん」であった。

このように、日本人町では売春婦の存在が相当めだった。これだけめだつと、彼女たちを収容する施設を「慰安所」という名前ですますことは難しかった。たとえば、「慰安所」にいる日本人「慰安婦」も、とくに職業名がないので、朝鮮人や中国人の「慰安婦」同様に、どこそこにある「慰安所の女」としかいえなかった。売春は、飲食と並び、日本人町のいわば二大「産業」であった。

日本内地や租界の売春の方式を導入する

第二は、中国戦線に形成された日本人町が、日本人「慰安婦」のありかたに影響を与えたことである。日本人町を内地の町と同じようなものにしようという意向が働く。そうなった時、それまで繁昌を極めた「慰安所」も変わってくる。当初の「慰安所」は、兵隊が売春する場所という意味しかなかった。飲食も伴わず、ただ、売春をするためだけの施設であった。こういった殺伐とした名前を持った施設は、内地の町には存在しなかった。

こうして、「慰安所」は次第に、名前も実態も変わってゆく。まず、施設は、内地と同じような名前の店（料理店・飲食店・カフェ）に変わる。売春業者が料理店・飲食店・カフェの経営者になる。また、「慰安婦」の呼称も変わる。内地の売春婦の呼称を名乗るようになる。

前述したように、日本当局は、外見をはばかり、日本人町では公娼制度を名目上、廃止したので、娼妓は一人もいなかった。また、遊廓も一切作られなかった。「慰安婦」は芸妓・酌婦・女給のどれかを名乗るようになる。彼女たちは前借金《ぜんしゃくきん》に縛られていたから、実態は娼妓に近かったが、名目は芸妓・酌婦・女給のどれかを名乗った。

この変化には一定の時間がかかった。中国の都市の一角に作られた日本人町に、日本式の料理店・飲食店・

カノェがある日､忽然と出現するはずがなかったからである。「慰安所」から､料理店などへの変換には､数ヶ月の時間を要した。

のちに一部の日本人町で刊行された『商工案内』を見ると、多数の料理店・飲食店・カフェが掲載されている。「慰安所」はお店ではないから、当然、『商工案内』には一切掲載されていない。『商工案内』が刊行されるような時期になると、実際にも「慰安所」はなくなっていたであろう。

こうして、日本人「慰安婦」の売春の場は、内地と同様に料理店・飲食店・カフェとなった。「慰安所」は、占領直後の短期間、存在しただけであった。

第三の要因は、租界との関係である。日本は、中国各地、たとえば、上海や天津などに従来から租界を持っていた。そこでも、当然、売春が行われていた。なじみのある、租界で行われていた売春の方式を、日中戦争で出現した日本人町に取り入れた可能性がある。

租界と日本人町の状況は似ていた。ともに中国の既存の都市の一部に、日本人が集中して居住するものであった。それゆえ、租界ですでに行われていた売春の方式を、日本人町に導入することは容易であった。これまで、租界のことはほとんど言及されてこなかったので、租界ですでに行われていた売春方式の影響を強調しておく。

従軍慰安婦問題の重要性

前述したように、九江の場合、占領方式が特殊であった。占領直後から一〇ヶ月間、地元の中国人を追い出し、郊外の難民区で暮らさせた。一〇ヶ月間、九江の住人は日本軍の将兵だけであった。日本軍にとって必要な、少数の中国人（人力車の車夫・売春婦・苦力隊の隊員）だけが九江の町に入ることを許された。

「慰安所」は、日本人「慰安婦」を占領の初期にだけ収容した施設であって、通常ならば、数ヶ月程度で消滅するはずであった。ところが、九江の特殊性によって、一〇ヶ月間、その存続が長引いてしまう。「慰安所」が長く存続しているところを、岩田軍医がたまたま撮影したのである。

日本は国際的な（主に欧米諸国からの）批判を受け、関東州・満州国に引き続いて、中国戦線に形成された日本人町においても、公娼制度を名目的に廃止する。公娼制度に組み込まれた娼妓の状況はたしかにみじめであった。その公娼制度下の娼妓よりも、性的奴隷型の慰安婦はもっとひどい状況に苦しんだ。彼女たちが収容された慰安所は奴隷小屋に近い存在であった。だから、日本人町に性的奴隷型の朝鮮人の慰安所を設置していない。また、中国人女性を収容する慰安所も、日本人町には設置していない。日本人町に暮らしたことのある住人は、日本人町で、性的奴隷型の朝鮮人慰安婦を見たことがない、彼女たちが収容された「慰安所」も見たことがないと証言する。実際、性的奴隷型慰安婦の朝鮮人女性や中国人女性を収容した「慰安所」は、日本人町には存在しなかった。

朝鮮人女性や中国人女性を収容した慰安所は、日本人町の中にはなく、駐留部隊の駐屯地の近くに、あるいは、それに隣接する所に設置されたと思われる。軍隊の駐屯地は日本人町からやや離れている。通常、在留日本人が駐屯地に行くことはない。だから、日本人町の住人は朝鮮人女性や中国人女性を収容した慰安所を見ることはなかったのである。

これまで、従軍慰安婦問題を扱う場合、強制的に慰安婦にされた朝鮮人女性に対する非人道的な扱いを多く問題にしてきた。彼女たちは、日本政府に対して謝罪と補償を求めてきた。しかし、彼女たちの切実な訴えは、きちんと聞き入れられていない。それゆえ、彼女たちを支援する運動を引き続き、推し進めてゆかねばならない。

これと同時に、従軍慰安婦問題は日本の軍隊の特性をとらえてゆくのに、とても有用であり、重要なカギを与えてくれるという認識も大事である。外征している日本軍の兵站、とりわけ飲食や売春といった、兵隊たちの「福利厚生」がどのようになされていたかを調べる時、慰安婦問題は重要な材料を提供してくれる。

戦後、中国戦線からの引揚者は、軍人・軍属が一〇四万人、民間人が四九万人であった。軍隊の半数近くの民間人が中国戦線に移住していった。これだけ多くの民間人を軍事占領地に連れてゆく軍隊はほかにはない。日本軍隊だけの現象である。逆にいえば、日本軍は、軍隊の半数近くの大量の民間人を占領地に連れてゆき、彼らに軍隊の兵站の一部（兵隊たちの飲食や売春）を手助けさせねば、長期の外征を戦えない軍隊だったということになる。

17　日本軍が中国でまいた伝単

伝単の由来

伝単（でんたん）とは、戦争の時、宣伝のため、飛行機から大量に散布されたビラのことである（もともとは中国語）。太平洋戦争末期、アメリカ軍のＢ29からも、多くのビラが投下された。日中戦争でも、日本軍が多くのビラを投下したことはわかっているが、そのビラ＝伝単の実物は、これまでほとんど発見されてこなかった。ところが、名古屋市にいた出口晴二氏が八五枚もの伝単を収集し、保存していた。彼の収集した伝単のことは、三五年前にすでに新聞に紹介されていた。

伝単を保存していたのは名古屋市の無職　出口晴二さん（六六）。古いスクラップブックに入手順に張ってある。外へ出したことがないせいか、シワもなく、色もあせていない。ほとんどがきれいなカラー印刷だが、内容はえげつない。

たとえば、前線で兵士は戦いに疲れ果てているのに、後方で将官は女性とたわむれているという風景をマンガで描いたもの。蒋介石の生首を大きな刀の上に乗せ、民衆がかついでいる姿。ポルノまがいの絵を添えた「親愛証」――これを持参して投降すれば危害を加えないという保証書のようなものであった。また、民衆は「親日」であるのに蒋介石はスターリンと手を組んでいるとか、中国大陸の日本の占領地に次々に日の丸を立てていく図など。

出口さんは昭和一二年七月、浜松市にあった陸軍飛行第五大隊第二中隊（軽爆隊）に召集され、同月末、天津から北京に入った。九月末ころから、北京の南、保定と石家荘を基地に太原攻略をし、その時、伝単がばらまかれた。

出口さんは基地で飛行機の整備を受け持ち、飛行機が伝単を積み込むたびに、一枚ずつもらい、保存した。伝単は大半が週刊誌の半分の大きさ。二〇センチほどの束にしたのを二、三個積み込み、爆撃から基地へ戻る途中にまいていたという。

同じ年一二月には南京に移り、翌年には広東を基地に南寧方面にも、月一～二回の割でまいたと、出口さんは記憶している。一五年四月、召集解除のとき自宅へ持ち帰った。「当時は記念品のようなつもりで持っていたが、（後略）」という。

『朝日新聞』、一九八〇年四月一九日、夕刊

出口氏がすでに死去しているので、この新聞記事が重要な手がかりになる。出口氏は、一九一四年生まれ。前掲の『朝日新聞』の記事によれば、彼は軽爆撃機の整備兵であった。日中戦争の前半（一九三七年七月～一九四〇年四月）、出征する。その間、当時の表現で、「北支」、「中支」、「南支」の各地に出かけている。

彼の死後、遺族から「戦争に関する資料館調査会」に寄贈された。この貴重な史料が散逸を免れ、保存されたことを喜ぶものである。おかげで、大量の伝単を閲覧することができた。遺族の方、および、閲覧・利用を許可してくれた「戦争に関する資料館調査会」に感謝の意を表するものである。

伝単は、すべて一冊のスクラップブックにのり付けされている。伝単は全部で八五枚ある。これだけ多く

の伝単が残されている例はない。他に類を見ない史料である。今後、出口氏の残した伝単は多くの研究者によって注目され、研究されてゆくことであろう。今回の紹介が、そのさきがけになれば、幸いである。

一枚目の台紙の裏に、「昭和拾弐年　北支にて」と手書きで記されている。

スクラップブックの台紙には、頁を打っていない。おおよそを示せば、よこ長の場合、13×19センチぐらいである。伝単のたてと横の長さはそろっていない。一頁に一枚、あるいは二枚の伝単が貼り付けてある。伝単には、すべて鉛筆で番号がつけられている。これを〇〇号と示す。伝単が一頁に二枚、貼り付けてある場合、下に来るほうが、番号は若い。以下、伝単の整理番号（〇〇号）の順序に従って、紹介してゆく。

一頁に二枚、伝単が貼ってある場合だけ、何頁の下、あるいは上と示した。一枚しか貼ってない場合は、頁数だけを記した。また、伝単の多くは多色刷である。それゆえ、多色刷の伝単の場合は、何も記さなかった。少数であるが、白黒のものがある。こちらだけ、白黒刷と示した。伝単の多くはよこ長である。したがって、よこ長の場合は、何も記さなかった。たて長の伝単だけ、たて長と表記した。

【1号】
「怪！以兄弟之骨肉為柴火焼出来的山珍海味饗宴某国的客人」
【訳】「おかしいぞ！兄弟の骨肉をたきぎにして作った山海の珍味で、某国の客をもてなしている。」
　後姿の蔣介石が多数の中国兵をたきぎとして、かまどで燃やしている。某国の客人とはスターリンである。できあがったごちそうはスターリンにふるまわれる。

【2号】
「軍費・子弾及食糧快要断絶了！」
【訳】「軍費・弾丸および食糧はまもなく断絶する。」
　上下二段になっている。上段：日本軍が海上封鎖したため、関税収入がなくなる。下段：だから、兵隊に対する糧食も停止せざるを得ない。

【3号】
「仮定国民政府赤色時？」
【訳】「仮に国民政府が赤化した時は？」
　上下二段になっている。上段：支配階級は民衆を牛馬にするであろう。下段：支配階級は、人々を搾取される道具にするであろう。

【4号】
「因為你們被上官瞞着、所以還不知道前線的状況。其実已経大吃敗仗！」
【訳】「君たちは上官にだまされているので、まだ前線の状況を知らない。実際のところ、すでに大敗している。」
　兵士は上官によって目隠しされている。華北と上海ですでに多くの中国兵が戦死した。明るい華北と、戦乱の上海が対比して示されている。

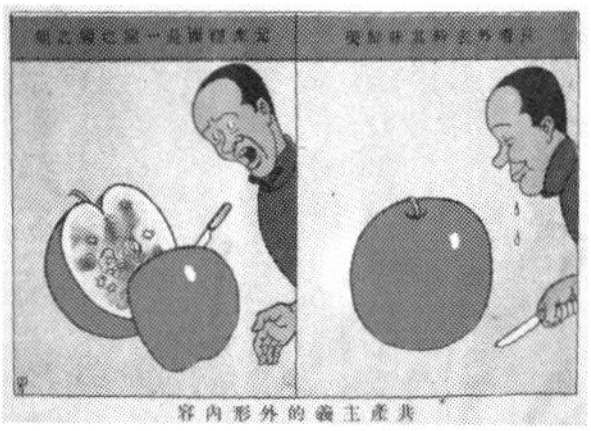

【5号】
「共産主義的外形内容」
【訳】「共産主義の外観と中身」
左右二段になっている。右側：赤いリンゴは、外側から見るとおいしそう。左側:ナイフで切ってみると､リンゴの中身は「亡国のウジ」だらけ。

【6号】
「解甲還郷」
【訳】「武装を解いて、故郷に帰る」
中央に日本軍の兵士が一人立っている。右側に風呂敷包みをかついだ男。左側に彼が脱ぎ捨てた軍服と小銃。中国軍の兵士に向かい、武装を解いて、故郷に帰れといっている。

【7号】
「各国都不願意理会、可靠的某国又因為害怕某某的監視、不能給与多大的援助、所以敗色愈濃。」
【訳】「各国はみな中国のことを気にとめようとしない。頼るべき某国もまた、某某の監視を恐れ、多くの援助を与えられない。だから、敗色はいよいよ濃くなる。」

某国はソ連をさす。ソ連のスターリンは中国をもっと援助したいが、某某、すなわちヒットラーとムッソリーニの監視があるので、できないと弁明する。

【8号】
「中日両国的実力比較　日本有很充足的軍費而中国的金庫却是空々如也」
【訳】「中国と日本の実力の比較。日本には十分な軍費があるが、中国の金庫はすっからかんである。」

日本人の男が頭上に軍費の箱を高く持ち上げている。箱には「26億の日本の軍費」と記されている。一方、中国人がのぞいている金庫には、何も入っていない。すっからかんである。

【9号】
「諸君看吧！老蒋発瘋了！側近旧支要人陸続跑到華北去了　蒋的暴虐不信　没落已迫了旦夕　趕快停止戦争吧！」
【訳】「諸君、見なさい！　蒋介石は気が狂った。側近の以前の中国の要人は続々と華北に逃げてしまった。蒋介石は信じられないほど暴虐なので、没落はすでに旦夕に迫っている。急いで戦争を停止しよう。」

刑場で、目隠しされた者が棒杭にしばられ、蒋介石の命令によって、今まさに銃殺されようとしている。銃殺されようとしているのは、閻錫山、李宗仁、馮玉祥、宋哲元、韓復榘らである。蒋介石の横に断髪姿の女性が立っている。蒋介石夫人の宋美齢であろう。右側には、華北へ逃げようとする三人の要人が描かれている。

日中戦争が起ると、中国側の有力者（旧来の地方軍閥など）が一丸となって戦ったわけではなかった。彼らの間に矛盾があった。そのため、蒋介石は戦争中、中国側の要人たちと時に対立し、排斥せねばならなかった。

【10号】
「趕快投降求享口福吧。党軍後方已経欠乏糧食了　日軍準備如此豊富」
【訳】「いそいで投降し、ごちそうにありつこうではないか。党軍、すなわち、中国軍の後方はすでに糧食が欠乏している。日本軍の準備はこのように豊富である。」

目立つように周囲を赤い枠で囲んでいる。中央に、日の丸と五色旗を持った日本軍の兵隊がいる。こちらに来れば、ごちそうが食べられると示す。右側は、腹をへらした中国軍隊。左側の日本軍の所に来て、ごちそうを食べている中国兵。両者を対比している。

【11号】
「活用投降票吧　就可以享福。日軍同情優遇你們！趕快脱離欺偽的強制吧」
【訳】「投降票を活用しよう。そうすれば、幸せを享受することができる。日本軍はあなた方に同情し、優遇する。いそいで、いつわりの強制から抜け出せ。」

右上に、赤地に日の丸と五色旗を交叉させた投降票がある。中国兵に呼びかける。鎖を切って、この投降票を持って、日本軍に投降してきなさい。日本軍の所に来れば、大盛りの飯が食べられると示す。投降してきた中国兵が、日本軍兵士から供給された大盛の飯を食べている。

【12号】

白黒刷。たて長。上に絵。まん中に道路標識。右は「活路」、「歓迎投降者」。右は「死路」、「鎗斃退却者」。

【訳】「生きてゆく道」、「投降者を歓迎する」。「死滅への道」、「退却者は銃殺する」。

下に文章。「大場鎮、江湾、南翔已経被日軍包囲了、現在只有投降、或是死滅一途而已（後略）」「携来伝単投降者毎張賞洋五元」

【訳】「大場鎮、江湾、南翔はすでに日本軍に包囲された。現在、ただ投降あるのみ。それとも死滅の一途か。（後略）」

大場鎮、江湾、南翔は、いずれも上海戦の激戦地。

文章の最後に、「携来伝単投降者毎張賞洋五元」と記されている。

【訳】「この伝単を持って、投降してきた者は、一枚につき「洋五元」を与える。」

投降をうながす伝単を持って、投降してこい。伝単を持ってきたものには、「洋五元」の賞金を与えると記している。賞金つきの投降をうながす伝単のほうが有効だったのであろうか。

なお、文章の最後の所に、124という数字が小さく記されている。ほかの伝単の中にも、同じように３ケタの数字が記されているものがある。伝単を作成していた部署が、発行した伝単につけた「通し番号」であろう。しかし、３ケタの数字がついている伝単は少ない。大半はついていない。以下、同種の数字は、「通し番号」と称することにする。

【13号】

赤地に、日の丸と五色旗が交叉している。中央に「投降票」と、横書きで記されている。周囲を、白黒のワクで囲っている。目立つように、地の色は赤く印刷してある。

下に、「一、投降者携帯此票来日軍。二、日軍対於携帯此票者、不但不看做敵兵　而且優遇之矣。日本軍」と記されている。

【訳】「一、投降するものは、この投降票を携帯して日本軍の所に来なさい。二、日本軍は、この投降票を携帯するものに対して、敵兵と見なさないだけでなく、優遇する。日本軍」

　この投降票は貴重である。おそらく、飛行機から大量に散布したのであろう。

【14号】
「日軍的勇敢善戦、所向崩潰。日軍的新鋭軍械、挙世無雙」
【訳】「日本軍は勇敢に善戦する。向かう所、崩壊する。日本軍の新鋭の兵器は、世に並ぶものがない。」
　日本軍の飛行機が爆弾を落とす。地上で中国兵が吹き飛ぶ。周囲に赤いワク。

【15 号】

最も大きい。二つ折りになっているのは、これだけである。若い母親が幼児を抱いている図柄。幼児は男の子。手にヒモのついた人形を持っている。母親は中国服を着ている。裏は白。何も記されていない。上質の紙を使っている。いとしい妻と可愛い子どもを大きく描いている。兵士の厭戦の気持ちをかきたて、投降を呼びかけている。

「愛児！你們的孩子、誰来替你扶養？趕快投降吧。這是你們救自己、救妻子的捷径！嬌妻！你們的妻子、天天在家裡、怎様的掛念着你們、等候着你們回来啊！」

【訳】「可愛い子ども！あなたがたの子どもを、誰があなたに替わって扶養するのか？　急いで投降しなさい。これが、あなたがたが自分を救い、妻子を救う近道である。いとしい妻！　あなた方の嫁さんは、毎日、家でどんなにかあなたがたのことを心配し、あなたがたの帰りを待っていることであろう！」

【16 号】

「対投降者以友誼待遇、並儘量供給伙食。」、「持此種伝単来投降者毎張賞洋五元」

【訳】「投降者に対しては、友誼をもって待遇する。食事は腹いっぱい提供する。」「この伝単を持って投降する者には、一枚につき洋五元を与える。」

日本軍の陣地には、投降歓迎と書いた旗や日の丸が翻っている。それをめがけ、多くの伝単を持った中国兵が投降してくる。日本軍に投降してきた中国兵は、たらふく食事をもらっている。左下すみに、120 という「通し番号」がある。

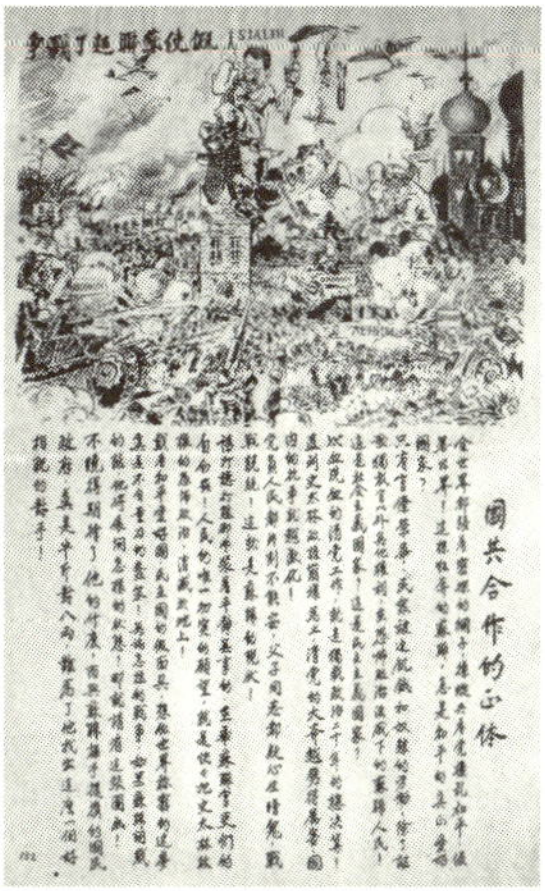

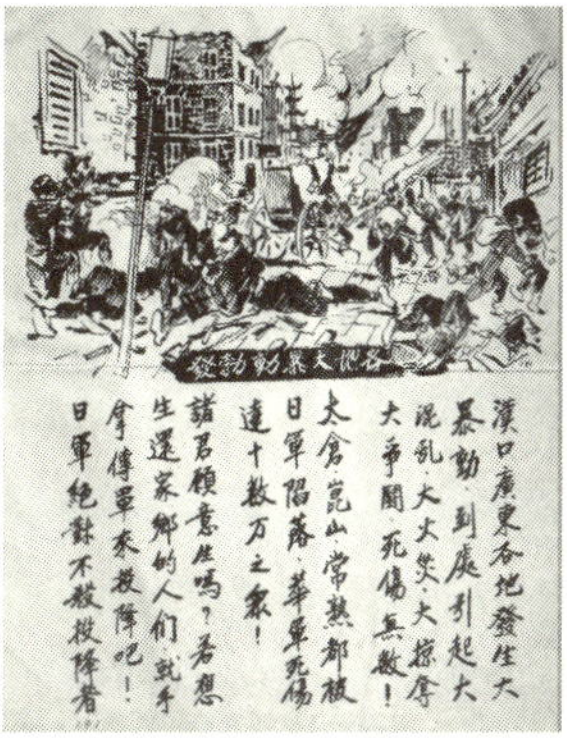

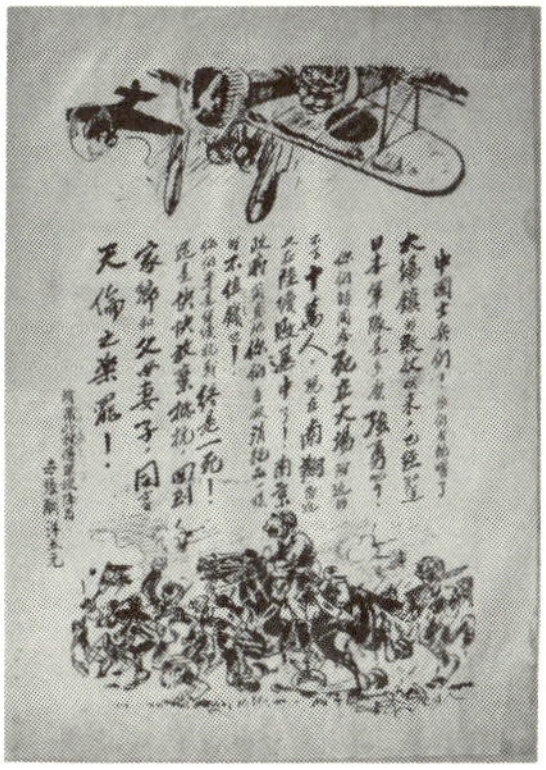

【17 号】
上段に絵。「仮使蘇聯起了戦争」【訳】「もしもソ連が戦争を起こしたならば」。下段は文章。「国共合作的正体」
【訳】「国民党と共産党の合作の正体」という文章がある。文章は長い。

絵はごちゃごちゃしていて、わかりにくい。スターリンが落ちないように、塔の上につかまっている。ソ連を悪く言っている。132 という、「通し番号」がある。

【18 号】
上段は絵。暴動が起こっている。「各地大暴動勃発」【訳】「各地で大暴動が勃発」。下段は文章。

漢口や広東などで大暴動が発生したという。最後の四行は「諸君願意生嗎？若想生還家郷的人們、就手拿伝単来投降吧！日軍絶対不殺投降者。」
【訳】「諸君は生きたいと願わないのか。生きて故郷に帰りたい人は、伝単を持って、投降してこい。日本軍は投降者を絶対に殺さない。」
左下すみに、141 という、「通し番号」がある。

【19 号】
上に日本軍の飛行機。下に中国軍。中に文章がある。「中国士兵們！你們自飽嘗了大場鎮的敗仗以来、已経知道日本軍隊是多麼強勇吧？（後略）」
【訳】「中国の兵隊たちよ。お前たちは大場鎮の敗北を経験して以来、すでに日本軍隊がどんなに強いかを知ったであろう。（後略）」
「携帯此種投降者毎張酬洋五元」
【訳】「この伝単を持って投降してきた者は、一枚につき、洋五元を与える。」
119 という、「通し番号」がある。

【20号】
中国の兵士が一人。蒋と書いてある鉄の玉に、鎖でつながれている。そばで妻子が泣いている。「勧你千万不要做「抗日的英雄」吧！因為「抗日」就是「自招滅亡」啊！」
【訳】「あなたが決して「抗日の英雄」にならないように勧める。なぜなら、「抗日」とは、つまり「自ら滅亡を招く」ことだからである。」

【21号】
「説是華軍大勝、但各地劫被日軍占領。中国、這様欺瞞世界、怎不失悼列国的同情！」
【訳】「中国軍が大勝というが、しかし、各地は日本軍に占領された。中国は、このように世界をだましている。どうして、列国の同情を失わないのか。」
　アメリカ人が机の前に座っている。その上に、「中国軍、大勝」という、事実と異なるチラシが、次々ともたらされる。

【22号】
日の丸のついた、大きなげんこつが中国の家を叩き壊す。「皇軍所向、常是如此！」
【訳】「皇軍、向かう所、常にかくの如し。」
日本軍の強さを強調している。

【23 号】
日本軍のタンクが多く並ぶ。「抗日就是燬滅！希望和平！必先帰順日軍！」
【訳】「抗日は壊滅だ。平和を望むならば、必ずまず日本軍に帰順せよ。」

【24 号】
「上了大当的地方軍　地方軍被蒋介石騙到前線　当日軍的炮火！」
【訳】「だまされた地方軍。地方軍は蒋介石にだまされ、前線に行く。日本軍の砲火を浴びる。」
当時の中国には、以前の軍閥の時代からの「遺物」で、地方軍というものが存在した。彼らは中央政府からなかば独立していた。その地方軍が前線に派遣され、損害を受けた。

【25 号】
「今天受了外国的煽惑補助而一意抗日、那麼明天将要怎様？」
【訳】「今日、外国のそそのかしと補助を受け、ひたすら抗日する。それでは、明日はどのようにするのであろうか。」
英米から、蒋介石は砲弾などを受け取る。

【26 号】
「前線的士兵在戦壕裡浴血拼命！漢口的国共両党只在争権奪利。」
【訳】「前線の兵士は塹壕で血みどろになって奮戦している。漢口で、国民党と共産党はただ権力争いをしている。」
日中戦争の初期なので、共産党のことはあまり出てこない。ここでは、珍しく共産党のことが出てくる。

【27 号】
マンガ。上下４段に分かれている。イギリスが銃を中国に売る。多くの中国人が戦死する。しかし、イギリスは大もうけ。「白銀換鎗的把戯」
【訳】「白銀を銃に換えるペテン」

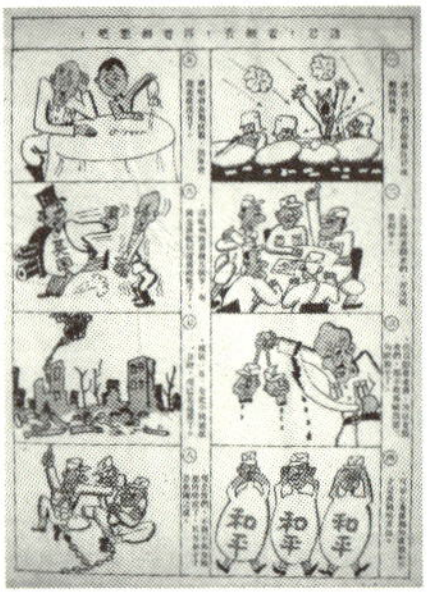

【28 号】
８コマのマンガ。「諸君！着細看。再着細想吧！」
【訳】「諸君。注意深く見よ。さらに注意深く考えよ。」

【29 号】
６コマのマンガ。「抗日六部曲」
　一人の中国兵が刀をふりかざして、日本軍の大砲に向かう。兵士のうしろに督戦の見張りがつく。さらに、督戦者のうしろに見張りがつく。
　台紙に「昭和拾参年七月　中支」と、スミで書いてある。1938 年７月以降に、「中支」、すなわち、揚子江沿岸地方で収集したものである。

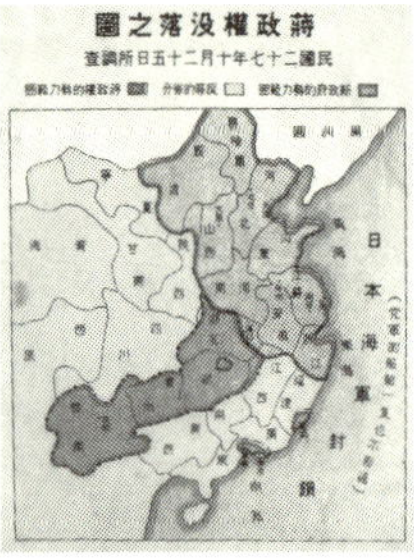

【30 号】
中国の分省地図。「蔣政権没落之図」
【訳】「蔣介石政権没落の図」
　中国の領土を、三つの色で分けている。蔣介石政権は、４つの省しか支配していないと図示している。「民国二十七年十月二十五日所調査」とある。1938 年 10 月の時点での調査である。蔣介石政権が統一中国の中央政府の実態をすでに備えていたことを、軽視している。

【31号】
「九江倒蔣大会会衆五千」
【訳】「九江市で開かれた、蔣介石打倒の集会。５千人が集まった」
　集会で、一人の男が演説している。九江市は、江西省北部の港湾都市で、1938年７月に陥落。町の規模は比較的小さいが、揚子江の重要な港町であった。その九江市で、蔣介石政権に反対する大規模な集会が開かれた。

【32号】
「咄、這個醜漢」
【訳】「ちぇっ！この恥じさらしめ。」
　日本軍の空襲で、爆弾が落ちてくる。家屋が焼けている。その中を、蔣介石がお金をいっぱいつめた袋を担いで逃げてゆく。蔣介石を非難している。

【33号】

「有信義的日本軍的真意」

【訳】「信義をまもる日本軍の真意」

　左右に分かれている。

右側は戦争。「対容共抗日軍、定必徹底撲滅之。」左側は中国民衆と日本軍の兵士。「対中国民衆、将依中日的提携、建設和平的東亜。」

【訳】「共産主義を容認する抗日軍に対しては、必ずこれを徹底的に撲滅する。」「中国の民衆に対しては、中国と日本の提携によって、平和な東亜を建設する。」

【34 号】

「蔣介石之誤算」「蔣介石要仰赤魔鼻息、民心就皆離叛了！」

【訳】「蔣介石の誤算」「蔣介石は赤魔（スターリン）の鼻息をうかがおうとする。民心はみな離反してしまった。」

「防共」、「親日」、「東洋」、「平和」と書かれた手のひらの上で、民衆は楽しんでいる。蔣介石はスターリンの鼻ひげにつかまっている。スターリンの大きな顔と蔣介石の小さな姿が好対照をなす。

【35 号】

水の中、多くの人が溺れている。汪兆銘先生が上から浮き輪を投げて、彼らを救わんとしている。

「汪先生不忍坐視民衆溺於蔣介石的毒水中　所以伸出挽救的手呀！」

【訳】「汪兆銘先生は、民衆が蔣介石の有毒な河川で溺れるのを座視するのが耐えられないので、救いの手を伸ばした。」

汪兆銘は日中戦争時、日本側に協力し、カイライ政権を作った人物。

【36 号】

「真正之温柔心　童心常懐慕」「民衆諸君呵！大家要帰還童心、党政府的暴虐政治及専横手段的真相　你們看清楚嗎？」

【訳】「真正なやさしく温かい心には、童心が常にしたいよる。」「民衆諸君。みんなは童心にかえらねばならない。党・政府の暴虐な政治、および好き勝手な振る舞いの真相を、あなた方ははっきり見ましたね。」

日本軍の兵士が一人すわっている。そこに、三人の中国人の子どもが慕い寄ってくる。

【37 号】
日華協力万歳
　日の丸と五色旗（カイライ政権の国旗）が交叉している。この場合、「日華」とは、日本とカイライ政権を指す。

【38 号】
「小孩子的先生」
【訳】「子どもの教師」
　子どもが教師になって、小さい子どもに教えている。壁にかかった日の丸には、「慈愛的日本兵」、「日華合作万歳」と記されている。
【訳】「やさしい日本兵」、「日本と中国の提携万歳」

【39 号】
「中国民衆欲推進和平幸福」
【訳】「中国の民衆は平和と幸福を推進させたい」
　五つの斜めの道。「幸福・平和」の赤い玉を、人々が坂道から押し上げようとしている。

【40 号】
「老蒋！　你還要依靠甚麼人呢？」【訳】「蒋介石よ。お前はまだどんな人に頼ろうとするのか」
【訳】「蒋介石よ。お前はまだどんな人に頼ろうとするのか」
　「共産犬」と記された犬が横にいる。蒋介石が共産党に頼ろうとしても、うまくゆかないぞという意味であろう。

【41号】
「東亜永遠的和平成功了！」「蒋介石政権陥落於地獄了！東亜的永遠和平到来了！」
【訳】「東亜の永遠の平和が成功した。」「蒋介石政権は地獄に落ちた。東亜の永遠の平和が到来した。」
　左下に、地獄に落ちた蒋介石政権が描かれる。「華北」、「華中」、「華南」と記された三羽の鳥とともに、一人の天使が、平和と記された月に向かって、空中を飛翔してゆく。

【42号】
「蒋介石之孤独」、「民衆皆防共親日」、「容共只是我一個人」、「我也想退手呵」
【訳】「蒋介石の孤独」、「民衆はみな防共親日」、「容共は私一人だけだ。」、「私も退こうか。」
　民衆は防共親日で、日本側につく。容共は私一人だけですよとスターリンに言い寄るが、肝心のスターリンもそっぽを向く。蒋介石の孤独が深まる。

【43号】
「蒋介石無疑地要墜落地獄之所了」、「冥国地獄」、「防共親日団体」、「日軍進撃」
【訳】「蒋介石はきっと地獄に落ちるにちがいない。」、「冥土地獄」、「防共親日の団体」、「日本軍の進撃」
　蒋介石は地獄の恐ろしい炎の上で、かろうじて綱にぶら下がっている。その綱を「防共親日の団体」と「日本軍の進撃」の大きなハサミが、今まさに切ろうとしている。

【44号】
「老蒋倒了。民衆安心！」
【訳】「蒋介石がやられた。民衆は安心した。」

日本軍の飛行機の空襲を受け、蒋介石はやられる。日の丸を持った中国人の農民たちは平和に暮らしている。

【45号】
「快起来、解除武装回郷吧。汝們的父母妻子、等候得很呀。若再抗戦、只有死於無辜罷了。」
【訳】「早く、武装を解除して、郷里に帰りなさい。あなたがたの父母や妻子が待ちこがれている。もし再び抗戦すれば、むだに死ぬだけだ。」

郷里の妻子や母親が、兵士に対して武器を捨てて、帰って来いと呼びかけている。

【46号】
「打倒万民之敵的蒋介石、向着五色旗之下進行」
【訳】「万民の敵である蒋介石を打倒し、五色旗のもとに向かって前進せよ。」

青龍刀の上に切られたばかりの蒋介石の生首がヒモで縛り付けられている。それを多くの中国人が五色旗（カイライ政権の国旗）を翻して、運んでいる。

【47号】
「日本軍傘下的平和楽土、金銀珠玉之福」、「蒋政権傘下的深冤苦地、槍火炮弾之災」
【訳】「日本軍の傘下の平和な楽園、金銀珠玉の幸せ」、「蒋介石政権の傘下の苦しみ、銃火・砲弾のわざわい」

左右に分かれる。右は日本軍の傘の下で、日本軍兵士と中国人児童がくつろいでいる。左は蒋介石とその夫人が日本軍の空襲を受けている。

【48 号】

「危極了、快来罷。日本大軍現已包囲了太原。抗日醜類、不能不殲滅。親日諸位、必定愛護救済。太原巨都燬滅。太原巨都繁栄。你們生命財産全滅。你們多享安楽幸福。全都在乎你們的心思如何。不如快来信服日軍多蒙其恵恩」

【訳】「切羽詰っている。急げ。日本の大軍が現在、すでに太原を包囲した。抗日の悪党たちは殲滅されざるをえない。親日のみなさんは、まちがいなく保護され、救済されるであろう。太原のまちがすっかり破壊されるか。あるいは太原のまちが繁栄するか。あなたがたの生命財産が全滅するか、それとも、あなた方が安楽で幸福に過ごせるのか。すべてはあなたがたの心がけ如何で決まる。早く日本軍を信頼し、その恩恵を蒙るにこしたことはない。」

　太原は山西省の省都。太原が日本軍の攻撃を受ける。その際に日本軍が太原市在住の住民に配布した伝単であろう。抵抗せずに、早く日本軍に投降せよと呼びかけている。

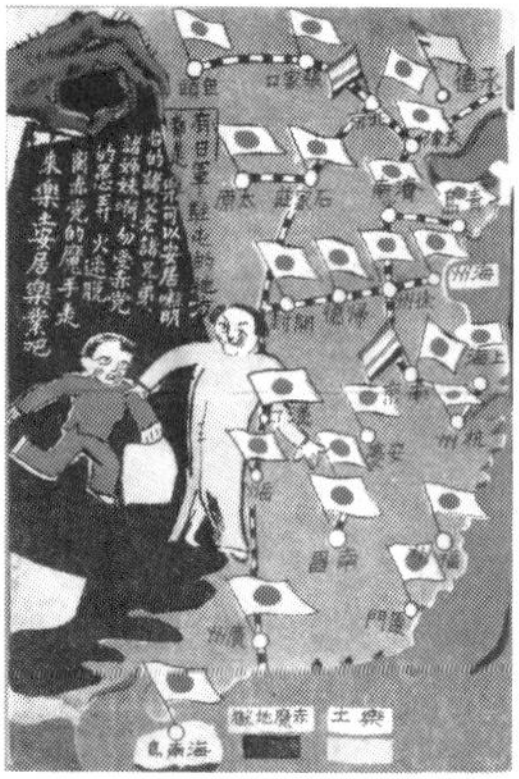

【49 号】

伝単の右側に、「昭和拾四年　南支」という書き込みがある。

「有日軍駐屯的地方、都是楽可以安居啦。明哲的諸父老諸兄弟諸姉妹啊。勿受赤党的愚弄。火快脱离赤党的魔手、走来楽土安居楽業吧」

【訳】「日本軍が駐屯している所は、みんな気楽にのんびり暮らせる。聡明な父老・兄弟姉妹の皆さん。共産党（赤党）に愚弄されないでください。すみやかに共産党の魔手から逃れ、楽土（日本軍占領地）にやってきて、安心して暮らしてください。」

　中国の地図が描かれている。オレンジ色の部分は「楽土」、黒色の部分は「赤魔地獄」と説明されている。中国の東部は全部、占領された。大きな都市にはみんな日の丸が立っている。中国人が「赤魔地獄」から、「楽土」へ逃げてくるように勧めている。

【50 号】

日本軍の飛行機が伝単をばらまく。伝単に書かれた標語を示す。

「日中満提携　万々歳」、「同胞快醒、勿受赤魔的愚弄」、「脱去武装、快附新政権」、「日華親善」、「日中如兄弟一様」、「広州繁栄恢復了」、「経済提携」

【訳】「日本・中国・満州国、提携万々歳」、「同胞は早く目覚めよ。共産党（赤魔）の愚弄を受けるな。」、「武装を解除して、早く新政権に従え。」、「日華親善」、「日本と中国は兄弟のようだ」、「広州の繁栄は回復した」、「経済の提携」

　絵が全体として稚拙。日本軍の飛行機はトンボのように見える。広州という地名が出てくるので、南支、すなわち広州のあたりで撒布された伝単である。

【51 号】
「広州市面繁栄恢復了」、「日華親善」
【訳】「広州は景気がよい。立ち直った。」、「日華親善」
　広州は日本軍に占領される。カイライ政権も出来る。町の建物には、日の丸や五色旗（カイライ政権の国旗）が翻っている。占領されたが、広州の町は、以前と同じような繁栄を取り戻したという。

【52 号】
「中日提携、推倒蒋政権、我們協力更生広東。」
【訳】「中国と日本は提携して､蒋介石政権をひっくりかえす。わたしたちは協力して広東を復興する。」
　日本と中国の二人の少年が立っている。蒋介石政権の木はすでに切り倒された。残った切り株から、日の丸と五色旗の小枝が出てくる。花も咲く。

【53 号】
「蒋党的最後命運、定必喪身於持着鎌刀的共産党之手！」
【訳】「蒋介石の国民党の最後の運命は、まちがいなく鎌を持った共産党の手によって、滅ぼされるであろう。」
　赤い服を着た熊が、鎌で蒋介石を自分の所に引き寄せ、赤いハンマーで打とうとしている。蒋介石が共産党によって滅ぼされるであろうという。

【54 号】
「把援蒋的綳帯解開来着！　非把這百年大患的悪癌割掉、中国是不会再站起来的！」
【訳】「蒋介石を助けている包帯をほどきなさい。この百年の大患の悪いガンを切除しなければ、中国は再び立ち上がれないであろう。」
　日の丸をつけた二人の医師が患者を診る。患者の右足には大きなガンができている。このガンを今から切除するというのである。

【55 号】
「華商挟二千万元的鉅資帰来。広州商界的金融頓呈活躍。」
【訳】「中国人商人は二千万元の大金を持って帰ってきた。広州の経済界の金融は急に活発になった。」
　大金が詰まった黄色い袋が床を埋めている。その上で、多くの商人が狂喜している。広州の経済のことを扱っている。日本がおさえていた二千万元の大金を、広州の商人たちに返却したのであろうか。

【56号】
「抗戦！抗戦！蒋介石的魔旗一揮、文人又足彀一篇「弔令戦場文」的資料了！」
【訳】「抗戦せよ。抗戦せよ。蒋介石の悪魔の旗がひとたび翻れば、文人はまた「戦場で戦死者を弔う文」の資料をまかなえるであろう。」
　白骨が一面に積み重なった所で、蒋介石が中国国旗をひるがえす。

【57号】
「前線的兵士是浴血捨身捨命努力。但是成都昆明的軍閥、要人、都是荒耽酒色淫楽而已。」
【訳】前線の兵士は血みどろになり、おのれを捨てて、命を顧みないで努力している。しかし、成都（四川省の中心都市）、昆明（雲南省の省都）にいる軍閥や要人たちはみな酒と女にうつつをぬかしているだけだ。
　上に「成都行営」と記した建物がある。「行営」は「最高統帥者の野戦司令部」のこと。したがって、成都に設けられた「最高統帥者の野戦司令部」である。そこにいる軍閥や要人たちは、戦時というのに女性たちと踊っている。下は戦場である。兵士が苦戦している。両者を対比して描いている。

【58号】
「蒋軍閥」、「無謀抗戦」、「抗戦愈久、即増加焦土。良民受痛苦、愈甚啦」
【訳】「蒋介石軍閥」、「無謀な抗戦」、「抗戦がますます長引く。焦土が増加する。良民の苦痛もますますひどくなる。」
「蒋介石軍閥」、「無謀な抗戦」と、よこ腹に記したタンクが多くの人々をひき殺して進んでゆく。タンク自体もオンボロで、戦車砲もひん曲がっている。

【59号】
「和平救国」「運命已経決定了。負着全体国民的輿望。」「汪先生」「後来的事、都不管得了。三十六着、走為上着」
【訳】「平和、救国」「運命はすでに決まった。国民全部の輿望を負う。」「汪兆銘氏」「あとのことは、どうでもよい。三十六計、逃げるにしかずだ。」
左右に分かれている。右は、日の丸と五色旗の下、多くの人々が集まり、汪兆銘を推戴している。左で、蒋介石は、「抗戦」、「抗日」、「容共」の宣伝文を吊るしたアドバルーンがついたビルにいる。しかし、そのビルは今まさに倒壊しようとしている。共産党も逃げ出している。

【60号】
「日軍戦争的理由：為的是要救中国民衆、踢倒了残忍的狼——「国共合作」、把中国良民救出。」「日軍的奮戦、是為着要救中国的民衆、由国民政府的毒牙遇救出来的中国良民的笑臉。」
【訳】「日本軍が戦争をする理由：中国の民衆を救おうとして、残忍な狼、すなわち「国共合作」を蹴り倒し、中国の良民を救出するためである。」「日本軍の奮戦は、中国の民衆を救い、国民政府の毒牙から、難を逃れた中国良民の笑顔のためである。」
日本軍の一人の兵隊が、「国共合作」および「国民政府」と記された二匹の犬を蹴り倒して進んでくる。彼は中国人の幼児を背負う。彼の後ろから二人の中国人がついてきている。

【61 号】
「党軍的軍官、進軍的時候、最後面緩々而進。」「敗北逃難的時候、是在最前面的鼠竄而已。」「善良的中国兵士諸君啊。請思一想吧。這様無意思而最惷的戦争、加緊結束、是最良的弁法咧。」
【訳】「中国軍の将校は、進軍の時は最後尾でゆっくり進む。」「敗北し逃げる時は、真っ先にネズミのようにこそこそ逃げる。」「善良なる中国の兵士諸君。ちょっと考えてくれ。このような無意味で最もおろかな戦争は、むりやり終結させるのが最良のやり方だ。」

上下二段に分かれている。上。兵隊の後ろから「督戦」のため、将校がついてゆく。下。負け戦では、「督戦」の将校が真っ先に逃げ出す。

【62 号】
「摟抱着女人的指揮官、利用士兵肉体作盾牌、以抵擋日軍的堅鋭砲火！世間上有這等不平事嗎？諸君！日軍的敵人不是你們士兵。而是你們背後淫佚的党将呀！」
【訳】「女性を抱擁する指揮官は、兵士の肉体を利用して盾とする。それでもって日本軍の激しい砲火を防ぎとめる。世間に、このような不合理なことがあろうか。諸君。日本軍の敵はあなたがた兵士ではない。あなたがた兵士の背後でみだらなことにふけっている将校たちである。」

将校は後方で若い女性とたわむれている。兵士たちが弾よけにされている。日本軍の敵は、気の毒な兵士たちではなく、特権的な将校であるという。将校と兵士の間の矛盾をつき、両者を切り離そうとしている。

【63号】

「広東楽土万歳」「一年前的広州、是満目瘡痍一片坵墟的焦土！ 然而一週年復、新的広東已従日軍的扶掖下、整理得井有条！市面上車水馬龍的熱攘情景　較諸焦土以前的広州有過之無不及！朋友！你想到這楽土来爽礼嗎？」

【訳】「広東の楽土、万歳」「一年前の広州は満身創痍で、あたり一面、焼け跡ばかりの焦土であった。しかし、占領後、一周年になった。新しい広東はすでに日本軍の援助の下、きちんと整理された。町の車馬の往来が盛んなさまは、これを焦土になる前の広州と比べると、勝りこそすれ決して劣らない。友よ。あなたはこの楽土に来て楽しもうとは思わないか。」

「広東楽土万歳」という看板が立っている。その周辺を多くの中国人が歩いている。平和で繁栄する町のようすである。占領後、一年たった広東の復興ぶりを示している。文章が活字ではなく手書きなので、読みにくい。

【64号】
「養虎先生。燃着了大薬引的大炸弾、団々把蒋伯々囲着、這殺人不睞眼的悪魔、合作於先、分裂於後、非把這住「養虎先生」化為灰燼、誓不干休！」
【訳】「養虎先生。火薬をいっぱい詰めた大型爆弾（共産党をさす）が、ぐるりと蒋介石を取り囲んでいる。人を殺しても眉一つ動かさない、この悪魔（共産党をさす）は、さきに国民党と合作するが、後には分裂する。共産党は爆発して、この「養虎先生」（蒋介石をさす）を灰燼にせねば、このまま引き下がってはならないと決めている。」

「養虎」は、「虎を飼う。将来の災いとなるのを知らずに禍根を養うこと。」蒋介石は「虎」、すなわち共産党を「飼」っている人、すなわち、「養虎先生」だとする。蒋介石は、「虎」、すなわち共産党と合作している。それは危険だ。共産党は将来必ず禍根をもたらす。彼らは将来必ず、蒋介石、すなわち「養虎先生」を打倒するであろうと主張する。

【65号】
「孫総理在天之霊、垂涙的看看蒋政権的焦土抗戦咧。」、「孫総理」、「中国民衆」、「焦土抗戦」
【訳】「天国にいる孫文の霊が、涙を流して蒋介石政権が行っている焦土抗戦を見ている。」、「孫総理」、「中国民衆」、「焦土抗戦」

蒋介石政権は日本軍の侵攻に抵抗するため、自ら都市を焼き払う焦土作戦を行っていた。孫文は国民党の創始者。その孫文の霊が、天国から蒋介石政権が焦土作戦を行っているのを見て、きっと悲しがっているであろうという。孫文は涙を流して泣いている。

【66号】
A「聴説広州已経太平無事了。」
B「打仗打得這様辛苦、我們不如不打了。大家一起回去罷。」
【訳】A「聞くところによると、広州はすでに平安無事だそうだ。」B「戦争をするのに、こんなに苦しいのであったら、われわれは戦争をしないほうがよい。みんな一緒に帰ろう。」

遠方に見える広州の町から音楽が聞こえてくる。前線で8人の兵士がしゃべりあっている。前線の大砲は破損している。

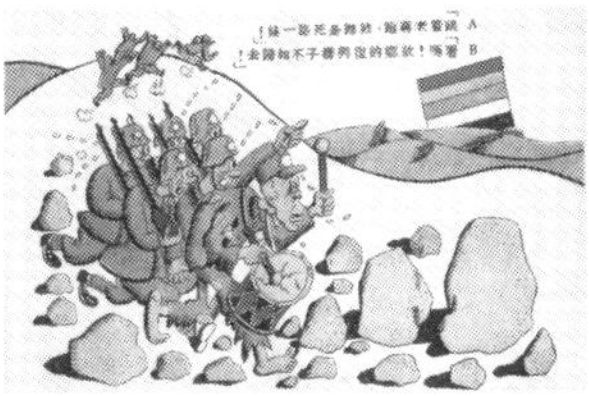

【67号】
A「跟着老蒋跑、終帰是死路一条！」B「看嗎！故郷的復興様子不如帰去！」
【訳】A「蒋介石と逃げまわっても、ついには死ぬだけだ。」B「見ろ。故郷の復興の様子を。逃げ回るより、故郷に帰るほうがよい。」
石ころだらけの道を、蒋介石と逃げ回っている兵士たちの会話である。故郷は、五色旗の翻るカイライ政権のもとにあって、めざましく復興している。蒋介石とともに逃げ回るより、復興している故郷に帰ったほうがよいと言っている。

【68号】　53頁
「在党政旗幟号召之下、盲目抗戦的結果成績、祇是白骨畳々。」
【訳】「国民党政府の旗じるしの呼びかけの下、盲目的に抗戦した結果は、ただ累々たる白骨の山だ。」
白骨の山がある。目隠しをされた兵士は、それを見ることができない。

【69号】　54頁
「重慶要人相継説出、蒋党之内、但聞一片和平救国的呼声！」
【訳】「重慶の要人たちは相継いで言い出した。蒋介石の党派の内、和平救国を求める声ばかりが聞こえてくる。」
重慶は四川省の都市。抗戦中、中国側はここを臨時首都にしていた。重慶にいる要人たちはいろいろ言い出した。蒋介石は断固として抗戦を主張している。しかし、要人たちはみな、「和平救国」、すなわち、日本と妥協し、抗戦をやめることを求めるようになった。蒋介石から離れた所で、要人たちが「和平救国」について声高に議論している。蒋介石はただ一人憮然として、椅子に座り込んでいる。

【70号】
「把国民来做賭博的籌碼」、「賎格的、博徒輸了九十九元、還焦急看想把一元来、反敗為勝。勒住自己的頚一様、眞是愚不可及。」
【訳】「国民をバクチの数取り棒にする。」、「あさはかな博徒がバクチで９９元も負けた。あせって、残った一元で負けをひっくり返して勝とうとする。自分の首を絞めるようなもので、本当に愚の骨頂である。」

【71号】
「最可憐的便是不知到広東已経太平無事了的兵士、還一步一歩的向着戦場的墳墓跑、他們完全給人遮瞞着、聴不到真消息、看不見真事実。」
【訳】「最も哀れなのは、広東がすでに平安無事であるのを知らない兵士たちである。一歩一歩、戦場の墓場に向かって進んでゆく。彼らは完全にだまされている。正しい情報を聞かず、正しい事実を見ない。」

多くの兵隊が武装して歩いてゆく。彼らは目隠しされ、耳栓もされている。広東付近の戦場に赴く中国兵である。彼らが情勢について、正しい情報を与えられていないと指摘する。

【72号】
「在月光明朗的良夜、你們在陣地上、還記得自己家郷妻児否？」
【訳】「月の光が明るく照らす、ここちよい夜、あなたがたは陣地で、まだ自分たちの故郷に残してきた妻や子どものことを覚えているであろうか。」
　満月が照らす前線の陣地で、兵士が故郷に残してきた妻子・父母のことを思いめぐらしている。

【73号】
「地獄与天堂。前方士兵、出生入死。後方将官、花天酒地」
【訳】「地獄と天国。前線の兵士は死線をさまよう。後方にいる将校は、酒色におぼれた生活をする。」
　左右に分かれている。右は苛酷な戦場で、兵士たちは生死をさまよっている。左は後方で、将校がベッドで若い女性とたわむれている。両者を対比して「地獄と天国」と表現している。戦場の兵士たちに向かい、将校たちの腐敗した生活ぶりに注目せよと訴えている。

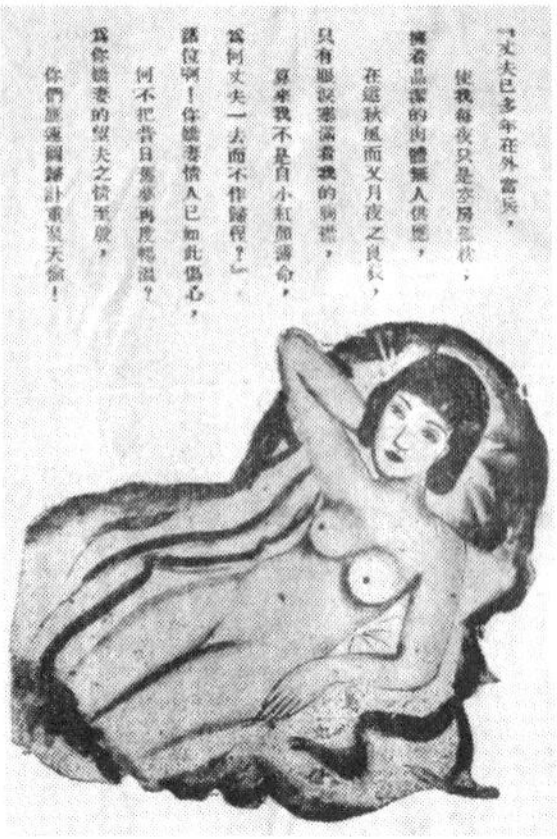

【74号】

「『丈夫已多年在外当兵、使我毎夜只是空房孤枕、擁着晶潔的肉体無人供応、在這秋風而又月夜良辰、只有眼涙塞満着我的胸襟、算来我不是自小紅顔薄命、為何丈夫一去而不作帰程？』諸位啊！你嬌妻情人已如此傷心、何不把昔日旧夢再度暢温、為你嬌妻的望夫之情至殷、你們応速図帰計重聚天倫！」

【訳】「『ダンナ様は兵隊になり、長年、不在。おかげで私は毎夜､ひとりぼっち。きれいな肉体を持っているのに、相手にしてくれる人はいない。秋風が心地よい、月夜の晩なのに、ただ涙が私の胸を濡らすだけ。私は小さい頃から美人薄命の運命ではないと思っていた。ダンナ様はなぜ行ったきり、帰ってこないのか｡』みなさん。あなたのいとしい妻や恋人はこのように心を痛めている。どうして昔の夢をふたたび温めないのか。あなたのいとしい妻が夫を恋い慕う気持ちはとても深い。あなた方は早く妻の所に帰る計画をたて、一家団欒の楽しみを取り戻すべきである。」

　ピンク色の紙に黒で記す。裸の若い女性が椅子に座って寝そべっている。妻や恋人たちが夫・恋人の帰りを待ち焦がれている。早く彼女たちのところに帰ってやりなさいとせきたてる。

【75号】

「親愛証」､「留恋的故郷」､「裁断線」

【訳】「親愛証」､「離れがたい故郷」､「切り取り線」

　たて長。上に大きく「親愛証」と記されている。中央に､「離れがたい故郷」という説明で、白黒の写真がある。多くの人が集まって商売をしている情景なので、市場であろう。「切り取り線」の下は、裸の若い女性が赤いソファーに寝そべっている｡「親愛証」と記されているので、この伝単を持ってゆけば、日本軍から優遇されるという意味であろう。

次に、番号が記されていない２枚の伝単を紹介する。

【欠番 1】
「我們同種的人　豈受你愚弄。大日本皇軍在此。不得動手」「赤魔的手」、「我們同胞　快醒起来　不要受赤党的魔手愚弄　快向光明之路　前進罷」
【訳】「我々、同種の人が、どうしてお前（共産党をさす）の愚弄を受けようか。大日本皇軍がここにいる。手を出してはならない。」「赤魔（共産党のこと）の手」「我々同胞は眼が覚め始めた。赤党（共産党）の魔手の愚弄を受けるな。早く光明の道に向かって、前進しよう。」

左に「赤魔的手」、すなわち共産党の手が大きく描かれている。日本軍の兵士が刀を振るって、恐ろしい赤魔の手と戦っている。その間に、中国人民衆は急いで安全な所に逃げなさいという構図になっている。日本軍の相手がそれまでの中国軍から、共産党に変わっているのが、この伝単の特徴である。日本軍が支配しているカイライ政権の支配地域には五色旗が翻っている。そこは「光明路」と記されている。共産党の影響を逃れ、カイライ政権の支配地域に移ってゆけという宣伝である。

【欠番 2】
「日軍堂々然抵汕頭」
【訳】「日本軍は堂々と汕頭に着いた。」

中国南部の海岸地方の地図が描かれている。そこに、汕頭（さんとう・スワトウ）の位置が示されている。洋上から日本海軍の艦艇がやってきて、汕頭に向かって進む。それが赤い色の矢印で示される。汕頭が占領されたので日の丸が掲げられている。上には五色旗を振って、日本軍を歓迎する中国民衆が描かれている。汕頭は、日本では「スワトウ」という呼び方で知られる。広東省東部の港湾都市。華僑の出身地として知られる。商工業が盛んな都市である。

【76号】
「親愛証」「留恋的故郷」「裁断線」
【訳】「親愛証」「離れがたい故郷」「切り取り線」

【75号】と同じ体裁である。たて長。上に大きく「親愛証」と記されている。中央に、「離れがたい故郷」という説明で、白黒の写真がある。

大きな建物が写っている。あるいは有名な建築物かもしれない。「切り取り線」の下は、裸の若い女性が白いシーツの上でポーズを取っている。後ろのカーテンは朱色。図柄は少し違うが、裸の若い女性を描いている点は、前掲の【75号】と同じである。同じ体裁の「親愛証」が2枚、連続して貼られていることになる。

【77号】
「幻想与現実」「丈夫已被迫出征去、回憶結婚時、多麼甜蜜啊！」「那和丈夫合衾的快楽、只能在夢中蕩漾了。」「這到底是幻想的、醒来、抑不住傷感的涙」「万悪的蒋介石、 我憤怒得要把你粉身砕骨！」
【訳】「幻想と現実」、「ダンナ様は強いられて出征していった。結婚の時を回憶すると、なんと幸せだったんだろう。ダンナ様と同衾する快楽は、ただ夢の中で味わえるだけだ。」「これは結局、幻想だ。醒めれば、悲しみの涙を抑えきれない。」「極悪非道の蒋介石め。私は怒りを覚え、お前をメチャメチャにしてやる。」

19.0×31.5センチ。特別に大きい伝単。白黒。4コマの絵になっている。

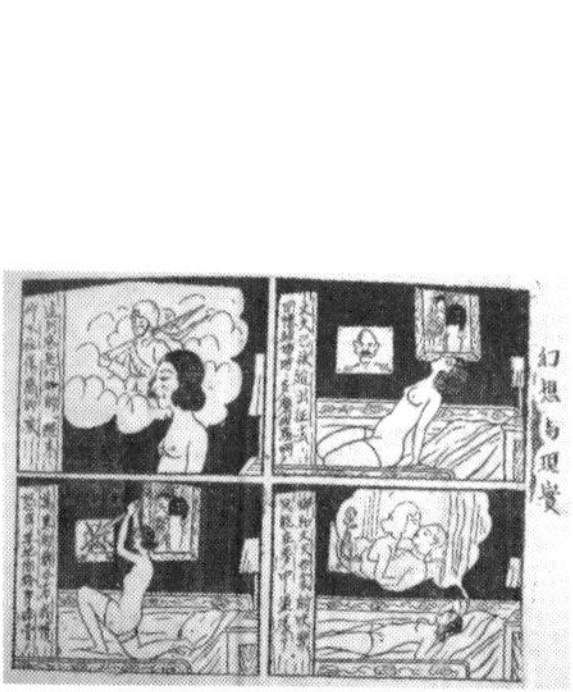

「幻想と現実」が題名。裸の若い女性がベッドにいる。壁には2枚の写真。一枚は彼女たち夫婦の結婚した時のもの。もう一枚は蒋介石の顔写真。②彼女が寝ながら、夢で見る光景である。新婚時代、二人で抱き合い、顔を寄せてキスしている情景を、夢の中で思い出している。③彼女は夢から醒め、起きて、涙を流しながら、出征中の夫を思い

出す。甘い二人の結婚生活は夢の中に存在するだけ。現実には愛する夫は、兵士となって従軍している。④夢と現実は異なる。いとしい夫を彼女の手から奪い、彼女に一人寝のさびしい生活を余儀なくさせている張本人は、蒋介石であった。そこで、憎っくき蒋介石めといって、彼女が蒋介石の写真を切り刻もうとして、刀を写真に突き刺したところである。

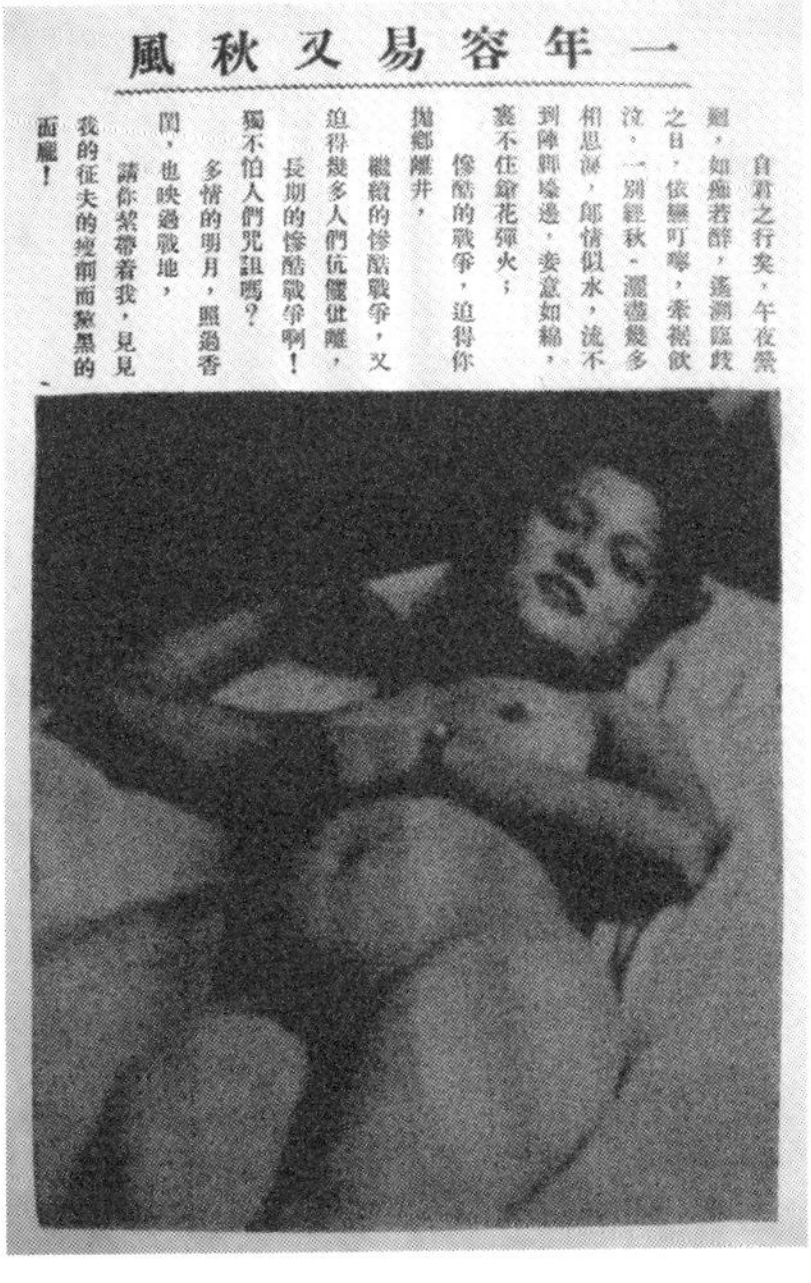

【78号】
「一年容易又秋風　自君之行矣、午夜縈廻、如痴若酔，遥溯　臨岐之日、依恋叮嚀、牽裾飲泣，一別経秋、灑尽幾多相思涙、郎情似水、流不到陣脚壕辺、妾意如綿、裹不住鎗花弾火、　惨酷的戦争、迫得你抛郷離井、 継続的惨酷戦争、又迫得幾多人們伉儷仳離、 長期的惨酷戦争啊！　独不怕人們咒詛嗎？　多情的名月、照過香閨、也映過陣地、 請你絜帯着我、見見我的征夫的痩削而黧黒的面龐？」

【訳】「一年はあっという間に過ぎ、また、秋風が吹いてきた。あなたが出征されたあと、真夜中、あなたのことがまとわりついて、ふぬけのようになった。あなたがお出かけになった日、私は未練がましく、くどくど泣き言をいい、胸にすがりついて、大泣きしたことを、よく覚えている。お別れしてから、また秋になった。あなたを思うと涙があふれてくる。夫を思う気持ちは水に似ていて、あなたのいる陣地や塹壕に流れてゆかない。私の気持ちはどうにもおさまらず、砲火や銃火もそれをおさえきれない。むごい戦争は、いやおうなしに、あなたに故郷を離れさせた。引き続く残酷な戦争はまた、無理やり、多くの夫婦を離ればなれにしてしまった。長く続く残酷な戦争は、人々がのろうのを恐れないのであろうか。多情な名月は、女性の居間を照らすだけでなく、また陣地も照らしている。お月様。どうかお願いします。私を戦場に連れていって、私の出征している夫のやせこけ、黒くなった顔を見させてください。」

裸の若い女性を描いた、同じような趣向の伝単は、これまでにも紹介した。この【78号】の伝単は、絵ではなく、写真を使用しているところが特徴である。写真に添えた説明文の内容は、これまで紹介してきた同種のものとほとんど同じである。たとえば、【74号】の伝単に掲載された文章と、ほとんど同じ内容である。両者の説明文を入れ替えても、別に支障は起らない。

この伝単の写真は、裸になった若い女性を露骨に描写している。このようなポルノ調の写真は、通常は個人がひそかに見るものであって、おおっぴらに多くの人に配るものではない。にもかかわらず、日本軍は、飛行機から散布して、多くの人々に配布するのを目的にした伝単に使用している。絵で示すよりも、写真を使ったほうが有効だという意図で作成されたものであろう。若い女性の裸体画を伝単に掲載することは、兵士たちに厭戦の気持ちをかき立てるものとして、どこの国でも行った。その場合、軍としての誇りがある。だから、裸体画といっても、通常はせいぜい絵画であった。ところが、日本軍は、絵画よりも効果があると判断して、写真を使った。日本軍は、ここまでやったのかとびっくりさせられる。

この【78号】の伝単は最後に貼られていることから、おそらく1939年に作成・散布されたものであろう。日中戦争はすでに長期戦の段階になっていた。中国側は頑強に抵抗を続け、戦争はいつ終息するのか見当がつかなかった。長期戦に業を煮やした日本軍が、それまでの節制を投げ捨てて、このようなポルノ調の写真を伝単に掲載したのであろう。この伝単は、「戦争には、なんでもありだ。」ということを教えてくれる。

18　中国軍がまいた伝単

日本軍がまいた伝単は全部で八〇枚収録されている。これ以外に、中国軍がまいた伝単も五枚だけ収録されている。中国側も、日本軍に比べれば、ずっと弱体であったが、それでも空軍力を有していた。そこで、中国軍も、日本軍に対して伝単を散布した。

ここに五枚の中国軍がまいた伝単が収録されている。ほかのところで、中国軍がまいた伝単を見たことがない。また、中国軍が伝単を散布したことさえ、知られていない。その意味で、ここに収録された五枚の伝単はきわめて貴重なものである。日本側の伝単だけでなく、中国側の伝単まで収録しておいてくれた収集者（出口晴二氏）に対して、感謝の意を表するものである。

スクラップブックには、中国軍がまいた五枚の伝単について、何の説明もない。これらの伝単は、文字だけが記された簡潔なものである。お金もかけていない。まだ時期が早いこともあって、日本軍の兵士で捕虜になったものが協力していない。もっと遅くなると、日本軍兵士で捕虜になったものの人数も増えてくる。彼らの中には中国側に協力するものも出てくる。日本人の協力者がいれば、日本語の文章もレベルが高いものになったことであろう。しかし、当初は中国軍だけで日本語の伝単を作成した。

外国語の文章を記すことは、会話よりもずっと難しい。そのため、伝単に書かれた日本語はたどたどしい。誤りも多い。それでも、日本語で書かれた伝単を読んでゆくと、胸に迫るものがある。適切な表現ではないかもしれないが、中国軍がまいた伝単から、私はいじらしいという印象を受けた。これだけは日本軍の兵士たちに伝えたいという思いがよく伝わってくる。侵略に抵抗し、祖国を防衛する中国軍の士気の高さを私は感じた。

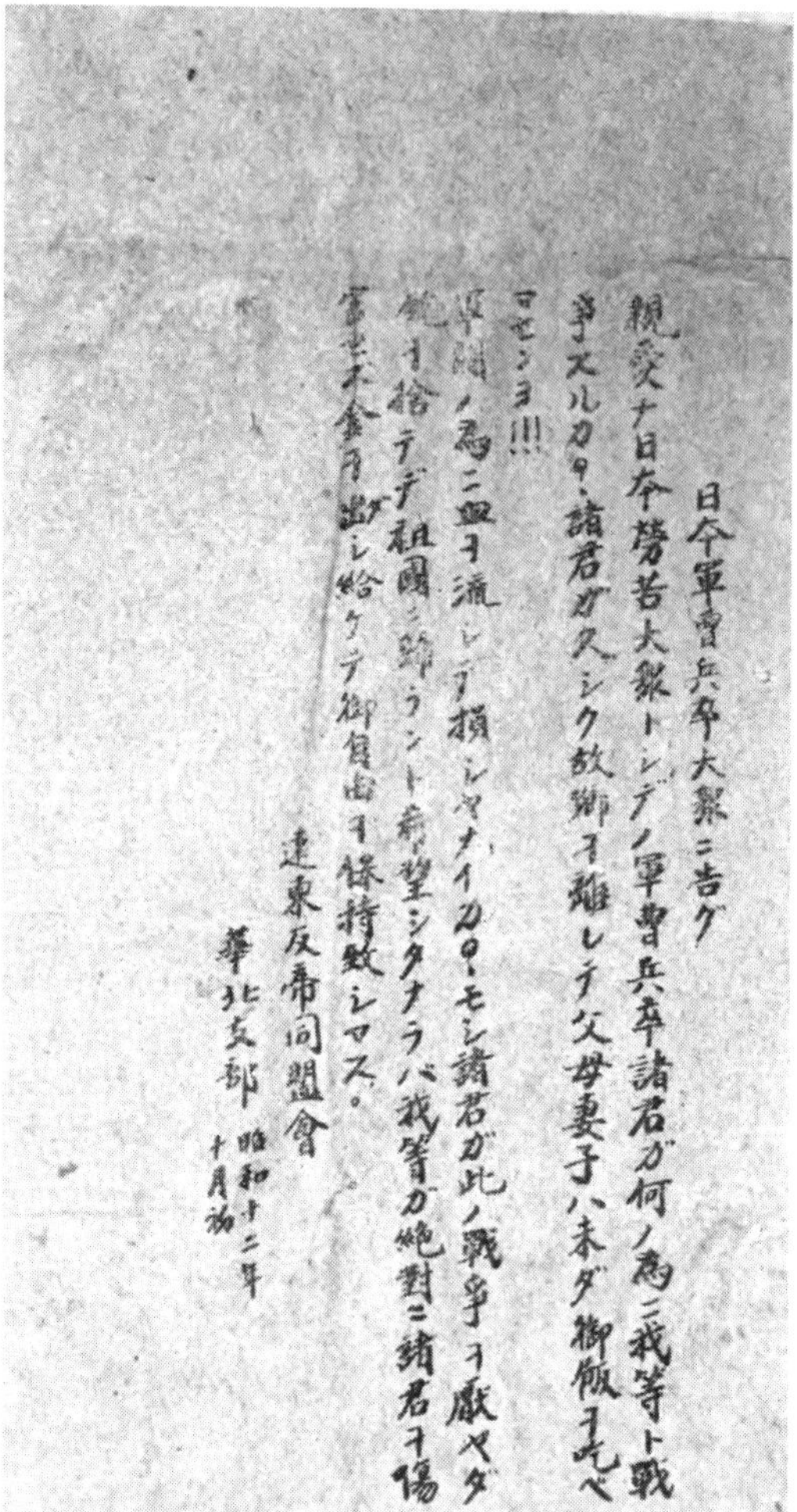
日本軍曹兵卒大衆ニ告グ
親愛ナ日本勞苦大衆トシデノ軍曹兵卒諸君ガ何ノ為ニ我等ト戰
争スルカ?諸君ガ久シク故郷ヲ離レテ父母妻子ハ未ダ御飯ヲ喫べ
ロセンヨ!!!
軍閥ノ為ニ血ヲ流レテ損シヤナイカ?モシ諸君ガ此ノ戰争ヲ厭ヤダ
銃ヲ捨テデ祖國ニ歸ラント希望シタナラバ我等ガ絶對ニ諸君ヲ傷
害セズ衣食ヲ給シ給ケテ御自由ヲ保持致シマス。
遠東反帝同盟會
華北支部　昭和十二年
十月初

【中国1号】

「日本軍曹兵卒大衆ニ告グ　親愛ナ日本労苦大衆トシデノ軍曹兵卒諸君ガ何ノ為ニ我等ト戦争スルカ？諸君ガ久シク故郷ヲ離レテ父母妻子ハ未ダ御飯

ヲ吃ベマセンヨ！　軍閥ノ為ニ血ヲ流シテ損シヤナイカ？　モシ諸君ガ此ノ戦争ヲ厭ヤダ銃ヲ捨テデ祖国ニ帰ラント希望シタナラバ我等ガ絶対ニ諸君ヲ傷害セズ金ヲ出（ダというルビがある）シ給ケテ御自由ヲ保持致シマス。遠東反帝同盟会　華北支部　昭和十二年十月初」

【ピンク色の紙に、赤い字で書かれている。文字だけで、絵はない。たて長。25.8×13.5 センチ。漢字とカタカナで書いてある。日本語に習熟していないため、いくつか誤りがある。たどたどしい日本語である。句読点は少ない。読みにくいので、平がなに変えて、書き直す。日本語のまちがいも指摘する。〔　〕の中に、訂正した語句を示す。

【訂正したもの】「日本〔の〕軍曹兵卒大衆に告ぐ　　親愛な日本労苦〔勤労〕大衆としでの〔としての〕軍曹兵卒諸君が〔は〕何の為に我等と戦争するか〔するのか〕？　　諸君が久しく故郷を離れて〔離れたので〕父母妻子は未だ〔未だをトル〕御飯を吃べませんよ〔御飯を食べれませんよ〕！　　軍閥の為に血を流して損しやないか〔損じゃないか〕？　もし諸君が此の〔この〕戦争を〔は〕厭やだ銃を捨てで〔捨てて〕祖国に帰らんと〔帰ろうと〕希望したならば、我等が〔は〕絶対に諸君を傷害せず金を出し給けて〔たすけて〕御〔御をトル〕自由を保持〔保障〕致します。遠東反帝同盟会　華北支部　　昭和十二年十月初」

【説明】この伝単は、「遠東反帝同盟会　華北支部」が 1937 年 10 月初めに発行したものだという体裁をとっている。まだ戦争が始まって３ヶ月しかたっていない。ごく初期になる。また、「華北支部」とあるので、華北で散布されたものである。「遠東」は「極東」の意味である。通常、日本人は「極東」のほうを使い、「遠東」とはいわない。戦争の初期、中国軍がとらえたり、あるいは自ら投降した日本軍の捕虜はごく少なかった。中国側が、中国在留日本人の組織として「遠東反帝同盟会」という名称を使っただけであって、この時期、「遠東反帝同盟会」という組織は存在しなかった。

文章の内容は、中国側から日本軍の下士官・兵を対象にして出されたものである。軍曹はいくつかある下士官の階級の中の一つである。この伝単では、軍曹という用語で下士官全体を表現しているが、正確ではない。日本軍の下士官・兵卒で、中国側に投降してくる者に対しては、優遇すると述べている。軍隊には将校・下士官・兵卒がいる。このうち、将校は軍の中核である。彼らは戦争の推進勢力であるから、将校に投降を呼びかけてはいない。軍隊の下層にいる下士官・兵卒に、的を絞って投降を呼びかけている。

「親愛な日本労苦〔勤労〕大衆としての軍曹兵卒諸君」という呼びかけの文章から中国側の意図がわかる。下士官・兵卒は日本の勤労大衆だと理解する。そうである以上、彼らが戦争に積極的なはずがない。反戦・厭戦の意図を持っているであろうと見なした。それで、下士官・兵卒に対してだけ、投降を呼びかけたのである。

「軍閥」　　中国側は、日中戦争を推し進める日本側の当事者を「軍閥」と呼んだ。

この場合の「軍閥」とは、日本の軍（軍部）を指している。1930年代、軍（軍部）が国家組織の大半を事実上、掌握し、権力を握る。いわゆる「軍ファシズム」である。中国側はこのような理解に基づき、日中戦争を推し進めるのは軍（軍部）だと見なし、それを、「軍閥」と表現したのである。だから、この場合の日本の「軍閥」は、1920年代の中国でいわゆる「軍閥時代」を作り出した「軍閥」とは違う。図式的にいえば、「軍閥」＝軍（軍部）は許すべからざる中国の敵であるが、しかし、日本国民は中国の敵ではないということになる。

「金を出し給けて」　中国側は、投降してきたものには金を出すといっている。しかし、その金額を具体的にあげていない。

「祖国に帰らんと希望したならば」　また、投降してきたものは、祖国日本に帰国させるともいっている。しかし、その方策・手段については何も述べていない。当時にあっては、具体的に述べるのは実際には難しかったことはわかる。しかし、帰国の方策・手段を具体的に提示していないことは、この伝単の説得力を低めた。

中国側は、日本語を使ってこの伝単を作成し、散布したが、日本語自体が不備なこともあって、効果は小さかったであろう。当時、日本軍が大量の伝単を飛行機から散布し、それが大きな成果をあげていた。そこで、それに対抗するために、急遽このような伝単を作る。弱体な空軍力を使い、危険を冒して、散布したものであろう。中国軍のせい一杯の抵抗ぶりがわかる。まことに貴重な史料である。

短冊型の伝単（ビラ）３枚が、同じ頁に貼られている。３枚とも、同じ大きさで、体裁も同じである。白い紙に黒い字で、一行だけ書いてある。たて長。19.0×4.8センチ。発行者は、３枚とも「国民革命軍政治部印」である。当時、中国軍は国民革命軍と称していた。たとえば、有名な八路軍の正式名称は、「国民革命軍第八路軍」であった。したがって、３枚の伝単に「国民革命軍政治部　印」とあるのは、中国軍の政治部がこれらの伝単を作成したことを示していた。金をかけていない、粗末な伝単である。原文と平がなに直したものを示す。日本語として不備なところもあるので、〔　〕の中に訂正した語句を示す。

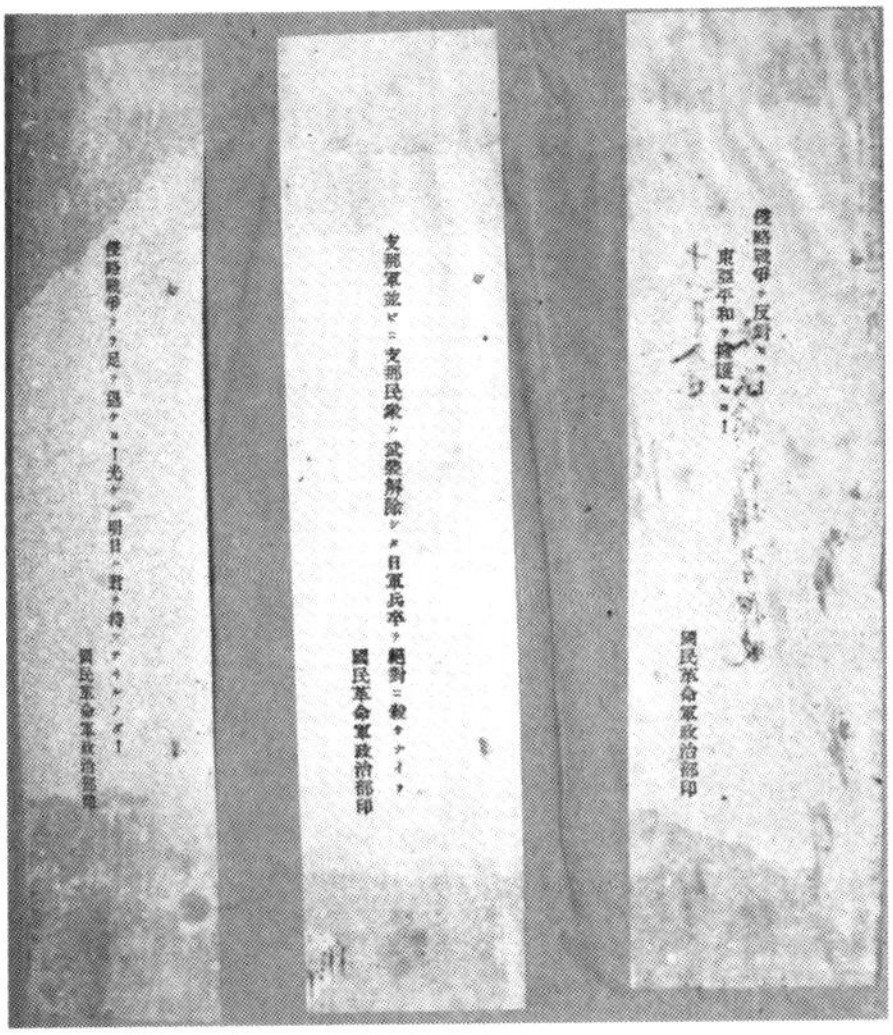

【中国２号】

「侵略戦争ヲ反対セヨ！東亜平和ヲ擁護セヨ！国民革命軍政治部印」

【訂正したもの】「侵略戦争を〔に〕反対せよ！　　東亜〔の〕平和を擁護せよ！

　　国民革命軍政治部印」

　当時、「東洋平和」とはよく言われた。しかし、「東亜平和」という表現は珍しい。外国語としての日本語の難しさを感じる。


【中国３号】

「支那軍並ビニ支那民衆ハ武装解除シタ日軍兵卒ヲ絶対ニ殺サナイ国民革命軍政治部印」

【訂正したもの】「支那軍並びに支那民衆は　武装解除した日〔本〕軍兵卒を絶対に殺さない　　国民革命軍政治部　印」

　当時、日本は中国のことを「支那」と呼んでいた。しかし、中国人は「支那」という語を嫌って使わなかった。「支那軍並びに支那民衆」と、支那という用語をここでは用いている。日本人に読んでもらう必要から、本当は使いたくない「支那」という用語を使っている。中国軍は、捕虜にした日本軍の兵士を絶対に殺さないと言明している。


【中国４号】

「侵略戦争カラ足ヲ退ケヨ！　光《カガヤ》ケル明日ハ　君ヲ待ッテキルノダ！　国民革命軍政治部印」

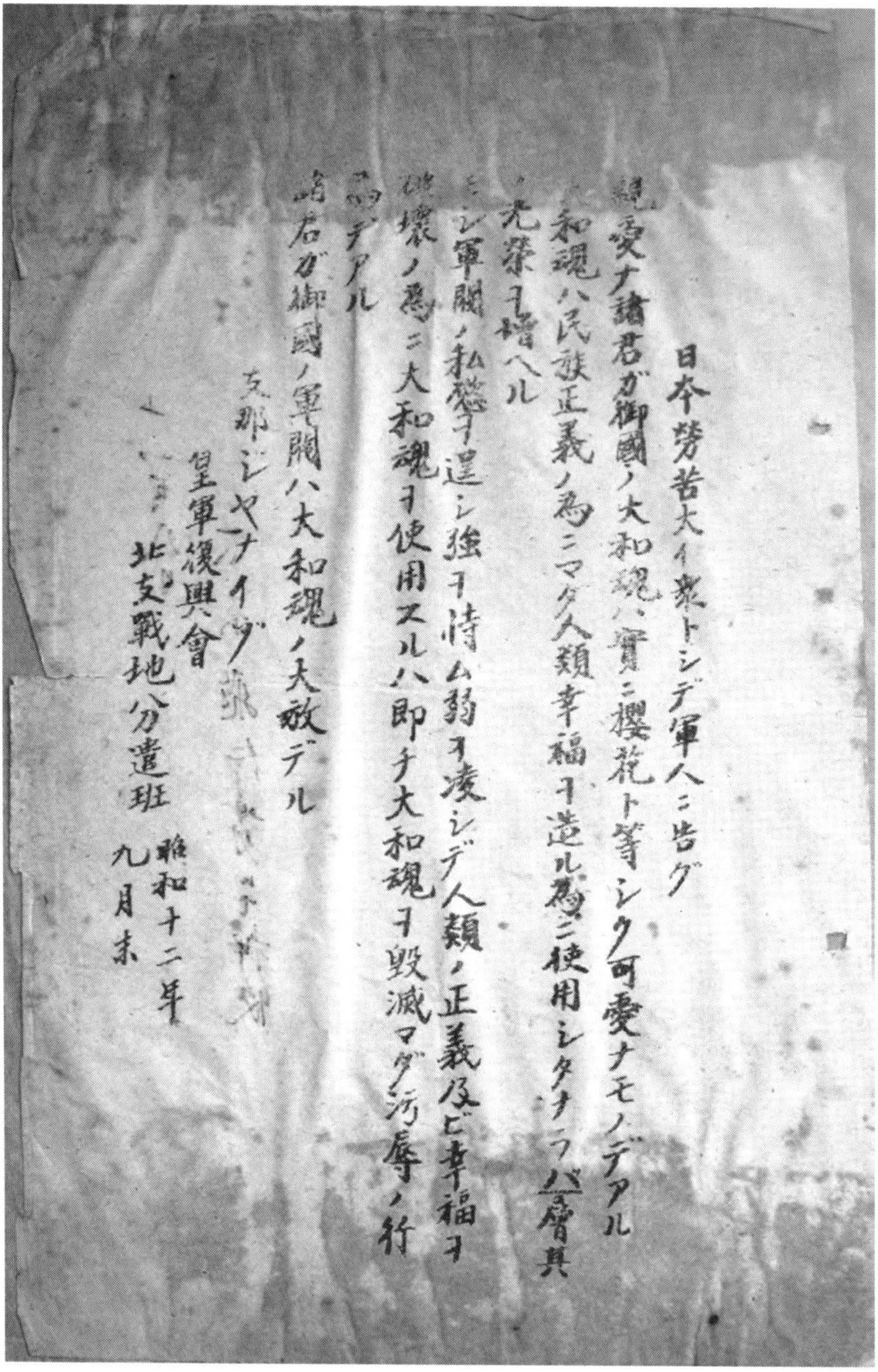
日本勞苦大衆トシテ軍人ニ告グ

親愛ナ諸君ガ御國ノ大和魂ハ實ニ櫻花ト等シク可愛ナモノデアル
大和魂ハ民族正義ノ為ニマダ人類幸福ヲ造ル為ニ使用シタナラバ益々其
ノ光榮ヲ増ヘル
シ軍閥ノ私慾ヲ逞シ強ヲ恃ム弱ヲ凌シテ人類ノ正義及ビ幸福ヲ
破壊ノ為ニ大和魂ヲ使用スルハ即チ大和魂ヲ毀滅マダ汚辱ノ行
爲デアル
諸君ガ御國ノ軍閥ハ大和魂ノ大敵デアル

支那ジヤナイゾ

皇軍復興會
北支戦地ハ分遣班
昭和十二年
九月末

【訂正したもの】「侵略戦争から足を退けよ〔ひけ〕！　光《かがや》ける明日は君を待ってゐるのだ！　国民革命軍政治部　印」

「手をひけ」という表現はあるが、「足をひけ」といういいかたはない。外国語としての日本語の難しさである。

【中国5号】

「日本労苦大イ衆トシデ軍人ニ告グ　親愛ナ諸君ガ御国ノ大和魂ハ実ニ桜花ト等シク可愛ナモノデアル　大和魂ハ民族正義ノ為ニマタ人類幸福ヲ造ル為ニ使用シタナラバ一層其ノ光栄ヲ増ヘル　モシ軍閥ノ私慾ヲ逞シ強ヲ恃ム弱ヲ凌シデ人類ノ正義及ビ幸福ヲ破壊ノ為ニ大和魂ヲ使用スルハ即チ大和魂ヲ毀滅マダ汚辱ノ行為デアル　諸君ガ御国ノ軍閥ハ大和魂ノ大敵デアル　支那ジヤナイゾ　皇軍復興会　北支戦地分遣班　昭和十二年九月末」

たて長。縦書き。漢字とカタカナで書いてある。たどたどしい日本語である。句読点は一切、使っていない。平がなに書き直す。日本語のまちがいも指摘する。〔　〕の中に、訂正した語句を示した。

【訂正したもの】「日本〔の〕労苦〔勤労〕大い衆〔大衆〕としで〔として〕軍人に告ぐ　親愛な諸君が〔の〕御国の大和魂は、実に桜花と等しく、可愛な〔可愛い〕ものである。大和魂は〔を〕民族正義の為に、また人類幸福を造る為に使用したならば、一層、其の光栄を増へる〔増（ふや）せる〕。もし、軍閥の〔が〕私慾を逞（たくましく）し、強を恃む〔み〕、弱を凌しで〔して〕、人類の正義及び幸福を破壊の〔する〕為に、大和魂を使用するは〔するならば〕、即ち大和魂を毀滅まだ〔また〕汚辱の〔する〕行為である。諸君が〔の〕御国の軍閥は、大和魂の大敵である。支那じゃないぞ。皇軍復興会　北支戦地分遣班　昭和十二年九月末」

【説明】この伝単は、1937年9月末に「皇軍復興会　北支戦地分遣班」が作成したものであるという体裁をとっている。最後の個所に、「支那じゃないぞ。」という文が添えてある。この伝単を作成・散布したのは、中国人ではない、日本人だという意味である。とするならば、「皇軍復興会　北支戦地分遣班」なるものは、中国在留日本人の組織・団体ということになる。

しかし、前掲の【中国1号】でも述べたように、戦争が始まって、まだ3ヶ月も経過していない1937年9月末、中国軍の捕虜になった日本兵はまだ少ないし、中国軍に協力するものは、彼らの中からまだ出てきていない。だから、この時期、中国側に協力する中国在留日本人の組織・団体はまだ存在しなかった。このような組織・団体が作られるのは、もっとあとになってからである。文面では、日本人が出したことになっているが、実際には、この伝単は中国軍が独力で出したものである。日本人の協力が得られず、中国人だけで作成したので、伝単に記された日本語のレベルは高くない。誤りが多いのはやむをえないことであった。

「日本労苦大い衆としで」　まず「大い衆」は大衆の誤り。「労苦」は「勤労」という意味。「としで」は「として」の誤り。自分たち（皇軍復興会　北支戦地分遣班）は、「日本の勤労大衆」であるとする。その立場から日本の軍人に以下のように訴えるという。

「御国」　「おくに」と読んでおく。日本を指す。

「大和魂は、実に桜花と等しく、可愛なものである。」　この伝単の文章の主題は大和魂である。サクラの花をかわいいと普通、表現しない。まして、大和魂は決してかわいいものではあるまい。「かわいい」という表現は、大和魂の形容としてはふさわしくない。

「強を恃む〔み〕、弱を凌しで〔して〕」　「恃強凌弱」という四字成語から来ている。「強いのをよいことにして弱い者をいじめる」という意味である。「もし、軍閥が私慾を逞（たくましく）し、強いのをよいことにして弱い者をいじめ、」云々となる。

「毀滅」　「壊滅する。すっかり破壊する」。

「汚辱」　「よごす。けがす」もし軍閥が大和魂を悪用したならば、それは大和魂を破壊し、よごす行為であるという。

「諸君が〔の〕御国の軍閥は、大和魂の大敵である。」というのは、「諸君のお国の軍（軍閥）は、大和魂の大敵である」という意味である。

大量の伝単の発見

戦争の時、飛行機から敵国の軍隊や民衆に大量のビラ（伝単）を投下する方式は、第一次世界大戦の時から始まる。だから、日中戦争の段階で、飛行機からの伝単散布はまだ二〇年ぐらいの歴史しかなかった。飛行機の発達とともに、伝単はより頻繁に散布されるようになる。それだけ伝単の散布は有効性を持っていたからである。

伝単は、当時にあっては、情報戦の有力な武器の一つであった。そこで、日本軍も中国戦線で各種各様の伝単を散布した。収集者（出口晴二氏）は日本軍が散布する伝単を個人的に収集し、それをスクラップブックに貼りつけて保存した。これまで紹介してきたように、日本軍がまいた伝単は八〇枚であった。さらに中国軍がまいた伝単五枚が加わる。合計八五枚の伝単が貼りつけられていた。これだけ多数の伝単が残っていたことには驚かされる。貴重な史料である。

今回、私は八五枚全部を写真つきで紹介することができた。今後、これをもとに、日本軍の伝単に関する研究が進展することを望んでやまない。伝単の研究から、日本軍の持つ特性がいくつか浮かび上がるかもしれないと思うからである。

伝単の内容

伝単の多くは多色刷である。紙質も悪くない。金がかかっている。伝単には必ず絵が描かれている。伝単に描かれた絵は、日本人が描いたのではなく、中国人に描かせたものであろう。中国人の軍民に見せるのであるから、彼らが見慣れた中国の伝統的な絵柄のほうが適していたからである。中国人に描かせることもあって、伝単は日本ではなく、中国のどこかで作成・印刷したことであろう。日本軍の作成した伝単についての研究は遅れている。そのこともあって、伝単の作成・印刷などについては、ほとんどわからない。

伝単では、進攻する日本軍の強さを宣伝する。戦力にまさった日本軍がどんどん進撃し、中国の広大な領土を占領する。それを伝えて、中国人民衆を不安にさせ、絶望させるという効果をねらう。逆に、中国軍の弱さを暴露するものもある。中国軍の将兵や中国の民衆を不安にさせる。おどす効果である。また、戦争によって、情報がとぎれる。中国軍の将兵や中国の民衆にまちがった情報を伝え、彼らを混乱に陥れることもねらった。

当時、中国側の指導者は蒋介石であった。彼をリーダーとする中国軍は頑強に抗戦していた。蒋介石の権威をおとしめる内容の伝単が多い。中国の将兵や民衆が蒋介石に対して抱いている尊敬の気持ちをなくすように、蒋介石の権威の失墜を執拗にねらった。

共産党勢力は抗戦する中で次第に強大になってきていた。そこで、伝単では、蒋介石と共産党の協力関係を崩そうと図る。蒋介石政権に対して、共産党と共闘しても、将来的には必ず裏切られるぞと恫喝した。また、英・米およびソ連が中国を陰に陽に支援していた。そこで、伝単は、諸外国からの支援はあてにならない、遠からず中止になろうと、危機感を煽った。

伝単は、中国軍の将兵の軍隊からの離脱・脱走を促した。兵士たちの厭戦・反戦の気持ちを拡大させ、軍隊からの脱走をそそのかした。投降票と記した伝単を、日本軍は大量に投下した。拾った伝単をそのまま投降票として使い、日本軍に投降してこいというわけである。投降票と記した伝単は、赤い色を使い、派手な図柄を用いている。戦いの局面によっては、この伝単を用いた投降票は相当、有効だったことであろう。

将兵の脱走を促す方策として、故郷に残してきた家族・妻子のことを描いたものが多い。いとしい妻子の所に帰るために軍隊から脱走せよというわけである。この場合、妻子は「おとなしく」描かれる場合もある。

しかし、より効果的にするために扇情的な図柄が多用された。若い女性の裸体画が頻繁に使われる。それだけ効果があったからであろう。絵画の裸体画よりももっと効果を高めるために、ポルノ調の写真を使う場合さえあった。

伝単の散布はとにかく効果があった。そこで、日本軍は手をかえ品を変えて、各種各様の伝単を作成し続けた。これらの伝単を仔細に調べることによって、日中戦争の時、日本軍が何をねらっていたかの一端が明らかになってこよう。

あとがき

ピースあいちは名古屋市名東区にある民間の戦争資料館である。そのメールマガジン（http://www.peace-aichi.com/shinbunkurashi.html）に、私は「戦争中の新聞等からみえる戦争と暮らし」という題で、二〇一一年三月から二〇一三年五月まで、全部で二四回連載した。連載に当たっては、担当の加藤有子さんに多大なご迷惑をかけてしまった。私の失礼をおわびするとともに、あらためて、お礼を申し上げます。

その連載をもとに、本書は作成された。現地で発行されていた『朝日新聞外地版』（ゆまに書房、二〇〇七年、復刻版）の『中支版』と『北支版』を主な史料にした。したがって、内容は多岐にわたるが、多くは日中戦争時、中国戦線に形成された日本人町のことを扱っている。とりわけ、日本人町にやってきた日本人売春婦（少数ながら、朝鮮人売春婦もいた）に関心を持ち、彼女たちの活動や置かれた状況を各方面から取り上げた。「からゆきさん」の伝統に沿って考えると、彼女たちは、戦時（日中戦争時）に、戦地（中国戦線）に出かけた「からゆきさん」であった。中国戦線における日本軍を（セックスの面で）支えていたのは、少数の性的奴隷型の朝鮮人女性ではない。日本人売春婦が主に日本軍を支えた。さらに言えば、彼女たちのうしろに、最大四九万人にもなった日本人町の住民がいた。日本人町が全体として日本軍の将兵の慰安に当たった。それは大きな効果をあげた。したがって、慰安婦問題は朝鮮人女性や中国、東南アジア諸国、太平洋諸島の女性の問題に決してとどまるものではなく、日本国民・日本人女性に課せられた問題とも見なすべきである。

いわゆる慰安婦、すなわち、日本軍の相手をさせられた女性の人数に限れば、中国人女性が最も多かった。最近の中国人研究者の研究によれば、中国で日本軍の相手をさせられた女性は四〇万人にものぼるという。

中国戦線に出かけた日本人売春婦の正確な人数はわからない。しかし、いくら多くても四〇万人にはならない。だから、日本人売春婦は人数では少なかった。しかし、日本語が話せ、また、日本人町全体の支援を受けられたので、彼女たちが、兵隊たちに対して最も大きな「慰安」を与えた。

これまで、日本人売春婦や彼女たちが働いた日本人町に対して、関心が寄せられなかった。こういった研究姿勢・方法には重大な過誤があったといわざるをえない。最近になって、やっと日本人売春婦のことが取り上げられるようになった。大きく遅れてしまったが、それでも、新しい潮流を私は歓迎する。

「好色な悪漢がかわいそうな女性をいじめる」という組み合わせがある。これを慰安婦問題にあてはめれば、「凶悪で好色な日本軍隊」と「かわいそうな性的奴隷型の朝鮮人女性」となる。この図式の中に、実は(銃後の)日本国民や日本人女性の立ち位置は存在しない。彼らは当事者でなくなる。彼らからすれば、従軍慰安婦問題は他人事《ひとごと》になってしまう。しかし、実際はそうではなかった。

本書で詳しく記してきたように、(銃後の)日本国民や日本人女性もこの問題に深くかかわった。日本人町にやってきた日本人売春婦は、日本語が話せる売春婦として効果的に将兵を慰安した。また、日本人町の住民は、一丸となって将兵の世話をすることで、彼女たちの慰安効果をより一層、高めるのに貢献した。

だから、日本人女性にとっても、従軍慰安婦問題は決して他人事《ひとごと》ではなかった。当時、多くの日本人女性が、売春婦として戦地に出かけた。戦地であるから、たしかに多少危険であったが、しかし、兵隊たちは気前よく金を使ったので、手っ取り早く稼げた。彼女たちは日本人町の住人の援助を受け、最も効果的に兵隊たちを慰安したことをよく承知すべきである。彼女たちはこのようなやりかたで戦争に協力した。彼女たちの手は十分に汚れていた。

倉橋正直

倉橋正直（くらはし まさなお）

1943 年　静岡県浜松市生まれ
東京大学文学部東洋史学科卒業
東京大学大学院人文科学研究科博士課程（東洋史学）修了
愛知県立大学教授を経て、現在、愛知県立大学名誉教授

著書
『北のからゆきさん』（共栄書房、1989 年　新装版、2000 年）
『からゆきさんの唄』（共栄書房、1990 年）
『島原のからゆきさん』（共栄書房、1993 年）
『従軍慰安婦問題の歴史的研究』（共栄書房、1994 年）
『日本の阿片戦略』（共栄書房、1996 年）（韓国で翻訳される。新装版、2005 年）
『二反長音蔵・アヘン関係資料』15 年戦争極秘資料集・補巻 11（不二出版、1999 年）
『日本の阿片王』（共栄書房、2002 年）
『ベンゾイリン不正輸入事件関係資料』15 年戦争極秘資料集・補巻 21（不二出版、2003 年）
『阿片帝国・日本』（共栄書房、2008 年）
『従軍慰安婦と公娼制度　従軍慰安婦問題再論』（共栄書房、2010 年）

戦争と日本人——日中戦争下の在留日本人の生活

2015 年 8 月 10 日　初版第 1 刷発行

著者 ————倉橋正直
発行者 ———平田　勝
発行 ————共栄書房
〒 101-0065　東京都千代田区西神田 2-5-11 出版輸送ビル 2F
電話　03-3234-6948
FAX　03-3239-8272
E-mail　master@kyoeishobo.net
URL　http://kyoeisyobo.net
振替　00130-4-118277
装幀 ————大坪佳正
印刷・製本 —— 中央精版印刷株式会社

ISBN 978-4-7634-1066-5 C0021